刘长慧　编著

饭店实用安全管理

HOTEL
SAFETY
GUIDE

群众出版社

引 言

★ ★ ★ ★ ★

现代旅游是一种高级的消遣和娱乐,需要舒适的服务和安全的保障。饭店是客人旅游期间主要的活动场所,毫无疑问,饭店安全在旅游安全中占有重要地位,直接影响旅游的质量,从而影响旅游事业的发展。只有保证饭店的安全运营,饭店的长期经营效益和平稳运营才能得到保障。

安全管理是饭店正常运营的关键,没有充分的安全保障就没有饭店的正常经营。尽管安全工作时时都讲刻刻都说,然而安全事故却屡禁不止,往往是细微的纰漏,最终酿成巨大的悲剧。古今中外,因安全管理疏忽给饭店造成巨大损失的案例比比皆是。2002 年 7 月 13 日,北京某三星级饭店 1020 房间发生火灾,造成两名赴京旅游的香港女学生死亡、一名韩国女学生受伤;2004 年 6 月 9 日,位于北京北四环的一座大厦发生的火灾,造成 12 人死亡、35 人受伤的悲剧;2009 年春节期间,因为违规燃放烟花爆竹,一把大火将中央电视台新址附属楼——未开业的饭店新楼变成废墟并造成一名消防战士牺牲,等等。古人云:居安思危。人类在生产活动中还不可能完全杜绝安全事故的发生,但只要我们思想重视,预防措施得当,事故(特别是重大恶性事故)是可以大大减少的。

饭店安全具有一定的特殊性，为了让您在激烈的市场竞争中进一步了解饭店安全工作，正确处理好日常饭店工作中出现的各种复杂问题，特向您献上此书。希望本书对您的工作有所帮助。

目 录

★ ★ ★ ★ ★

第一章　安全工作的重要性

一、我国保卫组织的特点

1. 我国的保卫工作是指在机关、团体、企事业单位内对经济、文化事业进行安全保卫的专门业务工作，是预防各种安全事故、打击各种犯罪活动的行政管理手段，是实行人民民主专政的重要手段之一。

2. 我国的保卫工作虽然活动阵地在单位内部，但是，要肩负社会治安综合治理的任务。根据国家赋予的权利，使用法律规定范围以内的手段和措施，同各种扰乱社会稳定的不安全因素作斗争。

3. 单位内部保卫部门的设立是一种政府指令的行为，无论是专职还是兼职都必须有自己固定的保卫组织。

4. 单位内部保卫组织是一种双重领导制，一方面是隶属国家安全管理机构，另一方面是单位内部。它既是单位内部的职能部门，又属于国家安全机关的基层组织，业务上受国家安全机关领导，行使国家安全机关授予的一定权利。

5. 由中国的历史、国情所决定，我国的保卫组织开展业务具有多面性和综合性。

二、保卫组织形成的历史背景

1949 年新中国成立后，被推翻的地主、资产阶级及其代理人不甘心他们的失败，大肆进行妄图推翻新生人民政权的阴谋活动，一些残存的反动势力和潜伏在大陆的土匪、特务、恶霸、反动会道门头子及其他反革命分子、刑事犯罪分子，千方百计进行反革命破坏活动。行凶、抢劫、暗杀、匪盗等重大刑事案件不断发生，闹得人心惶惶，没有安全感。

为了巩固新生的人民政权，稳定社会秩序，让人民群众安居乐业过上太平日子，1950 年全国掀起了一场轰轰烈烈的镇压反革命运动。在镇反运动中，各地公安机关广泛发动群众，组织群众同反动势力作斗争，并在斗争中物色了一批群众积极分子，陆续建立了一批群众性保卫组织。如北京的治安小组、安全小组，上海的冬防服务队、肃反委员会等。这些群众性自发组织建立后，协助政府和公安做了许多工作。特别是在镇反运动初期，他们积极动员群众搞好防奸、防特、防火、防空四防工作，协助派出所巡逻，收集敌情反应，检举反革命分子的破坏活动。有的还协助公安机关对反党集团、宪特分子进行登记管制，查封妓院，戒毒等。在广大群众积极分子参与下，镇反运动进行得轰轰烈烈，战果累累。同时，广大人民群众在战斗中也得到了锻炼，经受了考验，政治觉悟普遍提高，反特斗争积极性空前高涨，建立群众性保卫组织已经成熟。于是，1951 年 5 月毛泽东主席高瞻远瞩，审时度势，在总结了前段工作之后，提出了在全国各地普遍建立治安保卫委员会的指示。毛泽东主席所指的治安保卫委员会，在机关、学校、企事业单位内部后来就设立为保卫处、保卫科和保卫股。总之，几十年来，毛泽东同志提倡建立的治安保卫委员会已经遍布全国城乡、工矿企业、机关、学校，形成了一支宏大的群众性治安保卫力量，并打击了敌人，保护了人民，为社会的稳定发挥了重要的作用。

三、饭店安全的重要性

1. 饭店安全直接影响着我国旅游事业的发展。现代旅游是一种高级的消遣和娱乐，需要舒适的服务和安全的保障。饭店安全在旅游安全中占有重要地位，直接影响旅游质量，从而影响旅游事业的发展。例如：2002 年 7 月 13 日，北京一家三星级饭店发生火灾事故。51 位香港学生及家长参加由香港中保旅游团组织的暑假普通话进修交流团。当晚约 21 时到达北京，22 时入住饭店。团员中两名女学生蔡××、刘××入住 1022 房间。22 时 40 分，1020 房间的两个香港男孩在屋内意外引燃地毯等物件。由于 1020 和 1022 房间隔墙间存在建筑隐患，浓烟蔓延到 1022 房间，房中的蔡××、刘××没能跑出房间就被浓烟熏倒，后被送到医院抢救无效死亡。死亡时蔡××只有 12 岁，刘××17 岁。住在 1022 对面 1021 房间的韩国女学生林××被烧成重伤，当月 26 日在医院死亡，年仅 10 岁。事后，饭店停业整顿，赔偿及直接经济损失达上千万元，再次开业后出租率受到了严重的影响，同时也给北京的旅游业带来了很大的负面影响。2007 年 4 月 5 日，一艘载有近 1600 名乘客和船员的希腊游轮，在爱琴海桑托林岛附近海域触礁搁浅。事发后，桑托林岛政府和希腊军方派遣 10 多艘船只、6 架海上救援直升机、两架军用运输机和 4 艘军舰，执行撤离乘客和船员任务。多艘渔船和商船也迅速从桑托林岛出发，前往事发水域。救援行动持续 3 小时，1600 名人员安全上岸，两名法国人失踪。这艘叫做"海洋钻石"的游轮被称为现代的"泰坦尼克号"，触礁后希腊旅游部要求桑托林岛酒店业主向乘客提供食宿，费用由旅游部负担。希腊旅游部长帕利－彼得拉利亚女士说："此时我关注的是，乘客遭受尽可能小的损失，以及希腊在国外的旅游形象。"可见，安全对旅游业有着直接的影响。

2. 饭店安全是饭店一切工作的保障。现在饭店已经发展成为多功能、享受型、综合性企业。它的正常运行，一要靠有力的领导，二要靠科学严密的行政管理，三要靠安全保障。安全是与客源、效益、经营、生产紧密相关的。对饭店而言，安全是最好的销售。例如：2008 年，日本外相、众议长、前首相等重要人物纷纷下榻长富宫饭店，福田、麻生两位前后在任首相来京访华期间也住在这家饭店。这些高端宾客选中长富宫饭店，原因是多方面的，但是，其中一个重要因素就是因为住在这里很安全。良好的安全环境是高端客人的首选条件。值得一提的是，亚欧首脑会议期间日本麻生首相的警卫工作。长富宫饭店为了确保首相住店期间的安全，专门成立了安全领导小组，制订了警卫、防火、防爆、防止食物中毒等多项预案；重新检测了消防电梯、空调进风系统、烟感报警系统、供水系统等安全设施设备。由于圆满接待过日本福田首相，奥运期间又出色地完成了对运动员和一些"要人"的接待任务，日本大使馆的安全官对长富宫饭店非常信任，一些重要的活动愿意安排在这里。这种信任不是与生俱来的，而是从点滴小事汇集而成的，麻生首相住在饭店期间就有这样一件小事。有一次召开临时记者招待会，招待会地点设在了饭店二层楼梯通道处，这里四通八达有一个空地，涉及 5 个出入口，是通往健身房、小宴会厅、管理栋办公区的必经之路，地形复杂。而且，住店客人、健身客人、多方记者等人员较多，难于控制。更让人头痛的是中国警方事先并不知道此事，招待会召开前四五分钟日本使馆警察联络官见没有任何警力部署，便向饭店保卫部负责人询问情况，这时中国警方才知道此事。由于警方对饭店地形和店内人员情况不熟悉，如何安排警力一时无从下手。日方安全官见此情况，心急如焚。这时，记者和围观群众已经挤成一团，现场没有任何控制，如果这样下去肯定是一次较大的警卫事故。在这紧急关头，饭店保卫部负责人接到警方授权直接安排部署各方面警卫力量，采取封堵路口、围挡现场、查验有效证件、清理闲杂人等几项措施。在首相进入现场的前一分钟，这里已经形成了一个干净的区域，确保了活动的顺利进行。事后，日本大使馆警察联络官土屋先生感慨地说："首相住在你们饭店我们就是放心！"经过大家共同努力，又一次圆满完成了"要人"的警卫工作。并且，住地警卫工作组还特意给饭店领导和保卫部写了一封感谢信，对长富宫饭店警卫工作给予了充分的肯定。亚欧首脑会议期间，麻生首相的警卫工作再次赢得了日本大使馆官员的信赖。据不详细统计，奥运会之后高端客人增长率与上一年同期相比增长一倍多。良好的安全环境，一定会引来更多高端的贵宾。

2009 年初，在国际经济危机严峻的形势下，长富宫饭店对安全工作更加重视。因为在安全方面做好一件小事，可能为饭店赢得一次商机，在紧缩的市场中多抢占一点儿份额。例如：2009 年 8 月，韩国演唱组合 SS501 在日本和台湾连续进行了两场演出活动，演出现场和住地都发生了不同程度的踩踏事件。8月29日又在北京演出，主办单位试探性地让他们住在了长富宫饭店。追星"粉丝"从深圳、广州、山东等地闻讯而来，同时也在长富宫饭店开房入住，客房标间房费1000元、1200元左右，粉丝们开房有100多间，入住大约300多人，有的房间是几个人合开的。当时，饭店大堂、楼层、大堂吧、电梯间等地到处是追星的"粉丝"，有的在打探歌星的行程，有的在熟悉饭店的地形，有的在选择接近明星的最佳位置，所有的人都在忙碌着，显得非常活跃。如果歌星在这种情况下出现，几百人蜂拥而上，肯定会发生安全事故，主办单位忧心忡忡。为了保障歌星和歌迷的安全，饭店与主办单位、演唱组合的负责人一起提前制订了一个安全预案，确定歌星从饭店料库出入口偷偷进入饭店。可是，看到"粉丝"疯狂的程度，几乎没有秘密进入的可能，一旦"粉丝"得知歌星入住，必然想尽办法见面、送礼、示爱，如果不能满足他们的请求，想不到会发生什么安全事故。韩国演唱组合SS501在首都机场刚下飞机就被疯狂的歌迷围堵了，有的歌迷被挤倒，造成膝盖软组织挫伤等事故。在朝阳剧场有100多个歌迷因不能进入剧场观看，在剧场外趴在地上请愿。看到这样的情景主办单位束手无策，担心住地也出现骚乱现象。在这样的情况下饭店立即采取了应变措施，将散乱无序的"粉丝"集中管理，划定区域，善意疏导，讲明利害，求得共识。同时向"粉丝"提出了几个条件：不能送礼，不能上前照相，不能近距离示爱，不能超越划定区域，礼品可由饭店转送。并建议主办单位调整歌星进店的行走路线，大大方方走正门，由秘密改为公开进入饭店，尽量满足"粉丝"们的愿望，让歌迷们见到歌星。此项措施马上得到了歌迷们的拥护，散乱的场面立即得到了控制。下午两点左右韩国演唱组合SS501到达饭店，当五位明星出现在他们面前，"粉丝"们欢呼雀跃，激动万分，现场疯狂而有序，欢腾而井然。歌星们顺利地进入了饭店，歌迷们幸福地度过了那一瞬间，保卫人员缓缓地松了一口气。韩国演唱组合SS501在饭店住宿期间感受到了歌迷们的热情，没有感受到生活的不便。主办单位对饭店的服务、安全工作给予了较高的评价，当即表示十月份有一个相同的活动要住在长富宫饭店。还感言："在长富宫举办这样的活动我们放心！"果然，十月、十一月期间，他们的草蜢组合，连续两次住在了长富宫饭店。

另外，美国首相奥巴马访华期间，奥巴马住在长富宫饭店附近的另一家五星级饭店。由于在接待日本首相期间长富宫饭店与警方配合得比较愉快，外交部本来把中方警卫人员安排在旁边某家四星级饭店住宿，可是中方警卫人员强烈要求住在长富宫饭店，警方讲："住在长富宫饭店比较踏实。"无形之中给长富宫饭店增加了100多间房4天的房费。"草蜢"团、奥巴马警卫团体共为饭店增加近百万元的收入，这一事实证明了安全促进经营的正确理念。

3. 饭店安全有利于我国对外开放政策的贯彻。发展旅游业，同时为旅游者提供一个亲自了解我国社会主义制度、各项政策、文化历史的机会，是体现我国政局稳定、人民群众精神风貌的途径，从而增进我国与世界各国的相互了解和往来，推动对外开放政策的贯彻落实。饭店作为我国社会的一个缩影，也能使旅游者在吃、住、购过程中，亲自体验到我国的文化和风土人情，以及改革开放政策给人民群众带来的巨大变化。饭店安全体现了我国对外开放形势下稳定的政局。例如：2002 年 4 月，有一个美国利迟团队住在长富宫饭店，其中有一位 50 多岁女士第一次来中国，不幸的是她在北京红桥市场购物时钱包不慎被人偷走，回到饭店才发现并且要求报案。饭店保卫部人员热情地接待了她，并积极协助联系警方，她很受感动，感慨地说："这也很正常，怪我自己不小心，在美国有时候也会出现这种事情，我不会在意。不过，我在这次旅行中了解了中国，饭店让我进一步了解了中国人，了解了北京，印象非常好，跟我来之前所听到的、看到的有很大不同。虽然钱包丢失有些遗憾，但是不会改变我对这里美好的印象。"听完她的话，在场的工作人员都有同一种感受：如果没有发生丢包案件该有多好呀！

四、饭店安全管理的基本方针

饭店安全的基本方针是"安全第一，预防为主"。"任何企业都要努力提高经济效益，但必须服从安全第一的原则。"——这个方针是工作中长期经验的总结。实践证明，要搞好安全生产，减少和避免安全事故发生，就必须坚定不移地贯彻、执行这一方针。

1. 要做到"安全第一"，就必须坚持以人为本。就是说，在经营活动中，在处理保证安全与现实经营活动的其他各项目标的关系上，要始终把安全，特别是从业人员和其他人员的人身安全放在首要位置，实行"安全优先"原则。在确保安全的前提下，努力实现经营的其他目标。从根本上说，保障经营安全与实现经营活动本身的目标是一致的。因为就各方面经营活动本身的目标期望而言，投资者希望取得盈利，得到尽可能多的回报；从业人员希望获得劳动报酬，增加个人收入；政府则希望多提供一些就业岗位，促进社会的稳定和繁荣。而要使经营活动自身所承载的这些目标能够实现，一项基本前提，就是必须保障安全。从另一角度看，经营活动中保障安全的目标与其他目标之间，又会在一定的情况下发生矛盾。比如：在企业资金一定的情况下，投到安全方面的资金多一些，投到其他方面的资金就会少一些；企业用于安全生产的费用多一些，成本就会高一些，利润就会少一些；严格按照安全生产的操作规程办事，生产经营效率就可能受到一定的影响。安全与经营发生冲突时，如何处理，这就是安全生产管理方针所回答的问题，答案就是"安全第一"。当然，对于"安全第一"这个方针，也要有正确的理解。不是说用于安全方面的投入越多越好，安全系数越高越好，更不能理解为保障安全而将一些高危作业统统关掉。而是要在保障安全的同时，促进经营活动的顺利进行。也就是在处理经营与安全问题上常说的："经营必须安全，安全为了经营"，这与"安全第一"的提法是一致的。

2. 所谓"预防为主"，就是要把预防安全事故放在安全工作中的首位。对安全工作的管理，主要不是发生事故后去组织抢救，进行事故调查，找原因、追责任、堵漏洞，而要谋事在先，尊重科学，探索规律，采取有效的事先控制措施，千方百计预防事故发生，做到防患于未然，将事故消灭在萌芽状态。虽然人类在生产活动中还不可能完全杜绝安全事故的发生，但只要思想重视，预防措施得当，事故（特别是重大恶性事故）是可以大大减少的。

3. 预防为主，就是要坚持培训教育为主。在企业的主要负责人、安全管理干部和从业人员的安全素质上下工夫，最大限度减少不安全隐患，提高防范能力。

五、贯彻落实"安全第一，预防为主"的方针

从实践中看，贯彻落实"安全第一，预防为主"的方针，应当做到以下几点：

1. 制定和完善有关保障安全的法律、法规和规章制度，从制度层面上保障"安全第一，预防为主"方针的落实，这是根本性、长期性的事情。

2. 各级负责人对"安全第一，预防为主"的方针必须要有足够的认识，抓经营工作必须抓安全，部署、检查、总结经营工作必须对安全工作进行部署、检查、总结。根据经营工作需要，在制订中长期、短期规划时，必须按照"安全第一"的要求，首先制订出安全的规划。正确处理经营发展与安全保障的关系，把安全放在首位。

3. 必须正确处理保障安全与追求经营活动效率、效益的关系。在安全与效率、效益发生冲突时，把安全放在首位。特别在资金分配上，要保障安全生产的资金投入，各项设备、设施都要符合保障安全的要求，发现事故隐患必须及时排除，不能为了赶任务、追效益而置安全于不顾。

4. 每个从业人员都要牢固树立"安全第一，预防为主"的意识，严格执行各自岗位上的安全制度，增加自我保护意识，提高防范意识，确保安全经营。

六、饭店安全工作的特点

1. 多样性　饭店接待客人不一，客人住店目的不一，来店时间不一，生

活习惯不一，因此，就决定了安全工作的多样性。

2. 政策性　它涉及公安工作中治安管理，外国人管理，消防、交通管理，警卫工作，等等。业务范围不同，就必须遵循不同的方针政策和法律法规，所以，饭店安全工作者必须具备一定的法律知识和政策观念。

3. 时间性　影响饭店安全的因素是客观、长期存在的，因此，饭店安全工作的时间性首先体现为必须常抓不懈；其次，饭店的安全运转就要求饭店安全工作人员具备及时处理问题的干练作风和应对突发事件的快速反应能力，避免因久拖不决影响饭店声誉和国家形象。

4. 服务性

一是安全是服务质量的一个重要组成部分。服务质量是吸引客人的基石，安全是服务质量的重要内容之一。没有一个安全的环境，对外安全环境不佳，这是最差的服务质量。例如：印度金融中心孟买 2008 年 11 月 26 日夜至 27 日凌晨发生连环袭击。袭击者先后攻击孟买南部市中心繁华区的豪华饭店、医院、火车站、知名餐厅和警察总部等场所，还在两处豪华酒店内绑架人质，与警方对峙，造成 188 人死亡，另有 313 人受伤。袭击主要针对英美人士。试想，像这样的饭店再豪华又有谁敢去住呢？

二是没有安全就没有客源。安全已成为旅客选择旅游目的地的首要因素。例如：2006 年在沙特阿拉伯麦加举行朝圣仪式最后一天发生的踩踏事件，死亡 362 人；2008 年 10 月泰国发生严重政治骚乱，造成海外大批游客滞留机场；2009 年"7·5"事件。这些地区的旅游因为一时的不安全而被亮出黄牌。"安全—客源—效益"是直接相联的。

七、饭店安全管理的难点

1. 饭店具有开放性

改革开放之后，几乎所有的酒店都敞开大门迎接八面来客，"顾客就是上帝""客人永远是对的"的经营理念已为众多饭店接受。饭店既要热情接待每一位进店的客人，又要防止犯罪分子作案，这给安全管理工作带来很大难度。

2. 饭店正成为新的犯罪目标

饭店宾客通常以商务客和旅游客为主，所带资金和财物较多，正成为外来犯罪分子和内部不法员工进行犯罪活动的目标。如果饭店在安全管理上出现漏洞，不法分子就会乘机作案。如 1994 年 9 月，上海涉外饭店就发生了 11 起盗窃案件，总金额达 71.8 万元。

从饭店出现的盗窃案件来看，内部员工作案、内外勾结作案也占了相当大的比例。1998 年，在广州的涉外饭店里就发生过多起内部员工盗窃的案例。饭店员工在日常工作中有机会接触到酒店和客人的钱、财、物，如果他们的自身修养不足，会令饭店的安全管理工作防不胜防。

3. 宾客安全意识相对薄弱

在饭店发生的各类安全事件中，有很多案发原因与宾客安全意识薄弱有关，如将贵重物品不存放在前台，而是随便放在客房内，让犯罪分子有可乘之机；让"三陪女"进房，结果是引狼入室，招来杀身之祸。1997年，发生在东莞某四星级饭店的凶杀案，就是住客随便为冒充服务员的歹徒开启房门。还有不少饭店安全事故的肇事者就是客人自己。例如，1985年发生在哈尔滨天鹅饭店的特大火灾，究其原因是一位美国客人酒后卧床吸烟；1988年在广州花园酒店因一对香港夫妇在客房燃放烟花而险些酿成大祸。宾客素质参差不齐，以及安全意识的淡薄，成为了酒店安全管理的隐患。

4. 犯罪分子作案手段狡猾、隐蔽性强

从近几年破获的案件中分析，犯罪分子越来越趋向于高智商、懂高科技的专业犯罪团伙。他们往往身着名牌服装，以大款形象入住高级豪华饭店，对饭店相当熟悉，以致饭店安全管理人员放松警惕。这类犯罪分子作案时，有明确的分工，开一道磁卡密码锁只需几秒钟，且不留下任何蛛丝马迹。2006年，在广西南宁，破获了一个由四人组成的专门在饭店作案的犯罪团伙，他们能复制信用卡、房门磁卡，两年之内，作案34起，案值超过100多万元。但在他们被抓获之前，公安机关、饭店内部常常怀疑是服务员所为或宾馆报假案，往往不了了之。

第二章　饭店安全管理

一、人员管理

（一）员工基本情况登记

1. 员工基本情况登记管理，是人员管理中最基本的安全管理，是对在职、离职职工身份的记载。

2. 人来登记，人走注销；登记情况要做到底数清，情况明。

3. 登记形式最好是电子版与书写结合的格式，便于查找和保存；登记人员要专人专管。

4. 为了防止漏登漏销，最好与人力资源部协调沟通，直接登记转存保卫部，或先登记再办理入店手续，先注销再办理离店手续。通过办理出入证给予一定的制约，达到不漏登不漏销的目的。

5. 登记项目：姓名、性别、出生年月日、籍贯、政治面目、学历、特长、身高、户口所在地、现住址、身份证号码、本人简历、家庭成员、所在部门、所在工种、贴有免冠照片、来店时间、离店时间、奖惩情况等。（根据内容设计自己的员工基本情况登记表格）

（二）安全档案管理

安全档案不同于人事档案，主要对在职人员政治表现、过失情况、奖励情况做详细的记载；对员工的体貌特征、生活习性、人际关系、经济来源、政治观点做好日常的积累；对某一个事件做详细调查之后，对调查材料封存管理。

1. 做好在职人员安全档案材料的收集工作，不断充实档案的内容。收集的材料，必须经过认真的鉴别，要实事求是。

2. 认真做好在职人员档案材料的整理工作。在整理档案过程中，要防止丢失档案材料和擅自泄露档案内容，不得擅自涂改、抽取、销毁或伪造安全档案材料。

3. 查阅在职人员安全档案应办理审批手续。查阅单位应申明查阅理由，经过主管安全领导同意后，管档人员方可提供档案材料。

4. 查阅档案必须严格遵守保密规定和阅档规定，严禁涂改、圈划、抽取、撤换档案材料，查阅者不得泄露或擅自向外公布档案内容。

5. 饭店内保人员要注意搜集在职人员的基本情况，主要有"六种情况"：（1）社会关系基本情况；（2）社会表现基本情况；（3）有无不安定因素的基本情况；（4）家庭经济基本情况；（5）参加各种大型活动的表现情况；（6）体貌特征情况。

6. 饭店内保人员要对档案材料经常进行整理补充。

（三）员工《出入证》管理

近年来，中国城市化建设进程加速，人口流动日益频繁，证件识别成为社会安全防范的一项重要手段。有效地进行证件识别，可以对人员做到及时掌控，控制闲杂人员，防止盗窃、溜门等案件发生，是加强内部安全防范的有力措施。《出入证》管理要注意的问题：

1. 每天要进行查验，防止流于形式走过场。

2. 办理《出入证》的同时要做好人员情况的存档工作，加强安全基础建设。

3. 要做到人来办证人走退证，人数清，底数明；最好收取一定的押金，防止离店不退证。

4. 在店内工作 3 个工作日以上的人员，要办理《临时出入证》，办理《临时出入证》要经过接待部门领导和保卫部领导同意后方可。

5. 办理《出入证》收取押金，退证时要退给押金，不能以收取"工本费"为名高额收取工本费用，否则是乱收费。

（四）特殊证件管理

奥运期间，长富宫饭店对"日本奥运之家"实施封闭式管理：根据不同区域制作了 11 种不同胸卡，根据胸卡级别辨别持卡人身份，区分进出不同区域；胸卡上有中、英、日三种文字；各种胸卡提前发放；现场也有胸卡发放领取接待处；根据客人身份可以及时变更胸卡级别，级别低的胸卡有可能升为高一级胸卡；进场的时候胸卡要收回，客人临时出场时要在手上临时盖上专用印章，以确认身份。日本"奥运之家"活动场所不接待外来闲杂人员，参加人员基本是日本人，其胸卡与护照相互吻合，持高级区域证件工作人员可以进入低级区域，低级区域证件不得进入高级区域。

中方员工在"日本奥运之家"同样进行封闭管理。根据"日本奥运之家"在饭店的活动情况，结合日方主办单位安全管理采取的措施，长富宫饭店划分为月茉水区（包括月季 AB、茉莉 A、水莲 – 茉莉 B）、百合区（包括百合厅 A – B – C – D – E）、芙蓉区、体育馆区、相对开放区（包括餐厅、主酒吧），公共区域有 6 个区域。根据不同区域制作不同胸卡，卡共分 6 类，有高管卡、水百芙卡、水卡、百卡、芙蓉卡和体育馆卡。各部门按照持卡区域划分，提前固定服务人员，名单报保卫部备案，保卫部核准后统一发放胸卡。

对上千人参加的"日本奥运之家"招待会，为保证受邀贵宾迅速、顺畅地进入饭店，制作了 15 张临时特殊证件，以方便重要贵宾的出行。

此次奥运会期间实施的证件管理，有效地区分了人员，划分了区域。不同的证件进入不同的区域，便于人员的辨别、管理和控制，起到了良好的效果，得到了日方的好评，确保了奥运接待的安全。

（五）对外单位人员入店的管理

1. 外单位人员进入饭店须经接待部门同意，做好登记。

2. 连续工作三日以上的，要到保卫部办理《临时出入证》。

3. 接待部门要向外单位人员讲清饭店内部的安全管理规定，并监督执行。

4. 来饭店工作的外来人员要保存好自己的现金和贵重物品。

（六）"重点人"的管理

我们在企业的安全管理中，应重点关注安全素质比较低的20种"重点人"：一是违章作业的"大胆人"；二是冒险蛮干的"危险人"；三是冒失莽撞的"勇敢人"；四是盲目听从指挥的"糊涂人"；五是吊儿郎当的"马虎人"；六是满不在乎的"粗心人"；七是盲目侥幸的"麻痹人"；八是投机取巧的"大能人"；九是凑凑合合的"懒怠人"；十是满腹委屈的"气愤人"；十一是难事缠身的"忧愁人"；十二是急于求成的"草率人"；十三是心神不定的"心烦人"；十四是手忙脚乱的"急性人"；十五是固执己见的"怪癖人"；十六是单纯追求任务、指标的"效益人"；十七是休息不好身体欠佳的"疲惫人"；十八是变换工种的"改行人"；十九是初来乍到的"新工人"；二十是心余力亏的"老工人"。另外，还有两种"重点人"中的"重点人"：一是精神不正常的"精神病人"；二是有过犯罪前科的"底儿潮人"。

以上二十二种人是易产生违章行为的人，也是最容易出现安全事故的人。因此，在企业的安全管理中，要认真抓好这些职工的安全教育和培训，提高他们的安全素质，根据不同的工作任务、时间、地点、环境、人物"对症下药"，采取相应的安全措施，建立好"重点人"安全档案，消除安全隐患，杜绝安全事故。

二、消防设备的管理

（一）总则

1. 建筑消防设施的管理应当明确主管部门和相关人员的责任，建立完善的管理制度。

2. 建筑消防设施的检查分为巡查、单项检查、联动检查三种方式。

3. 管理要求

（1）建筑消防设施巡查可由归口管理消防设施的部门实施，也可以按照工作、生产、经营的实际情况，将巡查的职责落实到相关工作岗位。

（2）从事建筑消防设施单项检查和联动检查的技术人员，应当经消防专业考试合格，持证上岗。单位具备建筑消防设施的单项检查、联动检查的专业技术人员和检测仪器设备，可以按照相关标准自行实施，也可以委托具备消防检测中介服务资格的单位和具备相应消防设施安装资质的单位按照本标准实施。

（3）建筑消防设施单项检查记录和建筑消防设施联动检查记录，应由检测人员和检测单位签字盖章。检测人员和检测单位对出具的《建筑消防设施测试检查记录》和《建筑消防设施联动检查记录》（见本节附录）负责。

（4）建筑消防设施投入使用后即应保证其处于正常运行或准工作状态，不得擅自断电停运或长期带故障运行。

（5）建立建筑消防设施故障报告和故障消除的登记制度。发生故障，应当及时组织修复。因故障、维修等原因，需要暂时停用系统的，应当经单位消防安全责任人批准，系统停用时间超过 24 小时的，在单位消防安全责任人批准的同时，应当报当地公安消防机构备案，并采取有效措施确保安全。

（二）消防控制室

1. 消防控制室应制定消防控制室日常管理制度、值班员职责、操作规程等工作制度。

2. 消防控制室的设备应当实行每日 24 小时专人值班制度，确保及时发现并准确处置火灾和故障报警。

3. 消防控制室值班人员应当在岗在位，认真记录控制器日运行情况，每日检查火灾报警控制器的自检、消音、复位功能以及主备电源切换功能，并填写相关内容（见本节附录表 A.1）。

4. 消防控制室值班人员应当经消防专业考试合格，持证上岗。

5. 正常工作状态下，报警联动控制设备应处于自动控制状态。严禁将自动喷水灭火系统和联动控制的防火卷帘等防火分隔措施设置在手动控制状态。其他联动控制设备需要设置在手动状态时，应有火灾时能迅速将手动控制转换为自动控制的可靠措施。

（三）巡查

1. 一般要求

（1）建筑消防设施巡查应明确各类建筑消防设施巡查部位和内容，并填写巡查记录（见本节附录表 A.2）。

（2）依照有关规定每日进行防火巡查的单位和设有电子巡更系统的单位，应将建筑消防设施巡查部位纳入其中。其他单位建筑消防设施巡查应当每周至少一次。

（3）建筑消防设施电源开关、管道阀门，均应指示正常运行位置，并标识开、关的状态；对需要保持常开或常闭状态的阀门，应当采取铅封、标识等限位措施。

2. 巡查内容

（1）消防供配电设施：消防电源工作状态，自备发电设备状况，消防配电房、发电机房环境，消防电源末端切换装置工作状态。

（2）火灾自动报警系统：火灾警报装置外观，区域显示器运行状况，火灾报警控制器运行状况，消防联动控制器外观和运行状况，手动报警按钮外观，火灾警报装置外观，消防控制室工作环境。

（3）消防供水设施：消防水池外观，消防水箱外观，消防水泵及控制柜工作状态，稳压泵、增压泵、气压水罐工作状态，水泵接合器外观、标识，管网控制阀门启闭状态，泵房工作环境。

（4）消火栓（消防炮）灭火系统：室内消火栓外观，室外消火栓外观，消防炮外观，启泵按钮外观。

（5）自动喷水灭火系统：喷头外观，报警阀组外观，末端试水装置压力值。

（6）泡沫灭火系统：泡沫喷头外观，泡沫消火栓外观，泡沫炮外观，泡沫产生器外观，泡沫液贮罐间环境，泡沫液贮罐外观，比例混合器外观，泡沫泵工作状态。

（7）气体灭火系统：气体灭火控制器工作状态，储瓶间环境，气体瓶组或储罐外观，选择阀、驱动装置等组件外观，紧急启/停按钮外观，放气指示灯及警报器外观，喷嘴外观，防护区状况。

（8）防烟排烟系统：挡烟垂壁外观，送风阀外观，送风机工作状态，排烟阀外观，电动排烟窗外观，自然排烟窗外观，排烟机工作状态，送风、排烟机房环境。

（9）应急照明和疏散指示标志：应急灯外观，应急灯工作状态，疏散指示标志外观，疏散指示标志工作状态。

（10）应急广播系统：扬声器外观，扩音机工作状态。

（11）消防专用电话：分机电话外观，插孔电话外观。

（12）防火分隔设施：防火门外观，防火门启闭状况，防火卷帘外观，防火卷帘工作状态。

（13）灭火器：灭火器外观，设置位置状况。

（14）其他需要巡查的内容。

（四）单项检查

1. 一般要求

建筑消防设施的单项检查应当每月至少一次，并填写检查记录（见本节附录表 A.3）。

2. 单项检查内容

（1）消防供电配电设施：消防用电设备备电源末级配电箱处主、备电切换功能，发电机自动、手动启动试验，发电机燃料检查。

（2）火灾自动报警系统：警报装置的警报功能，火灾报警探测器、手动报警按钮、火灾报警控制器、CRT 图形显示器、火灾显示盘的报警显示功能，消防联动控制设备的联动控制和显示。其中火灾报警探测器和手动报警按钮的报警功能的检查数量不少于总数的25%。

（3）消防供水设施：消防水池、水箱水量，增压设施压力状况，消防水泵及水泵控制柜的启泵和主备泵切换功能，管道阀门启闭功能。

（4）消火栓（消防炮）灭火系统：室内外消火栓消防水炮出水及压力，消火栓启泵按钮，系统功能。检查数量不少于总数量的25%。

（5）自动喷水灭火系统：报警阀组放水，末端试水装置放水。其中末端试水装置放水检查数量不少于总数量的25%。

（6）泡沫灭火系统：泡沫液有效期和储存量，泡沫消防栓出水或出泡沫。

（7）气体灭火系统：灭火剂储存量，模拟自动启动系统功能。

（8）防烟和排烟设施：机械加压送风机以及系统功能，送风机控制柜；机械排烟风机、排烟阀以及系统功能，排烟风机控制柜；电动排烟窗启、闭。

（9）应急照明、疏散指示标志：电源切换和充电功能，标识正确性。

（10）消防电话和应急广播：通话、广播的质量、应急情况下强制切换功能。

（11）防火分隔措施：防火门启闭功能，防火卷帘自动启动和现场手动功能，电动防火门联动功能，电动防火阀的启、闭功能。

（12）消防电梯：首层按钮控制和联动电梯回首层，电梯桥厢内消防电话，电梯井排水设备。

（13）灭火器：检查灭火器型号、压力值和维修期限。检查数量不少于总数量的25%。

（14）其他需要测试检查的内容。

（五）联动检查

1. 一般规定

（1）建筑消防设施的联动检查应当每年至少一次，主要对建筑消防设施系统的联动控制功能进行综合检查、评定，并填写检查记录（见本节附录表A.4）。

（2）设有自动消防系统的宾馆、饭店、商场、市场、公安娱乐场所等人群密集场所、易燃易爆单位以及其他一类高层公共建筑等消防安全重点单位的年度联动检查记录应在每年12月30日之前，报当地公共消防机构备案。

2. 联动检查内容

（1）消防供电设施供电功能和主备电源切换功能检查，检验供电能力。

（2）火灾自动报警装置每层、每回路报警系统和联动控制设备的功能试验。每12个月对每只探测器、手动报警按钮检查不少于一次。

（3）自动喷水灭火系统在末端放水，进行系统功能联动试验，水流指示器报警，压力开关、水力警铃动作。对消防设施上的仪器进行校验；每12个月对每个末端放水阀检查不少于一次。

（4）消防给水系统最不利点消火栓（消防炮）出水，分别用消防水箱和消防水泵供水。每 12 个月累计对每个消火栓、卷盘、水炮检查不少于一次。

（5）泡沫灭火系统结合泡沫灭火器到期更换进行喷泡沫试验；检验系统功能；校验仪器仪表。

（6）通过报警联动，检验系统功能，进行模拟喷气试验；校验仪器仪表，存储容器称重。

（7）通过报警联动，检查电梯迫降功能；通过报警联动，检查防火卷帘门及电动防火门的功能；通过报警联动，检查消防广播切换功能；通过报警联动，检查应急照明、疏散指示标志功能；通过报警联动，检查正压送风或者机械排烟系统功能，并测试风速、风压值。

（8）对每只灭火器选型、压力和有效期检查每 12 个月不少于一次。

（六）检查测试工具和设备

建筑消防设施检测用的工具和设备，可按有关消防设施检测装备的要求设置。

（七）维护和故障处理程序

1. 消防设备、器材应根据使用场所的环境条件和产品的技术性能要求及时进行保养和更换。对易腐蚀生锈的消防设备、管道、阀门应定期清洁、除锈、注润滑剂。

2. 检查发现建筑消防设施存在问题和故障的，实施检查的人员必须向单位消防安全管理人报告，并填写故障处理记录（见本节附录表 A.5）。

3. 对建筑消防设施存在的问题和故障，当场有条件解决的应立即解决；当场没有条件的，应在 24 小时内解决；需要由供应商或者厂家解决，恢复系统正常工作状态。

4. 故障排除后，应由消防安全管理人签字认可，故障处理记录存档备案。

（八）档案

1. 内容

建筑消防设施的档案应包含基本情况和动态管理情况。基本情况包括建筑消防设施的验收文件和产品、系统使用说明书、系统调试记录等原始技术资料。动态管理情况包括建筑消防设施的值班记录、巡查记录、单项检查记录、联动检查记录、故障处理记录等。

2. 保存期限

（1）建筑消防设施的原始技术资料应长期保存。

（2）《消防控制室值班记录》和《建筑消防设施巡查记录》的存档时间不应少于 1 年。

（3）《建筑消防设施单项检查记录》、《建筑消防设施联动检查记录》、《建筑消防设施故障处理记录》的存档时间不应少于 3 年。

附录：

表 A.1　消防控制室值班记录

	时间	火灾报警控制器运行情况		报警性质				消防联动控制器运行情况			报警、故障部位、原因及处理情况	值班人签名 时/时	值班人签名 时/时	值班人签名 时/时
		正常	故障	火警	误报	故障报警	漏报	正常		故障				
								自动	手动					
火灾报警器日运行情况记录														

	火灾报警控制器型号	自检	消音	复位	主电源	备用电源	检查人	故障及处理情况
火灾报警控制器日检查情况记录								

消防安全管理人（签字）：＿＿＿＿＿＿

注1：情况正常的打"√"，存在问题或故障的打"×"；

注2：对发现的问题应及时处理，当场不能处置的要填报《建筑消防设施故障处理记录》；

注3：本表为样表，单位可根据控制器的数量及值班时段制表。

表 A.2 建筑消防设施巡查记录

巡查项目	巡查内容	巡查情况		
		正常	故障	故障原因及处理情况
消防供配电设施	消防电源工作状态			
	自备发电机状况			
	消防配电房、发电机房环境			
火灾自动报警系统	火灾报警探测器外观			
	区域显示器运行状况、CRT 图形显示器运行状况、火灾报警控制器、消防联动控制器外观和运行状况			
	手动报警按钮外观			
	火灾警报装置外观			
	消防控制室工作环境			
消防供水设施	消防水池外观			
	消防水箱外观			
	消防水泵及控制柜工作状态			
	稳压泵、增压泵、气压水罐工作状态			
	水泵接合器外观、标识			
	管网控制阀门启闭状态			
	泵房工作环境			
消火栓（消防炮）灭火系统	室内消火栓外观			
	室外消火栓外观			
	消防炮外观			
	启泵按钮外观			
自动喷水灭火系统	喷头外观			
	报警阀组外观			
	末端试水装置压力值			
泡沫灭火系统	泡沫喷头外观			
	泡沫消火栓外观			
	泡沫炮外观			
	泡沫产生器外观			
	泡沫液贮罐间环境			
	泡沫液贮罐外观			
	比例混合器外观			
	泡沫泵工作状态			

续表

巡查项目	巡查内容	巡查情况		
		正常	故障	故障原因及处理情况
气体灭火系统	气体灭火控制器工作状态			
	储瓶间环境			
	气体瓶组或储罐外观			
	选择阀、驱动装置等组件外观			
	紧急启/停按钮外观			
	放气指示灯及警报器外观			
	喷嘴外观			
	防护区状况			
防烟排烟系统	挡烟垂壁外观			
	送风阀外观			
	送风机工作状态			
	排烟阀外观			
	电动排烟窗外观			
	自然排烟窗外观			
	排烟机工作状态			
	送风、排烟机房环境			
应急照明和疏散指示标志	应急灯外观			
	应急灯工作状态			
	疏散指示标志外观			
	疏散指示标志工作状态			
应急广播系统	扬声器外观			
	扩音机工作状态			
消防专用电话	分机电话外观			
	插孔电话外观			
防火分隔设施	防火门外观			
	防火门启闭状况			
	防火卷帘外观			
	防火卷帘工作状态			
消防电梯	紧急按钮外观			
	轿厢内电话外观			
	消防电梯工作状态			

续表

巡查项目	巡查内容	巡查情况		
		正常	故障	故障原因及处理情况
灭火器	灭火器外观			
	设置位置状况			
其他设施				
巡查人（签名）				年　月　日
消防安全管理人（签名）				年　月　日
备注				

注1：情况正常的打"√"，存在问题或故障的打"×"；

注2：对发现的问题应及时处理，当场不能处置的要填报《建筑消防设施故障处理记录》；

注3：本表为样表，单位可根据建筑消防设施实际情况和巡查时间段制表。

表 A.3　建筑消防设施单项检查记录

检测项目		检测内容	实测记录
消防供电配电	消防配电	试验主、备电切换功能	
	自备发电机	试验启动发电机组	
	储油设施	核对储油量	
火灾自动报警系统	火灾报警探测器	试验报警功能	
	手动报警按钮	试验报警功能	
	警报装置	试验警报功能	
	报警控制器	试验报警功能、故障报警功能、火灾优先功能、打印机打印功能、火灾显示盘和 CRT 显示器的显示功能	
	消防联动控制器	试验联动控制和显示功能	
消防供水设施	消防水池	核对储水量	
	消防水箱	核对储水量	
	稳（增）压泵及气压水罐	试验启泵按钮、停泵时的压力工况	
	消防水泵	试验启泵和主、备泵切换功能	
	管网阀门	试验管道阀门启闭功能	

续表

检测项目		检测内容	实测记录
消火栓（消防炮）灭火系统	室内消火栓	试验屋顶消火栓出水和静压	
	室外消火栓	试验室外消火栓出水和静压	
	消防炮	试验消防炮出水	
	启泵按钮	试验远距离启泵功能	
自动喷水灭火系统	报警阀组	试验放水阀放水及压力开关动作信号	
	末端试水装置	试验末端放水及压力开关动作信号	
	水流指示器	核对反馈信号	
泡沫灭火系统	泡沫液贮罐	核对泡沫栓有效期和储存量	
	泡沫栓	实验泡沫栓出水和出泡沫	
气体灭火系统	瓶组与储罐	核对灭火剂储存量	
	气体灭火控制设备	模拟自动启动，试验切断空调等相关联动	
机械加压送风系统	风机	试验联动启动风机	
	送风口	核对送风口风速	
	风机	试验联动启动风机	
	排烟阀、电动排烟窗	试验联动启动排烟阀、电动排烟窗，核对排烟口风速	
应急照明		试验切断正常供电，测量照度	
疏散指示标志		试验切断正常供电，测量照度	
应急广播系统	扩音器	试验联动启动和强制切换功能	
	扬声器	测试音量、音质	
消防专用电话		试验通话质量	
防火分隔	防火门	试验启闭功能	
	防火卷帘	试验手动、机械应急和自动控制功能	
	电动防火阀	试验联动关闭功能	
消防电梯		试验按钮迫降和联动控制功能	
灭火器		核对选型、压力和有效期	

续表

检测项目		检测内容	实测记录
其他设施			
测试人（签名）： 　　　　　　年 月 日		测试单位（盖章）： 　　　　　　年 月 日	
消防安全责任人或消防安全管理人（签名）： 　　　　　　年 月 日			

注1：情况正常的打"√"，存在问题或故障的打"×"；

注2：对发现的问题应及时处理，当场不能处置的要填报《建筑消防设施故障处理记录》；

注3：本表为样表，单位可根据建筑消防设施实际情况制表。

表 A.4　建筑消防设施联动检查记录

建筑名称			地址		
使用性质		层数	高度	面积	
使用管理单位名称					
建筑消防设施检查情况					

项　　目	检查结果	存在问题或故障处理情况
消防供电配电		
火灾自动报警系统		
消防供水		
消火栓消防炮		
自动喷水灭火系统		
泡沫灭火系统		
气体灭火系统		
防排烟系统		
疏散指示标志		
应急照明		
应急广播系统		
消防专用电话		
防火分隔		
消防电梯		

续表

项　目	检查结果	存在问题或故障处理情况
灭火器		
其他设施		

检查说明：

检查人（签名）： 　　　　　　　　年　月　日	检查单位（盖章）： 　　　　　　　　年　月　日
消防安全责任人或消防安全管理人（签名）： 　　　　　　　　　　　　　　　　年　月　日	

注1：情况正常的打"√"，存在问题或故障的打"×"；

注2：对发现的问题应及时处理，当场不能处置的要填报《建筑消防设施故障处理记录》；

注3：本表为样表，单位可根据建筑消防设施实际情况制表。

表 A.5　建筑消防设施故障处理记录

检查 时间	检查人 签名	检查发现 问题或故障	消防安全管 理人处理意见	停用系统 消防安全 责任人签名	问题或故障 处理结果	问题或故障 排除消防安 全管理人签名

三、安全组织和职责

（一）《北京市星级饭店安全生产规定》对安全组织的规定

《北京市星级饭店安全生产规定》第八条规定：星级饭店从业人员超过 300 人的，应当设立安全生产管理机构或者配备专职安全生产管理人员；从业人员在 300 人以下的，应当配备专职或者兼职的安全生产管理人员，或者委托具有国家规定的相关专业技术资格的工程技术人员提供安全生产管理服务。

（二）饭店内实际运行的主要安全组织

1. 防火安全委员会；

2. 安全生产领导小组；

3. 交通安全委员会；

4. 国家安全领导小组；

5. 治保会；

6. 社会综合治理委员会；

7. 临时性安全组织，如奥运安全领导小组等。

饭店的主要负责人就是饭店内各种安全组织的主要责任人，部门的主要负责人是饭店部门安全组织的主要领导。

（三）饭店安全的主要范畴

1. 内部治安保卫工作

主要包括国家安全、安全档案建设、制度建设、人员管理、证件管理、钥匙管理、安全培训等。

2. 消防安全工作

主要包括消防安全设备监控、消防设施巡检、施工防火、防火制度建设、防火培训、防火预案演练等。

3. 警卫工作

主要包括各个固定值勤岗位的日常管理、警卫队伍管理、日常警卫活动、日常安全巡视检查等。

4. 交通安全管理工作

主要包括车辆维护、交通安全宣传、非机动车管理等。

5. 安全生产管理工作

主要包括设备设施安全管理、设备设施维护保养、制订安全生产程序、培训介绍生产设备安全技能等。

6. 食品安全管理工作

主要包括食品进货、制作、食用和储存的安全。

（四）消防安全责任人

单位是社会消防管理的基本单元，单位对消防安全和致灾因素的管理能力，反映了社会消防安全管理水平，在很大程度上决定了一个城市、一个地区的消防安全形势。《消防法》强化了机关、团体、企业、事业等单位在保障消防安全方面的消防安全职责，明确提出单位的主要负责人是本单位的消防安全责任人。

（五）消防安全责任人职责

中华人民共和国公安部令第 61 号规定，单位的消防安全责任人应当履行下列消防安全职责：

1. 贯彻执行消防法规，保障单位消防安全符合规定，掌握本单位的消防安全情况。

2. 将消防工作与本单位的生产、科研、经营、管理等活动统筹安排，批准实施年度消防工作计划。

3. 为本单位的消防安全提供必要的经费和组织保障。

4. 确定逐级消防安全责任，批准实施消防安全制度和保障消防安全的操作规程。

5. 组织防火检查，督促落实火灾隐患整改，及时处理涉及消防安全的重大问题。

6. 根据消防法规的规定建立专职消防队、义务消防队。

7. 组织制定符合本单位实际的灭火和应急疏散预案，并实施演练。

（六）饭店总经理应该履行的安全职责

饭店安全运营是不可见的效益。只有保证饭店的安全运营饭店的长久经济效益和平稳经营才有保障。因一时不慎发生的安全事故，会使数十年呕心沥血辛苦经营的成果毁于一旦，甚至破产陷入困境。这样的例子古今中外比比皆是，近的有2009年春节中央电视台附属楼火灾，辛辛苦苦盖起的大楼，酒店马上就要开业，可一把大火造成新楼变成废墟的惨剧。因此饭店的安全是饭店经营的关键。

自洛阳"12·25"重大火灾事件之后，我国对饭店和各类娱乐场所加强了安全审批、安全管理和安全督查，依据相关的法律、法规和条例，加大了对责任事故追究的力度。安全职责不再是某些人眼中的虚幻事物，而是实实在在地落在了每一个饭店人身上，作为饭店经营的决策人和负责人——饭店总经理所肩负的安全职责尤其重大。

总经理是饭店安全运营的实际第一安全责任人，掌握着饭店日常经营工作中所需要的人力资源、财力资源及其他资源的调配权、协调指挥权，他在饭店的安全运营工作中所起的作用不可替代。

饭店总经理在日常工作中所负的安全职责既然如此重大，那么他应做的日常安全工作是什么呢？综合说来作为安全第一责任人的饭店总经理，在日常安全工作中除了防火安全责任人职责以外，还要肩负以下六个方面的职责：

1. 建立饭店运营安全责任制

将饭店总体安全任务层层分解、层层落实到各个部门、岗位；对安全职责分层明析，以达到人人有责、有责必行的目标，落实好安全职责，确保总体安全。

2. 组织建立饭店安全运营规章制度及相关流程

其目的是通过完善安全工作流程，尽可能减少人为主观的失误；通过完善规章制度，加强对人的管理，确保把每一个人的安全职责落到实处，在安全运营工作中做到有责必行、违者必究，营造人人重安全的良好工作氛围。

3. 调配资源以保障安全运营措施能够有效的实施，并发生作用。

4. 督促、检查运营过程中的安全工作实施情况，组织查找运营中的安全漏洞、隐患；并及时调配资源组织，消除检查中发现的安全隐患。

5. 组织饭店各部门，针对饭店可能发生的各类突发事故，制定总体救援、抢险预案，并定期演习以保障其在关键时刻能够实施。

6. 在事故发生后，依据事故的类型和影响大小及时地向上级组织、政府部门报告事故发生的详细情况和为减小、挽回事故损失所采取的相应应急措施等情况；配合政府部门做好对事故的善后处理及责任追究工作。

以上几个方面就是作为饭店总经理不可不知的安全运营方面的职责。它的实施需要做大量的具体、细致的工作，但是一旦顺利实施后将给饭店的安全运营带来莫大的好处。

（七）消防安全管理人职责

1. 拟订年度消防工作计划，组织实施日常消防安全管理工作。

2. 组织制订消防安全制度和保障消防安全的操作规程并检查督促其落实。

3. 拟订消防安全工作的资金投入和组织保障方案。

4. 组织实施防火检查和火灾隐患整改工作。

5. 组织实施对本单位消防设施、灭火器材和消防安全标志维护保养，确保其完好有效，确保疏散通道和安全出口畅通。

6. 组织管理专职消防队和义务消防队。

7. 组织开展对员工进行消防知识、技能的宣传教育和培训，组织灭火和应急疏散预案的实施和演练。

8. 单位消防安全责任人委托的其他消防安全管理工作。消防安全管理人应当定期向消防安全责任人报告消防安全情况，及时报告涉及消防安全的重大问题。未确定消防安全管理人的单位，消防安全管理工作由单位消防安全责任人负责实施。

（八）义务消防队

1. 义务消防队的性质

义务消防队是一支群众性的不脱离生产的同火灾事故作斗争的消防队伍，是在本单位党政领导下，在公安保卫部门和专职消防队伍的指导下，联系群众、宣传群众、组织群众，开展防火工作，对火灾进行扑救的一支有组织的战斗队伍。

2. 义务消防队的工作任务

(1) 贯彻执行消防工作法规、法令，遵守消防工作的规章、制度、办法；协助本单位发动群众建立防火制度或制定防火公约并带头执行；发现问题要耐心教育并帮助群众及时纠正。

(2) 经常开展防火宣传教育，提高职工群众防火观念和防火自觉性；结合本单位实际情况，普及防火与灭火常识宣传教育。

(3) 进行防火安全检查，严格控制火源，妥善处理易燃物品，协助本单位整改火险隐患，堵塞火险漏洞，防止火灾发生。

(4) 发生火灾时，要积极投入灭火战斗并组织群众共同扑救；有公安、企业专职消防队的地区、单位，应在公安、企业专职消防队的统一指挥下，进行灭火战斗。

(5) 对消防器材负责维修、保养，并教育职工、群众不能挪作他用，以保证器材的完整好用。

(6) 在公安保卫部门领导下，积极追查火灾发生的原因，研究发生火灾的规律和特点，总结实践经验，改进措施，克服缺点，加强工作。

要完成这些任务，必须有一定的工作制度作保证，一般是在每月或每季度召开一次工作会议。在工作会议上分析形势，总结工作，表扬好人好事，布置下一步工作。只有加强领导，落实制度，才能使消防工作持久开展，为保卫国家和人民生命财产的安全作出更大的贡献。

3. 义务消防队的组织分工

义务消防队应设正副队长指导员，在防火工作上应根据不同情况，共同负责，适当分工。在灭火工作上，一般应划分以下几个小组：

火灾报警组：当发现起火时，应迅速而又沉着地将起火单位、部位和名称、地点、燃烧物资、火势情况等立即报告队长，还应发出火警信号迅速向当地消防队或公安保卫部门报告，把消防车和消防人员引进火场。

灭火战斗组：接到报警时，消防队员要立即携带消防工具，迅速赶到火场，有组织有计划地进行扑救。

火场供水组：接到报警后，立即带上供水工具，迅速到达火场，组织群众进行供水或搬其他灭火药剂，保证灭火需要。

抢救组：发生火灾时，本着先抢救人后救物的原则，迅速向起火单位的知情人问清火场内是否有人，是否有化学危险物品或贵重物资受到火灾的威胁，如有威胁，应问明其所在地点，立即组织人员进行抢救。

4. 义务消防队的政治学习与业务训练

义务消防队必须围绕党的中心工作，努力学习党的路线、方针、政策，结合本单位的实际，加强整顿纪律作风和反对资产阶级自由化的政治思想教育。同时还要学习安全与生产的关系，懂得安全是为了生产，生产必须安全，树立全心全意为人民服务的思想，提高做好消防工作的自觉性。

进行消防业务训练是做好工作的基础，要按照"严格训练，严格要求"的原则，积极开展业务训练。努力学习消防工作的方针、政策和各种消防法令、法规，通过边学、边议、边练的方法，熟练掌握各种灭火战斗方法和灭火器材的使用方法，不断提高业务水平和灭火战斗能力。

应当根据实际情况，制订切实可行的学习制度。根据实际情况，一般是每星期或每十天、半月、一个月内进行一次政治学习或业务训练。要切实可行，持之以恒。

（九）保卫部经理的岗位要求

1. 直接上级：饭店主管安全总经理

2. 直接下级：部长助理、主管

3. 横向联系：国家安全局（各处室），公安局（各处室、分局处室、派出所），公安消防局（各处室），旅游局保卫处，企业上级安全保障部门，办事处（综治办、武装部、安全生产办公室、防火办、安全宣传科、城管队），市、区安全生产办公室，社区、旅店办公室，武警消防中队，公安交通管理局地区支队、地区中队。

4. 工作任务和职责

（1）在饭店总经理的领导下，对饭店的安全工作负有安全管理责任，要确保饭店有一个良好的安全经营环境。

（2）本着谁主管谁负责的原则，协助安全责任人建立健全安全岗位职责，层层落实安全岗位责任制。

（3）协助安全责任人贯彻执行国家法律、法规和规章，协助完成好各项保卫任务。

（4）部署安全工作计划、措施、检查、督导落实情况，发现隐患督导整改。

（5）贯彻安全工作各项指示精神，落实各项安全防范措施，努力完成各项安全指标。

（6）注意了解员工的思想动态，及时化解不安定因素。

（7）建立健全饭店的各项安全预案，并定期组织应急演练。

（8）组织员工进行各种安全知识教育培训，提高员工的安全防范意识。

5. 工作范围：整个饭店安全方面的工作。

6. 工作权限：（1）对安全方面工作的奖惩有建议权；（2）在《员工安全守则》规定奖惩范围内有直接处罚权；（3）对各部门的安全工作有督导、检查权；（4）对改进各部门的安全工作有建议权；（5）对危害国家、企业安全方面的行为、活动、言论有强行制止权。

7. 基本素质：对党忠诚，政治思想可靠。

8. 业务素质和能力：（1）了解一定的法律知识；（2）具备一定的协调能力，管理能力；（3）具备一定的文化素质；（4）最好有一些安全方面的工作经验。

四、钥匙管理

（一）钥匙管理原则：上锁锁得住，开启开得开。

（二）钥匙管理口诀

谁的钥匙谁保管，交叉使用有危险；

集中管理登记清，专人领取专人还；

区域管理要分清，跨区使用要授权；

配置钥匙要严格，签字确认手续全；

防盗尽量多上锁，防火大门不能关；

紧急情况能打开，平时锁好能防范；

钥匙管理别小视，管好钥匙保安全。

（三）钥匙管理程序

1. 酒店钥匙备份管理

（1）保卫部负责饭店除客用钥匙以外全部钥匙的备份管理（备份钥匙针对范围：除财务部、客用外所有区域钥匙）。

（2）保卫部将所有备份钥匙进行统一登记、编号、封存，由专人管理，未经批准、无特殊情况禁止动用备用钥匙。各部门若因突发情况使用备用钥匙，需经保卫部经理审批，由该部经理签字后领取，并负责管理，指定专人保管使用。

2. 饭店各部门自用钥匙管理

（1）饭店为各部门按照实际需要配发钥匙，各部门的钥匙在班与班之间要有交接手续。交接手续要每月由部门存档，按季度交到保卫部存档。

（2）需要配制钥匙到保卫部填写《配制钥匙申请表》，经有关领导签字后，由保卫部负责发给钥匙坯子配制。填写《钥匙发放表》后签字领取。

（3）餐饮等营业部门及非 24 小时当班的行政部门的钥匙应安排专人管理。不准带出店外，下班前交由专管部门人员代管，钥匙管理人员要当面点清，做好交接记录。

（4）财务部所属各收银台、抽屉、柜使用时，必须符合安全要求，钥匙要由部门自行保管。保卫部负责检查指导。

（5）各要害部门钥匙——配电室、空调机房、消防治安监控中心、水泵房、电梯机房等钥匙，要由各部门严格管理，钥匙实行交接班制度。仓库等部位钥匙由专人负责，不准请他人代管或交他人使用。

（6）各种门、窗钥匙必须严格管理，不准丢失、损坏。如丢失钥匙，禁止私自撬开，应由所在部门负责人在场，保卫部人员监督，工程部维修人员处理。如钥匙损坏无法使用时，应立即报告保卫部和工程部核实，并将损坏不能使用的钥匙交回保卫部，经保卫部批准后再重新配制。如锁和钥匙有质量问题，由工程部、保卫部鉴定确认后，由工程部安排维修更换。

（四）客房钥匙管理

1. 门锁 IC 卡种类功能说明

（1）应急卡：能开全部门锁及反锁；（2）总控卡：能开全部门锁，不能开反锁；（3）服务员卡：能开指定楼层全部门锁，不能开反锁；（4）挂失卡：将遗失损坏的卡（包括各种类的卡）挂失，使其失去开锁功能。

2. 房间门锁机械匙及 IC 卡种类持有人名单

（1）机械匙和工具：由前厅经理或工程经理分别保管；（2）应急卡：由客房部经理和值班经理各持一张（值班经理的卡存放于前台，使用时到前台申领，并做好交接填写领用时间、退还时间）；（3）总控卡：由楼层主任和领班各持一张；（4）服务员卡：由各楼层当班服务员持有，各楼层一张（注：总控卡和服务员卡的管理由客房部具体制订）；（5）客人卡：由前台接待处当班员工负责收发和保管；（6）挂失卡：由前台接待处当班员工负责挂失（只限客人卡操作）。

3. 房间门锁 IC 卡种类操作权限

（1）应急卡、总控卡、服务员卡由电脑管理员负责制作和挂失；（2）客人卡的收发与挂失由前台接待员负责。

4. 如遇到在住房间反锁时，发生特殊情况需要进房处理，楼层管理人员必须通知客房部经理（客房部经理不在时，通知值班经理）和保安员，利用应急卡开锁，并由双方做好相关记录。

5. 当所有卡类不能开锁时，由客房部经理通知前厅部经理或工程部经理用机械匙打开。

6. 备用空白的 IC 卡由客房部经理保管。

7. 遗失或损坏 IC 卡每张赔偿人民币 50 元。

8. 客房房间门锁日常维护及维修工作由工程部负责。

9. 门锁有关软件由电脑管理员负责管理。

（五）前台客用保险箱安全管理

1. 住店客人申请使用保险箱时，客人须在前台当班收款员陪同下进入保险柜室，一次只进入一个客人。首先要填写《保险箱使用记录》，项目要填全，房号要填准，签名要清楚。

2. 根据客人的物品提供相应的保险箱，由客人自己将物品放进去，在客人面前将箱子锁好。字母钥匙保险柜，要把子钥匙交给客人，记录好使用的保险箱号码，将客人填写的《保险箱使用记录》存入客人档案。

3. 客人在存入贵重物品时，服务人员要提醒客人使用密封袋和胶条。

4. 客人每次在开启保险箱之前，都要填写《保险箱使用记录单》，在电脑中确认客人的身份，检查客人的房间钥匙牌，核对客人原始签字。

5. 服务员同时在《保险箱使用记录单》上准确填写姓名、时间、日期。

6. 服务员要随身携带好母钥匙及子钥匙柜门钥匙，不得携带钥匙离开工作岗位。离开岗位要做好交接记录。

7. 客人使用完保险箱时，客人与服务员要在使用单上签字。

（六）客房服务员开启房门规定

1. 客房办公室服务员，只有接到大堂值班经理和前台主管以上人员电话通知时方可开启客房门。同时，须确认对方姓名，并在记事本上记清大堂经理姓名、房号、时间等。

2. 客房楼层服务员按照客房办公室的通知，开启指定的客房门。不得擅自开启其他房门，客人要求开门时应礼貌地请该客人到前台接待处联系。

3. 客房楼层服务员在接到客房部办公室通知后，必须立刻到指定的房间前等待，客人到来后才能开启房门。无论是否开启过房门，都必须回复客房办公室，由办公室向大堂值班经理汇报。

4. 服务员在清扫房间过程中，如遇有客人进入正在清扫的房间，必须做到以下几点：

（1）请客人出示钥匙和住宿卡，并当面确认房间卡或有效证件。

（2）无法确认客人身份时，立即打电话通知客房办公室。客房办公室接到电话后，立即派人去房间协助楼层服务员共同确认客人身份。

五、群防群治

"安全第一，预防为主"是饭店安全的基本方针。要做到安全预防，就必须坚持以人为本，提倡群防群治。要把预防安全事故放在安全工作中的首位，不应只是考虑发生事故后如何去组织抢救，进行事故调查，找原因、追责任、堵漏洞，而要谋事在先，尊重科学，探索规律，采取有效地事先控制措施，千方百计预防事故发生，做到防患于未然，将事故消灭在萌芽状态。预防为主，就要坚持培训教育为主，在安全素质上下工夫，最大限度减少不安全隐患，提高全员防范能力，只有做到群防群治，才能铸就安全防范的钢铁长城。

（一）企业预防为主群防群治工作发挥着重要作用

广大员工的理解和积极参与是做好群防工作的基础。近年来，由于各级领导重视，加强群防群治建设的有利条件明显增多，客人、员工对安全工作的满意度有明显提高。党的十六大提出了全面建设小康社会的宏伟目标，党中央又提出了构建社会主义和谐社会，因此社会治安稳定成为全面建设小康社会、社会主义和谐社会的重要保证。企业紧跟党的形势，一直把"谋发展，保稳定"作为最终工作目标，群防群治为稳定发展发挥了至关重要的作用。

（二）当前群防群治工作存在的主要问题

一是思想认识存在偏差。主要是少数部门负责人对群防群治工作重视不够，工作措施不到位。有的保卫组织、义务消防队员形同虚设，没有真正发挥作用。相当一部分主管、领班，没有这方面意识，在开展群防群治工作中创新不够、办法不多，感觉无从下手，甚至认为这是一项多余的工作。

二是管理体制不规范。对群防群治队伍多头管理、管理与保障脱节、业务指导与安全管理脱节的现象时常存在。部门一般垂直领导，"业务第一"的思想长期存在，致使保卫部不能有效地介入管理和指导。

三是经费保障不稳定。经费投入与保障不足问题一直不同程度存在，没有独立资金款项，无法经济刺激，不易与经济挂钩，造成群防群治队伍凝聚力、战斗力不强，人心不稳。这在一定程度上挫伤了安全工作的积极性。

四是专职防范力量发展不平衡、素质不断下降。随着经济的发展，很多高素质人才看不上专职安全工作，安全队伍不断萎缩弱化，有的身体条件差，有的缺乏专业知识，有的没有持久性，使安保队伍流动性增强，全员培训不容易列入计划，其素质无法得到有效保障。

五是部分员工参与意识不强。不少员工参与群防群治工作的热情不高、意识不强，不愿主动提供情况，不愿主动自觉开展安全工作，对必须做的安全工作不负责任，敷衍了事。

六是安全工作有风险性，而待遇上没有风险基金，工作人员有一定的后顾之忧。

（三）新形势下对群防群治工作的几点建议

1. 依靠部门领导，强化群防群治、预防为主的思想意识。一是要明确安全组织体系。将群防群治工作纳入日常工作重要日程，制订详细的发展规划，定期研究解决安全工作中出现的问题和困难，有必要和工资、奖金挂钩，财力上应给予支持。二是严格责任机制。建立健全基层防范工作目标管理责任制，通过层层签订责任状，确保群防群治安全工作有人抓、有人管。把群防群治工作开展情况同部门的目标任务挂钩，逐项进行考评，奖优罚劣。

2. 发挥保卫部门职能作用，扎实开展群防群治工作。明确防范职责和防范重点，落实各项防范措施。通过建立健全员工参与防范的规章制度，使饭店安全组织工作有方向、行动有目标，促进群防组织规范化发展。

3. 强化群防群治组织管理，完善工作运行机制。根据当前饭店旅游业安全的特点、规律，要大胆探索、创新工作方法，科学整合各方面群防群治力量与资源，形成合力，增强群防群治工作的实效性。

4. 加强群防群治队伍建设，发展壮大专职防范力量。在市场经济条件下，专业化的群防群治保卫队伍是做好防范工作的生力军。建议整顿软弱涣散、没有活力的安全小组，撤换一些不称职的安全负责人，对工作积极、认真负责的保卫人员要给予重任；要建立健全各级安全组织，协调落实必要的经费保障，确保安全组织做到组织健全、力量到位、运转顺畅，真正建设成为群防群治工作的主体。另外，加强安全信息员队伍建设，扩大安全信息员的涵盖面，指导他们收集涉及社会稳定、治安管理、违法犯罪的信息及对重大政治、经济、文化活动的反应等。要建立专门信息员队伍，为安全管理提供信息源。同时，强化情报信息的分析和实战应用，及时向员工发布预警信息。

5. 推动安全防范多元化，完善治安防控网络建设。进一步推进科技创安工作，增加电子监控、自动报警、声控防盗等高科技设施，实现人防、物防、技防的有效对接，织就严密的"科技防控网"。

6. 充分调动广大员工的积极性，营造人人参与的良好氛围。一是要鼓励员工积极参与群防群治工作，做到"既是服务员，又是安全员"。积极争取各种力量的支持和帮助，动员他们参与群防群治活动。二是要建立健全行之有效的激励机制。对成绩突出的个人要给予表彰奖励。三是要加大宣传力度。要通过宣传，让广大员工了解社会治安状况和面临的巨大压力，让员工明确在安全防范中的责任、义务。

（四）饭店群防群治的主要做法

1. 建立部门安全领导小组，定期开展安全工作。

2. 加强安全培训，通过培训让员工树立起"既是服务员，又是安全员"的主责意识。

3. 各部门、各岗位，对所辖范围的安全重点，每日下班前进行一次安全检查，并填写"每日安全日报表"。下附餐饮部、客务部、工程部的"每日安全日报表"：

餐饮部安全检查日报表

年 月 日

名称	检查重点		检查情况 巡视人签字
中餐厅	1. 照明设备 ☐ 2. 灭火器 ☐ 3. 客人遗留物 ☐	4. 烟头、火柴棒 ☐ 5. 钥匙存放 ☐ 6. 门窗关闭情况 ☐	
中厨房	1. 断气断电 ☐ 2. 灭火器、灭火毯 ☐ 3. 蒸汽 ☐ 4. 电器设备 ☐	5. 油、物存放 ☐ 6. 钥匙存放 ☐ 7. 烟罩 ☐ 8. 门窗关闭情况 ☐	
咖啡厅	1. 照明设备 ☐ 2. 固体酒精 ☐ 3. 烟头、火柴棒 ☐ 4. 灭火器 ☐	5. 钥匙存放 ☐ 6. 物品捡拾 ☐ 7. 眼罩 ☐	
咖啡厨房	1. 断气断电 ☐ 2. 灭火器、灭火毯 ☐ 3. 蒸汽 ☐ 4. 电器设备 ☐	5. 油、物存放 ☐ 6. 钥匙存放 ☐ 7. 烟罩清洗情况 ☐	
酒廊	1. 照明设备 ☐ 2. 灭火器、灭火毯 ☐ 3. 固体酒精、蜡烛 ☐ 4. 烟头、火柴棒 ☐	5. 钥匙存放 ☐ 6. 物品捡拾 ☐ 7. 煤气报警 ☐ 8. 电器设备 ☐	
宴会	1. 照明设备 ☐ 2. 烟头、火柴棒 ☐ 3. 物品捡拾 ☐	4. 配餐间 ☐ 5. 灭火器 ☐ 6. 钥匙存放 ☐	
日餐厅	1. 照明设备 ☐ 2. 灭火器 ☐ 3. 煤气炉 ☐	4. 烟头、火柴棒 ☐ 5. 钥匙存放 ☐ 6. 物品捡拾 ☐	
日厨房	1. 断气断电 ☐ 2. 灭火器、灭火毯 ☐ 3. 蒸汽 ☐ 4. 电器设备 ☐	5. 油、物存放 ☐ 6. 钥匙存放 ☐ 7. 烟罩 ☐ 8. 门窗关闭情况 ☐	
酒吧	1. 照明设备 ☐ 2. 音响设备 ☐ 3. 灭火器 ☐ 4. 蜡烛 ☐	5. 烟头、火柴棒 ☐ 6. 钥匙存放 ☐ 7. 物品捡拾 ☐	

续表

名称	检 查 重 点				检查情况 巡视人签字
面包房	1. 煤气报警	☐	4. 油物存放	☐	
	2. 灭火器、灭火毯	☐	5. 钥匙存放	☐	
	3. 电器设备	☐	6. 烟罩	☐	

部门部长：_____　　　　　　　　　　　　　报表人：_____

客务部安全检查日报表

年　月　日

位置名称	检 查 重 点		检查时间	负责人
大堂	1. 查控工作	☐		
	2. 万能钥匙	☐		
	3. 会客登记	☐		
	4. 物品捡拾	☐		
行李部	1. 行李存放	☐		
	2. 灭火器材	☐		
外币兑换	1. 安全制度	☐		
	2. 报警按钮	☐		
	3. 现金存放	☐		
	4. 保险柜	☐		
	5. 灭火器	☐		
	6. 钥匙	☐		
前台	1. 客用保险箱	☐		
	2. 现金存放	☐		
	3. 正楷签字	☐		
	4. 客房钥匙	☐		
	5. 投币箱上锁	☐		
商务中心	1. 电器设备	☐		
	2. 易燃物品存放	☐		
	3. 保密措施	☐		
	4. 灭火器材	☐		
	5. 房门钥匙	☐		
电话总机	1. 电器设备	☐		
	2. 报警程序	☐		
	3. 应急照明	☐		
	4. 灭火器材	☐		

34

续表

位置名称	检 查 重 点		检查时间	负责人
计算机房	1. 电器设备	☐		
	2. 应急照明	☐		
	3. 保密措施	☐		
	4. 灭火器材	☐		
洗衣场	1. 照明设备	☐		
	2. 设备运行	☐		
	3. 易燃物品存放	☐		
	4. 收发登记	☐		
	5. 灭火器材	☐		
	6. 钥匙	☐		
清扫部	1. 电器设备	☐		
	2. 易燃物品存放	☐		
客房	1. 钥匙使用	☐		
	2. 楼梯口是否被堵	☐		
	3. 消防巡视登记	☐		
	4. 棉织物存放	☐		
	5. 灭火器材	☐		

部门领导：_____

工程部安全检查日报表

年 月 日

名 称	检 查 重 点				检查情况 巡视人签字
配电室	1. 供电有无异常	☐			
	2. 变压器温度	☐			
	3. 照明设备	☐			
	4. 发电机房	☐			
	5. 蓄电池室	☐			
锅炉房	1. 分汽缸	☐	5. 煤气泄露	☐	
	2. 锅炉运行	☐	6. 软化水	☐	
	3. 蒸汽压力	☐	7. 除氧罐	☐	
	4. 水质化验	☐	8. 油泵房巡视	☐	
煤气表房	1. 观察泄露	☐			
	2. 通风	☐			
	3. 门锁	☐			

续表

位置名称	检 查 重 点		检查时间	负责人
空调	1. 设备运转状态	☐		
	2. 环境温度	☐		
电话机房	1. 交换机工作状态	☐		
	2. 灭火器	☐		
音响	1. 背景音乐应急广播	☐		
	2. 设备运行	☐		
水工	1. 生活用水压力	☐		
	2. 储备运行	☐		
	3. 消火栓喷洒系统	☐		
	4. 防汛排水泵	☐		
电梯	1. 救生功能	☐		
	2. 消防电梯	☐		
	3. 设备运行	☐		
消防设备维修	1. 火灾报警系统	☐		
	2. 1301 报警	☐		
木工班	1. 禁止烟火	☐		
	2. 油漆库	☐		
	3. 灭火器	☐		
值班经理	1. 施工现场	☐		
	2. 楼体照明	☐		

部门部长：_____   报表人：_____

六、外包场所的安全管理

（一）对外包单位的资质审查内容

1. 企业营业执照；

2. 经营资质证书；

3. 主要负责人及安全管理人员安全资格证书；

4. 特种作业人员操作证；

5. 安全管理体系、组织网络；

6. 安全生产规章制度、操作规程及对员工的安全告知；

7. 应急处置措施或方案；

8. 安全生产事故隐患排查治理台账记录。

（二）对外包单位的监察方法

1. 外包单位汇报安全生产基础管理情况；

2. 安全管理协议执行情况；

3. 安全经营情况及作业人员基本情况；

4. 外包单位指派专人负责安全工作；

5. 在监察中发现违法违规行为时，监察人员依法采取现场处理措施或实施行政处罚；

6. 反馈监察结果，提出整改要求；

7. 整改结束后，及时申请复查。

（三）签订安全协议书的主要内容

1. 双方协议的总体目标：贯彻"安全第一，预防为主"的方针；

2. 要明确安全责任：谁主管谁负责、谁经营谁负责；

3. 要明确责任人、安全联络人；

4. 明确甲方有安全检查的权利，乙方有接受安全检查的义务；

5. 安全内容上要具体，如：合法经营、现金存放、进货出货、人员管理、消防通道、动用明火、员工安全培训、防盗措施、防火措施等；

6. 明确违约罚则；

7. 落款内容：单位名称、法人代表、单位地址、单位电话。协议一式三份：甲、乙、公正方各一份。

（四）外包单位开业前应当到保卫部门备案哪些安全手续？

1. 《建筑工程消防设计防火审核意见书》；

2. 《建筑工程消防验收意见书》；

3. 《消防安全检查意见书》；

4. 《消防安全电气检查报告、消防设施检测报告》；

5. 营业执照复印件或主体资格证明；

6. 法人代表身份证复印件；

7. 双方《安全协议》。

七、要害部位管理

（一）落实安全责任制

各重点要害部位的主管部门主要负责人为安全责任人，重点要害部位负责人或管理员为直接责任人。各主管部门必须与各重点要害部位负责人或管理员签定安全责任书，并按照责任书的各项内容抓好落实工作。保卫部对各重点要害部位负有监督、检查职能。

（二）健全安全防范制度

各主管部门要帮助和督促各重点要害部位，制定和健全安全生产责任制、安全检查、设备维护保养、危险品管理、工作人员管理、值班交班、门禁等制度，并要经常进行检查。保卫部会同各主管部门要对各项制度的落实情况进行定期、不定期的检查，注意发现影响安全的各类隐患苗头，及时加以整改。

（三）人员管理

重点要害部位用人时要坚持先审后用的原则。严格执行有关政策，把好用人关。从事重点要害部位工作的人员要求政治素质好、工作责任心强、业务熟悉。各类仓库、配电室等重点要害部位从业人员必须经培训后持证上岗，各主管部门在日常管理中要加强教育和管理。电脑房、配电室、煤气表房、锅炉房等重点要害部位要做好值班交班工作，认真做好值班记录。

（四）人防技防要求

保卫人员要加强夜间及双休日、节假日的重点要害部位的巡逻检查工作。重点部位的钥匙必须有两人保管，共同使用。要做好重点要害部位的防火、防盗、防爆、防破坏等技防工作，安装"三铁一器"，配备必要的防火器具，落实应急预防措施，条件成熟时可配备电视监控装置。

（五）档案建设

各重点要害部位要建立管理档案，详细记载管理人员情况、各项制度落实情况、危险品管理使用情况、安全防范设施及运作情况等。档案管理要专人专管，注意保密，防止泄密。

（六）"四防"工作

要经常对职工进行防破坏、防盗、防火、防治安灾害事故的"四防"教育，坚持依靠职工做好"四防"工作。

（七）饭店有哪些要害部位？

变电室、煤气表房、锅炉房、生活水箱、电脑房、消防中心、餐厅厨房、卫星电视接收机房、电话总机、财务办公室等。

八、饭店施工安全管理

施工改造要签定《施工安全协议书》。严把"四关"，即：人员情况关、电器使用关、吸烟动火关、物品出入关；坚持日常"三检"，即：检查制度执行情况、检查治安火险隐患、检查整改落实情况。

九、境外客人管理

境外人员住宿登记是国家行使主权管理的重要手段之一，对于维护国家主权、安全、利益有着重要意义。同时，对于掌握境外人员的行踪，保障境外人员的安全发挥着重要的作用。因此，留宿境外人员，酒店须按照法律的规定履行职责，认真做好境外人员住宿登记管理工作。

（一）境外人员住宿登记的范畴

香港、澳门、台湾居民，定居国外的中国公民（华侨），不享有外交豁免的外国人。

（二）境外人员住宿登记管理相关的法律法规

1.《中华人民共和国外国人入境出境管理法》第十七条规定："外国人在中国境内临时住宿，应当依照规定，办理住宿登记。"《中华人民共和国外国人入境出境管理法实施细则》第二十九条规定："外国人在宾馆、饭店、旅店、招待所、学校等企业、事业单位或者机关、团体及其他中国机构内住宿，应当出示有效护照或者居留证，并填写临时住宿登记表。"第四十五条规定："不办理住宿登记或者不向公安机关申报住宿登记或者留宿未持有有效证件外国人的责任者，可以处警告或者 50 元以上、500 元以下的罚款。"

2.《中国公民往来台湾地区管理办法》第十八条规定："台湾居民来大陆后，在宾馆、饭店、招待所、旅店、学校等企业、事业单位或者机关、团体和其他机构内住宿的，应当填写临时住宿登记表。"第三十七条规定："不办理暂住登记或者暂住证的，处以警告或者 100 元以上、500 元以下罚款。"

3.《中国公民因私事往来香港地区或者澳门地区的暂行管理办法》第十七条规定："港澳同胞短期来内地，要按照户口管理规定，办理暂住登记：在宾馆、饭店、旅店、招待所、学校等企业、事业单位或者机关、团体和其他机构内住宿的，应当填写临时住宿登记表。"

4.《中华人民共和国公民出境入境管理法》第十一条规定："定居国外的中国公民入境暂住的，应按照户口管理规定办理暂住登记。"《中华人民共和国公民出境入境管理法实施细则》第十三条规定："定居国外的中国公民短期回国，要按照户口管理规定，办理暂住登记。在宾馆、饭店、旅店、招待所、学校等企业、事业单位或者机关、团体和其他机构内住宿的，应当填写临时住宿登记表。"

（三）境外人员住宿登记办理使用的有效证件

1. 香港居民：《港澳同胞往来大陆通行证》或者香港居民永久居留身份证；

2. 澳门居民：《港澳同胞往来大陆通行证》或者澳门居民永久居留身份证；

3. 华侨：《中华人民共和国护照》；

4. 外国人：护照。

（四）留宿境外人员住宿的宾馆、饭店、旅店、招待所、学校等企业、事业单位或者机关、团体和其他机构须履行的职责

1. 查验境外人员的身份证件；

2. 填写《境外人员临时住宿登记表》；

3. 在 24 小时内向公安局出入境管理部门或者派出所报送《境外人员临时住宿登记表》;

4. 确保境外人员的人身及财产安全;

5. 发现无身份证、证件过期、超期居留,以及其他可疑情况应及时报告公安机关处理。

(五) 法律责任

对留宿境外人员不办理住宿登记或者不按时限报送《境外人员临时住宿登记表》的宾馆、饭店、旅店、招待所、学校等企业、事业单位或者机关、团体和其他机构,公安机关将依法处以警告、罚款、停业整顿或者吊销执照。

十、大型活动管理

(一) 举办大型活动安全管理规定

为做好大型活动的安全保障工作,防止恶性事故发生,根据有关法规规定,结合饭店工作实际,特制定规定如下:

1. 参加人数在 300 人以上的活动称之为大型活动。

2. 营业接待部门与主办单位主要负责人要签定《安全、消防协议书》。

3. 室外 300 人、室内 500 人以上活动,要向当地公安机关备案。

4. 主办活动必须合法。主办单位要主动提供合法手续、上级主管部门的批复文件。两个以上单位联合举办的大型活动,应提交举办单位联合签发举办活动的文件。接待部门要认真核对主办单位有关的资质、执照、营业执照副本复印件、法人身份证复印件,查看身份证原件和相关合法证明材料。不得超出业务经营范围。

5. 主办单位要写出书面的安全保卫方案,包括人员数量的控制措施,突发事件疏散措施,安全人力保障措施,车辆预测措施,协调公安、交管部门协管措施,并交保卫部备案。

6. 主办单位在活动期间必须严格按照场地容量,掌握好票证、请柬的发放数量,不得超出实际容量。票证和请柬检验必须按公安机关的要求,严格控制入场人数。用广告形式发放票证的,广告样品要及时报公安机关和饭店保卫部备案。

7. 接待部门主要接待人员不得离开活动现场,随时注意观察活动情况,及时解决活动中可能出现的突发问题。

8. 宴会厅不得吸烟,在允许吸烟的部位设置烟灰缸,吸烟者须将烟灰、火柴棒、烟头放入烟灰缸内。

9. 举办单位在布置场地时,不得将消火栓、灭火器等消防设施、设备遮挡，保障消防通道畅通。安全通道宽度应不小于 3 米（如必须小于此宽度时，须报饭店保卫部，在研究、采取相应安全措施后方可）。大门必须畅通，活动场所内不得设置仓库，不准堆放任何物品，废弃物要及时清理出活动区。

10. 主办单位在活动期间的展台（板、架）与墙壁的距离不得小于 0.6 米，高度不得超过 3 米（如必须高于此限定时，须报饭店保卫部，根据现场情况采取相应安全措施后方可）。主办单位在活动期间不准使用任何易燃、可燃气体或液体，展台（板、架）附近，禁止使用碘钨灯、高压汞灯具和电热器具。主办单位在活动期间，禁止在场所内使用明火，电器安装应符合《电器工程安装标准》，并有饭店工程部电工在场确认同意，方可安装。电源线必须使用双层护套铜线，线束直径不得超过 2 厘米，变压器需安置于非燃支架或台板上。

11. 布展人员用餐时，要在指定地点饮食，不得将饮食物品和垃圾随便乱扔乱放。

12. 在活动期间如有展销内容的，必须将展销与结算分隔，设置独立结算场地，不得将展销与结算同场进行。

13. 主办单位在活动期间内要设置明显的禁烟标志牌；餐饮部要提前打开消防通道；保卫部要合理配备灭火器具。

14. 根据《大型社会活动治安管理规定》，举办大型活动安全工作实行"谁主办谁负责"的原则，活动区内的安全工作由主办单位负责。主办单位应根据活动内容配备适当的保安力量，指定一名专职的安全负责人，负责安全工作，并与饭店保卫部随时保持联系，加强信息沟通，相互密切配合，确保活动的安全。

15. 活动期间发现异常情况，应及时报告饭店保卫部，并听从指挥。

16. 饭店保卫部有权对活动现场随时进行安全检查，主办单位要积极配合，一旦发现重大安全隐患有权强行制止活动进行。

17. 大型活动要有场地平面图、《场地租凭协议书》。

18. 举办人才活动，应提交人事局或劳动局出具的相关批准文件。

19. 举办外企人才招聘活动，主办单位必须是合法单位，如北京市政府指定的北京外国企业服务总公司、中国国际企业合作公司、中国国际人才开发中心、中国国际技术智力合作公司、中国四达经济技术合作公司等单位。

20. 举办拍卖活动应提交文物局出具的批准文件和公安局核发的特种行业许可证，以及拍卖物品图片及清单。

21. 举办文化娱乐演出活动，应提交文化局出具的演出许可通知。

22. 占用公共场所、主要交通道路拍电影、电视剧及广告，应提交广电部电影局和有关主管部门的批准文件。

23. 外埠的部门单位举行大型活动，应提交政府批准的文件和所在省、市批准文件。

24. 举办"生活用品展销会"按照《关于加强生活用品展销活动安全管理的通知》执行。

（二）对大型活动销售人员的安全管理规定

1. 对来访、洽谈业务的人员要认真审核对方执照、资质、经营范围和有效证件，防止诈骗、非法集会、违法经营等情况发生。

2. 在对外签署的商务合同中，要有安全条款，明确双方各自的责任。

3. 在接待会议预定时，应详细向举办单位询问时间、地点、人员数量、会议内容、是否有重要领导和知名人士参加，并通报饭店保卫部。如举办展览、集会等形式的大型活动，要让举办单位出示政府有关部门的批件。

4. 对大型活动的人员控制方法、参加活动人员的奖品情况要做详细了解，防止为了获得奖品造成人多拥挤的现象出现。

5. 对大型活动的布展情况要和饭店保卫部、工程部一起协商，确保活动现场安全。

6. 销售员应注意保管好业务往来资料，不得随意丢弃，做好安全保密工作。如调离该岗位时，应如数交接，不得私自处理或外传。

7. 配合饭店保卫部做好对客户防火、防盗、防挤伤踩踏事件等安全宣传工作。

8. 接待部门主要接待人员不得离开活动现场，随时注意观察活动情况，及时解决活动中可能出现的突发问题。

（三）大型活动《安全协议书》主要内容（举例说明）

甲方单位名称：

乙方单位名称：

根据相关法规规定，结合活动实际情况，为确保活动期间安全，经甲乙双方协商，达成安全协议如下：

1. 大型活动举办的时间是＿＿年＿＿月＿＿日＿＿时；地点：＿＿＿＿＿＿＿＿＿＿＿＿＿＿＿；预计人数＿＿＿人；活动内容＿＿＿＿＿＿＿＿＿＿＿＿＿。

2. 活动内容必须符合中华人民共和国法律和法规。主办单位的活动必须经过相关部门审批合理合法后，才可以举办，协议方可生效。

3. 主办单位要向有关部门主动提供合法手续、上级主管部门的批复文件。两个以上单位联合举办的大型活动，应提交举办单位联合签发举办活动的文件。接待部门要认真核对主办单位有关的资质、执照、营业执照副本复印件、法人身份证复印件，查看身份证原件和相关合法证明材料。活动内容不得超越审批范围。

4. 根据《大型社会活动治安管理规定》，举办大型活动安全工作实行"谁主办，谁负责"的原则，活动区内的安全工作由主办单位负责。主办单位应根据活动内容配备适当的保安力量，指定一名专职的安全负责人，负责安全工作，并与饭店保卫部随时保持联系，加强信息沟通，相互密切配合，确保活动的安全。

5. 主办单位要写出书面的安全保卫方案。包括人员数量的控制措施，突发事件疏散措施，安全人力保障措施，车辆预测措施，协调公安、交管部门协管措施，并交饭店保卫部备案。

6. 主办单位要遵守饭店各项安全管理规定。

（1）禁止在场所内使用明火，电气安装应符合《电气工程安装标准》，电源线必须使用双层护套铜线，线束直径不得超过2厘米，变压器需安装于非燃支架或台板上；

（2）在活动期间内要设置明显的禁烟标志牌，人行通道防火间距应不得小于3米，出入口必须畅通，活动场所内不得设置仓库，不准堆放任何物品，废弃物要及时清理出活动区；

（3）在活动期间不得使用任何易燃、可燃气体或液体，展台（板、架）附近，禁止使用碘钨灯、高压汞灯具和电热器具；

（4）乙方在活动期间的展台（板、架）与墙壁的距离不得小于0.6米，高度不得高于3米；

（5）活动期间如有展销内容的，必须展销与结算分割，设置独立结算场地，不得展销与结算同场进行；

（6）在活动期间必须严格按照场地容量，掌握好票证、请柬的数量，不得超过实际容量。票证和请柬检验必须按照公安机关的要求，严格控制入场人数。用广告形式发放票证的，广告样品要及时报甲方和公安机关备案；

（7）举办单位在布置场地时，不得将消火栓、灭火器等消防设施、设备遮挡，要保障消防通道畅通；

（8）参加活动人员要遵守饭店用火、吸烟等防火安全管理规定。

7. 甲方在活动期间主要负责场地外的安全工作，并按照公安局、消防局的要求对活动场所内部的安全、消防等事宜进行检查和督导。主办单位要积极配合，一旦发现重大安全隐患有权强行制止活动进行。

8. 饭店要保障硬件设备设施安全，现场要配备足够的灭火器材，确保安全设备完好。

　9. 违反此协议，视情节轻重，由责任方承担相应的经济损失和责任。

　10. 未尽事宜由甲乙双方协商解决。

　本协议一式四份，自签署之日起生效。

　甲方签章：　　　　　　　　　　　　乙方签章：
　日　　期：　　　　　　　　　　　　日　　期：

第三章 安全管理制度

制度管理是有效安全管理的重要手段之一，可作为日常安全监督检查的依据。制度落实情况能衡量企业安全管理的水平高低。

一、相关法规中规定的安全制度

《北京市安全生产管理条例》第十五条规定：生产经营单位制订的安全生产规章制度应当包括：

1. 安全生产教育和培训制度；
2. 安全生产检查制度；
3. 具有较大危险因素的生产经营场所、设备和设施的安全管理制度；
4. 危险作业管理制度；
5. 劳动防护用品配备和管理制度；
6. 安全生产奖励和惩罚制度；
7. 生产安全事故报告和处理制度；
8. 其他保障安全生产的规章制度。

二、饭店防火安全管理制度

（一）防火组织制度

1. 饭店成立以总经理为首的、各部门经理为委员的防火安全委员会，全面负责领导和开展饭店的消防安全管理工作。

2. 在饭店防火安全委员会的领导下，各部门成立以部门经理为首的防火安全分会，各行政班组设防火安全小组，各岗位设立防火安全员，做到责任层层落，把好安全关。

3. 各级管理人员及岗位安全员，在日常工作中要牢记防火工作的重要性。教育本部门员工认真学习消防知识，自觉遵守饭店各项安全管理规定，积极堵塞安全漏洞，把防火工作落实到实处。

4. 保卫部是饭店安全管理的常设机构，在总经理和主管副总经理的领导下，担负饭店的全面安全管理工作。作为职能部门，保卫部负责对饭店各部门防火工作的检查、监督、指导。

（二）明火使用管理制度

使用明火或产生热能源作业的部位，要严格管理，严格要求，要经常检查所使用的设备是否完好，用完后要及时关闭；除正常经营用火外，因工作需要，需动用明火的部位，在动用明火前，需填写《使用明火审批表》，并应遵守下列程序：

1. 《使用明火审批表》要逐项填写清楚使用部门，具体部位，现场负责人、操作人、现场监护人，采取的安全措施和时间，要有使用部门经理、保卫部消防主管、保卫部经理审批签字。

2. 《使用明火审批表》采取每日审批制度，每张审批表有效期 24 小时。

3. 安全保卫部消防主管签字前，应亲自查看现场，核对操作人证件，检查使用器材安全性能、安全防护措施是否落实等情况。

4. 使用部门要按规定专人操作、专人看护、专人负责。

5. 操作人员必须持有劳动部门颁发的上岗证，操作过程中，按操作程序施工，禁止违章操作，禁止随意换人操作，保卫部人员要随时检查核对操作人。

6. 现场监护人，要始终在场进行监护，切实负责，不准干其他工作或离岗。

7. 审批表不得超时使用，申请部门应在规定时间操作。

8. 操作结束后要立即清理现场，杜绝火险隐患的发生。

（三）厨房安全管理制度

1. 厨师长对厨师要经常进行防火安全教育，提高防火意识。

2. 各厨房总厨师长要对所属物品、设备定期进行安全检查，对于检查过程中发现的问题，要及时解决，难于解决的要向上级报告。

3. 不能留有长明火；油锅加热时，旁边不能离人；掌握温度不能过高，锅内放油不得太满，防止因油温过高或油溢出锅而引起火灾。

4. 加强对电器设备的管理，责任落实到位；严禁使用酒精灯等明火设备。

5. 教育员工在规定吸烟室内吸烟，严禁在厨房、通道、电梯等非吸烟区吸烟。

6. 爱护厨房消防器材，厨房每人都要会使用灭火器、灭火毯和自动灭火设备；厨房灶台照明应使用防潮灯，灶台附近应配备灭火毯和消防器材。

7. 及时完成饭店领导、部门及保卫部门布置的消防安全工作，要具备扑救初期火灾的能力。

8. 定期清洗烟道、烟罩、炉灶油垢，避免油垢过多引起火灾。

9. 每日工作结束后，各岗位管理人员要对本工作区域的电器设备开关、煤气开关、水龙头等检查确认是否关闭，检查地面有无烟头等易燃物，并在安全检查表上签字确认。

10. 确保消防通道安全畅通。

（四）使用电暖器安全管理制度

电器火灾危害极大。电器老化、超负荷使用、违章操作等都会造成火灾隐患。为加强防火工作，防止出现火灾隐患，故制定电暖器管理制度：

1. 电暖器统一由工程部进行检测，并做登记备案。登记备案内容：品牌、出厂日期、使用部位、使用部位负责人。

2. 使用电暖器，须由本部门提出申请，并填写《使用电暖器申请表》，经保卫部、工程部部长批准后方可使用。

3. 允许使用电暖器的部位，使用时要注意安全，没人时要注意断电，平时要注意漏电保护，每年使用前要进行一次检测。

4. 各部位严禁使用电炉子等带有明火的设备。

5. 等同于电暖器的其他电加热电器也包括在内。

（五）使用电气熨斗安全管理制度

1. 在使用电气熨斗前，须检查电源开关和供气开关是否正常，检查有无损坏和漏气现象。

2. 接通电源、供气开关后，检查电熨斗的安全性能并试用几次。

3. 使用电气熨斗时，要严格按照操作规程操作，不得与别人谈笑走神，防止发生工伤事故。

4. 使用电气熨斗时，必须站在胶皮垫上，使用后电熨斗一定要放在熨斗架上，以免发生危险。

5. 使用电气熨斗，要做到人离开电源随即切断，防止发生火灾及其他事故。工作中如遇突然断电、断气等情况，要切断电源，将电熨斗放在熨斗架上。

6. 工作中如发现电气熨斗有故障或不安全隐患，应立即报告主管、经理，并迅速通知工程部维修人员处理。

7. 工作结束后，要关上电熨斗开关，切断输入电源和供气开关，电熨斗放在安全位置。

（六）客房安全防火制度

1. 客房服务员要及时打扫房间卫生，每日做卫生计划，开夜床和其他服务，随时注意火源火种。如发现未熄灭的烟头、火柴梗等，要及时熄灭后，再倒入垃圾内，以防着火。

2. 对房间配备的电器，按规定及有关制度办理。发现不安全因素，如短路、打火、跑电、漏电、超负荷用电等问题，除及时采取措施外，要马上通知客房部办公室和工程部进行检查修理。

3. 劝阻宾客不要将易燃、易爆、枪支弹药、化学毒剂和放射性物品带进房间和楼层，如有劝阻不听或已带入房间的客人，要及时通知保卫部。

4. 要及时清理本楼层包括房间内的易燃易爆物品，如不用的报纸、资料、废纸及纸盒、木箱等，以便减少火灾隐患。如果客人房间易燃物太多，又不让清理的，要及时报告保卫部。

5. 楼层当班人员要坚守岗位，高度警惕楼层有无起火因素，要做到勤转、勤看、勤闻、勤检查。对饮酒过量的客人要特别注意，防止其因吸烟、用电、用火等不慎引起火灾。

6. 各楼层通道、楼梯、楼梯口不准堆放各种物品，以便畅通无阻。

（七）烟花爆竹安全管理制度

1. 加强宣传教育，确保安全宣传全覆盖。利用例会、板报、专栏、横幅等形式，对广大员工进行宣传教育，开展"多方位、全覆盖"的宣传教育活动。确保职工饭店烟花爆竹安全管理做到"五知"，即知禁放部位、知责任领导、知落实部门、知看护力量、知看护措施。争取做到：共同防范，确保安全。

2. 利用晨会形式，对燃放烟花爆竹安全工作进行逐级落实。

3. 在饭店各出入口，加大防控力度，禁止烟花爆竹及易燃易爆物品的带入。

4. 饭店要设立烟花爆竹临时存放点，并配备灭火器材，专人负责。

5. 春节前期，在饭店大堂设置"严禁携带烟花爆竹进入"的标志，客人燃放烟花爆竹必须到饭店周边松墙以外燃放。

6. 深入开展隐患排查专项行动。安全部要加大隐患排查力度。排查整改要做到"五个坚决"，即发现隐患要坚决，逐级反映要坚决，整改措施要坚决，盯住进展要坚决，复查验收要坚决。要坚持高标准、严要求，确保隐患排查不走过场，隐患治理不留后患。

7. 春节前期，各部门要进行安全自查，并将自查结果，以文字形式报到保卫部。

8. 春节前期，保卫部、工程部联合对饭店各个部位进行安全检查，包括制高点上的可燃物、易碎的玻璃窗、竖井、花园、消防通道、库房等部位。

9. 清扫部要对室外的干草、树木等易燃物质，及时进行清理，并做适当阻燃处理。

10. 在燃放时间段，提前配备足够的灭火器材、工具，由保卫部带班负责人带领巡视小组进行巡视。

11. 在禁止燃放区域派专人看守。禁放区域周围如有燃放者，要进行劝离。另外，保安队备足应急力量，严防死守，确保安全。

12. 值班人员在值班期间，要加强对饭店周围的巡视，尤其是燃放高峰时段的巡视。值班人员要及时组织力量清理烟花爆竹的残渣，确保安全。

13. 遇有下列 3 种情况，要坚决制止：

（1）在室内燃放烟花爆竹；

（2）在周边横向燃放烟花爆竹；

（3）在周边燃放伪劣烟花爆竹。

（八）餐厅、宴会厅防火制度

1. 不得存放与用餐无关的物品，酒精灯等易燃物品分开存放，存放时尽可能保持在最低存量。

2. 举行活动前要检查现场有无异常情况，活动中要注意防止客人因吸烟，使用火锅、蜡烛不慎而引起火灾。活动后要进行检查，防止遗留火种，烟灰缸必须浇水浸灭后再行处理。

3. 电器设备要做到开餐前启动，关餐断电（制冷设备除外），不要带电"空运"而引起火灾事故。

4. 使用电磁炉、布菲炉，开餐前要有专人点火，关餐有专人熄火。

5. 员工严禁在餐厅内吸烟。

6. 大型活动时，所有出口、疏散通道必须保持畅通。

7. 服务人员要熟悉防火、灭火常识。

8. 客人走后，要认真检查有无遗留物品或可疑包裹。

9. 营业结束，要关闭所有电器开关（除冰箱、制冰机），锁好门窗。

10. 注意保护餐厅内的消防器材，要熟知灭火器、消防栓的位置及使用方法。

11. 火柴等易燃物应妥善保管。

（九）员工消防安全制度

1. 要认真学习饭店《消防安全手册》的内容，加强防火意识，积极配合饭店的各项防火安全宣传活动。坚决贯彻"预防为主，防消结合"的消防工作方针。

2. 员工必须在指定区域内吸烟，不得在办公室、机房及楼道内等禁烟区吸烟。

3. 当客人在公共场合吸烟时，应注意为客人提供烟灰缸等物品。服务员在清理烟灰缸时，要注意灭掉烟头，避免起火。

4. 当客人喝醉时，要积极协助将客人送至房间，提醒客人或陪同人员不要卧床吸烟，及时通知客房人员注意，保证客人安全，并应通知消防中心特别注意，避免起火。

5. 发现火情时，要马上报告"119"或消防中心和总机，总机按防火预案程序，采取相应的措施。

6. 当客房或公共场所发生火警时，大堂经理要及时赶到现场进行处理。

7. 发现火情后要听从有关部门的指挥，要积极协助参加灭火或疏散工作。

8. 不得擅自移动、损坏消防器材设备或挪作他用。发现问题要及时报告。注意清理易燃、易爆物品，注意酒精等易燃品存放量不得过多，用后要封严瓶盖贮存。

（十）消防泵房安全管理制度

1. 消防泵房各类水泵、压力表、气压罐、管路等必须完好有效。

2. 消防控制电柜、指示灯、按钮、各类电表必须动作灵敏可靠。

3. 消防泵房各类设备、设施管路排列有序、标牌醒目、环境卫生整洁。

4. 专职人员每日要巡检各类仪表和设备情况，并做好记录。发现问题及时排除。

5. 专职人员按计划定期对各种设备进行保养，包括减振器、软管接头等，并做好记录。

6. 消防泵房严禁堆放杂物。

7. 消防泵房要实行《门禁制度》。

8. 消防泵要定期启动，启泵相隔最长时间不能超过 1 个月。

（十一）消防安全教育、培训制度

1. 新员工入店都要经过消防培训，未经过培训的员工不得上岗。

2. 对员工进行消防安全教育、培训的具体工作由保卫部消防主管负责。主要内容包括两大方面：对新入店员工进行消防知识培训及对全体员工的消防基础知识的培训。

3. 培训的要求

（1）让每名员工深知消防工作的重要意义；

（2）了解有关消防安全法律法规；

（3）熟知报警电话、报警程序；

（4）具备一定的防火常识；

（5）掌握基本灭火常识及自救知识；

（6）饭店消防安全设施的情况。

4. 为巩固员工消防安全知识，应不定期地进行消防知识的测试及考核，同时要不定期进行消防演习，来检验员工消防安全知识的掌握情况。

（十二）消防控制室安全管理制度

1. 消防控制室必须实行每日 24 小时专人值班制度，每班不应少于两人。

2. 消防控制室的日常管理应符合《建筑消防设施的维护管理》（GA587）的有关要求。

3. 消防控制室应确保火灾自动报警系统和灭火系统处于正常工作状态。

4. 消防控制室应确保高位消防水箱、消防水池、气压水罐等消防储水设施水量充足；确保消防水泵出水阀门、自动喷水灭火系统管道上的阀门常开；确保消防水泵、防排烟风机、防火卷帘等消防用电设备的配电柜开关处于自动（接通）位置。

5. 接到火灾报警后，消防控制室必须立即以最快方式确认。

6. 火灾确认后，消防控制室必须立即将火灾报警联动开关转入自动状态（处于自动状态的除外），同时拨打"119"火警电话报警。

7. 消防控制室必须立即启动单位内部灭火和应急疏散预案，并应同时报告单位负责人。

三、饭店国家安全管理制度

1. 为做好国家安全工作，根据《中华人民共和国国家安全法》及《中华人民共和国国家安全法实施细则》，制定本制度。

2. 国家安全工作在党委的领导下，实行总经理负责制，成立以总经理为首、各主要经营部门负责人参加的"国家安全小组"，负责指导和开展饭店的国家安全管理工作；饭店可根据实际情况确定联络人，负责与国家安全部门的联系和协调。

3. 积极开展国家安全教育，提高全体员工爱国意识和维护国家安全意识，对危害国家安全行为要及时发现和制止；对涉及国家安全、影响国家政治稳定的各种信息要及时向国家安全部门报告。

4. 各有关部门及员工要积极协助国家安全机关工作，尽一切可能为国家安全机关开展工作提供便利的条件。

5. 资料、档案管理员要严格遵守安全保密规定，对往来文件、信札、资料要登记造册，严格传阅、调阅手续，对含有密级的文件不准随意摘抄、复印、传真，并妥善保管，按国家有关规定定期清理、销毁。

6. 各有关人员对传阅后的重要文件要及时交回发文部门。不准随意放置，防止丢失泄密。

7. 各岗位服务员在工作中要提高警惕，注意发现被通缉的嫌疑人和危害国家安全的行为，一旦发现要及时报告国家安全领导小组。

8. 商务中心服务员在工作中发现有危害国家安全文字内容的传真、信函，或者传送、复印国家密级文件的，要及时报告国家安全领导小组，并注意可疑人的动向。

9. 销售部、餐饮部在接待举办大型活动、大型宴会、重要贵宾前，要向主办单位、承办单位详细了解会议内容、规模、参加人数和出示的相关批件，订立安全协议，明确各方的安全责任，并共同制订出应急预案。

10. 电脑机房是饭店经营信息数据中心，要严格人员进出，加强对软件和网上连通的管理，防止企业经营机密的丢失。

四、入住登记和会客制度

1. 接待客人入住时，严格按照《旅店业管理办法》，凭身份证、军官（士兵）证、护照或其他能够证明本人身份的有效证件，按规定的项目如实登记入住；坚持谁入住谁登记，住几人登记几人。

2. 登记入住时，前台服务员要核查证件有效期和真伪、持证人与登记人是否相符，复印存档，并妥善保管，统一处理。

3. 团体入住时，要严格查验团体签证并复印，无团体签证时，严格按照散客标准登记办理。

4. 需要临时增加入住人的房间，亦须办理入住登记手续方可入住。

5. 来店访客人员，须出示有效证件，填写《会客单》；由接待人员与被访者电话联系，经被访者同意后，方可进入客房会客。

6. 按时利用网络向有关部门发送住客信息。会客登记单要及时收存，以备存查。

五、装修改造及施工现场安全管理制度

1. 饭店装修、改造必须严格执行国家室内装修设计规范和有关规定，做到施工前报审，竣工后验收。

2. 饭店保卫部要参与饭店装修、改造设计的审核，提出安全管理意见，施工前应与施工单位签订安全责任书，明确各自的责任。

3. 施工单位应设立专职现场安全员，负责施工现场日常安全管理工作；建立义务消防组织，在工地安全负责人的领导下，进行防火灭火工作。

4. 局部装修改造时，应将施工区与营业区进行分隔。

5. 要进行经常性的安全检查，及时发现和解决设计、施工中存在的不安全隐患，确保施工现场安全。

6. 根据季节特点以及各工种的操作特点，制定相应制度和安全操作规程，严格遵守饭店的《动用明火管理制度》。

7. 施工现场禁止吸烟，必须使用低压照明设备；所有施工人员不准在施工现场住宿，必须到保卫部办理登记，领取出入证。

8. 因装修改造的设计需要而改变、挪动的消防设施，必须经过消防监督部门审批；严禁挪用、损坏消防设备设施。

9. 施工现场禁止存放易燃易爆物品，因施工需要而使用的油漆、稀料、

酒精等易燃易爆危险品，应与施工现场异地存放，使用时，不得超出当日使用量。

10. 施工现场垃圾、渣土应及时清理，消除火险隐患；禁止任何物品堵塞消防通道。

11. 施工现场使用的变（配）电箱要保持清洁、干燥、通风，要有良好的绝缘和防雨水措施；使用时要有专人看护，使用后必须立即断电。

12. 开工前要对施工人员进行安全教育，普及安全知识，学会使用消防器材。

六、值班制度

1. 饭店总值班室、消防中控室、保安监控室、电话总机房、变配电室、锅炉房、工程部、保卫部等应 24 小时值班，并合理安排值班力量。

2. 各岗位值班员必须参加安全知识教育、培训和考核，未经安全培训不准独立上岗；特殊工种的值班员必须持证上岗。

3. 值班人员应有较强的安全防范意识，按照"谁在岗谁负责，谁操作谁负责"的原则，维护好所辖区域和本岗位的安全，按时交接班，做好值班记录。

4. 值班时应坚守岗位，遵守值班纪律和岗位职责，不准串岗、饮酒、自娱、睡觉，发现不安全问题及时报告和处理。

5. 值班员应熟悉本岗位的各种安全预案，发生安全事故能及时报警，并采取应急措施。

七、重点要害部位人员审查制度

1. 对在重点要害部位工作的人员，人事部、保卫部和相关部门要进行政审，发现有违法犯罪行为、工作不称职或患有严重疾病的人员，要及时清理调换岗位。

2. 人事部门要对从事特殊工种的员工进行定期考核，要求其持证上岗，负责上岗证的复核年审工作。

八、重点要害部位安全管理制度

1. 根据国家有关规定，确定高压配电室、锅炉房、燃气调压站、电脑机房、电话机房、财务室、生活用水系统、库房、中控室、贵重物品柜台等部位为饭店重点要害部位。

2. 要建立安全岗位制，操作程序、工作标准、应急方案要张贴上墙。

3. 建立设备管理档案。其内容应包括：位置平面图、设备名称、设备产品质量证书、使用说明书、在岗人员、安全负责人、安全设施、规章制度、操作程序、运行记录、检查维保记录、事故记录、安全预案等。

4. 建立门禁制度，张贴"闲人免进"标志。

5. 各重点要害部位必须安装消防自动报警装置，配备足够数量的消防器材；按照国家有关部门要求，采取必要的技防、物防等安全防护措施；工作的人员要配发必要的劳动保护装备和用品；无人值守的部位，要安装事故报警装置。

6. 重点要害部位内严禁堆放可燃物品，严禁存放易燃易爆物品（除特设库房外），不得存放与工作无关的物品，禁止搭设床铺休息。

7. 在重点要害部位工作的人员必须经过专业部门培训，并获得上岗证书；对未取得上岗证书的人员，不准单独上岗；要保持工作人员的相对稳定；对患有严重疾病或犯有严重问题的人员，要及时调离重点要害部位。

8. 工作人员要严格遵守岗位安全制度和安全运行规程，禁止在岗位内喝酒、吸烟、娱乐、睡觉，严禁擅离职守；履行职责，坚持巡回检查制度，做好设备运行登记和工作记录。

9. 按照国家技术监督部门和设备设施使用的有关规定，对重点要害部位的设备定期检查、保养，发现问题立即处理；检查保养过程中，要严格遵守操作规程，设置安全标志，杜绝各种安全隐患；每年按时向有关部门申报审验，审验合格后方可继续使用。

九、安全管理奖惩制度

1. 安全管理工作是部门年度考核评估内容之一，实行一票否决制。各部门应当把安全工作纳入本部门经营管理之中，做到同计划、同布置、同落实、同检查、同总结、同评比。饭店对在安全工作中有下列行为的部门和个人，将给予表彰和奖励：

（1）安全管理制度健全、预防措施落实、全年未发生任何责任性安全事故，并受到上级有关部门表彰的部门；

（2）在各单项安全管理工作中，成绩突出、有重大立功表现，受到上级有关部门表彰的；

（3）发生各种突发事件，采取措施得当、及时，避免或减少损失的；

（4）安全管理工作中敢于创新，并取得实际效果的；

（5）见义勇为，积极保护他人生命、财产安全的先进个人；

（6）及时发现事故隐患、避免重大事故发生或避免了重大损失的。

2. 各级管理人员未履行岗位安全管理责任的，责令限期改正；逾期未改正的或因此受到上级领导通报、媒体曝光造成影响的，给予行政警告或降职处分；因此导致发生安全事故、构成犯罪的，依法追究刑事责任；尚不够刑事处罚的，给予行政撤职处分并处以适当的经济处罚。

3. 要把消除安全隐患作为部门经理任期考核管理目标之一，在任期内要逐步消除已存在的各种安全隐患，保证不生成新的安全隐患；未达到此要求的给予行政记过、降级处分；由此而影响正常经营的，给予行政撤职处分，并给予经济处罚，取消部门评选先进资格。

4. 部门有下列行为之一的，责令限期改正；逾期未改正的，给予通报批评，并对部门负责人处以罚款：

（1）未按规定设立兼职安全管理人员的；

（2）安全管理人员经考核不合格的；

（3）上岗人员未经过安全教育培训的；

（4）安全措施不到位、机械设备没有安全操作程序的；

（5）特种作业人员未按照规定经专门的安全作业培训、未取得特种作业资格证书而上岗作业的；

（6）违反有关规定，安全设备设施存在故障和隐患、维修整改不及时的；

（7）出租、合作场地未与承租、合作方签订安全协议的；

（8）特种设备设施不按规定进行年检的；

（9）违反施工安全管理制度的；

（10）不配合保卫部和安全生产管理人员工作的。

5. 饭店对有下列情形之一的，责令改正，并给予当事人经济处罚：

（1）违反有关规定，不认真进行住客登记的；

（2）违反财务管理规定，超限额存放备用金、保险柜不乱码、钥匙没有专人专管、钥匙存放不安全的；

（3）重点要害部位门禁制度不严的，或违反其管理制度的；

（4）违反消防有关规定，在禁用明火地方随意使用明火的；

（5）违反消防有关规定，将消防器材挪做他用的；

（6）违反临时用电管理制度的；

（7）在安全措施不到位的情况下进行冒险作业的；

（8）不按生产安全操作规程进行生产操作的；

（9）服务员在清扫客房工作中违反安全工作程序的；

（10）违反其他安全管理制度的。

十、安全事故报告制度

当饭店发生各种安全事故时，应立即向店领导报告，并根据事故程度向上级和政府有关部门报告。

（一）事故等级划分

根据生产安全事故（以下简称事故）造成的人员伤亡或者直接经济损失，事故一般分为以下等级：

1. 特别重大事故，是指造成 30 人以上死亡，或者 100 人以上重伤（包括急性工业中毒，下同），或者 1 亿元以上直接经济损失的事故；

2. 重大事故，是指造成 10 人以上 30 人以下死亡，或者 50 人以上 100 人以下重伤，或者 5000 万元以上 1 亿元以下直接经济损失的事故；

3. 较大事故，是指造成 3 人以上 10 人以下死亡，或者 10 人以上 50 人以下重伤，或者 1000 万元以上 5000 万元以下直接经济损失的事故；

4. 一般事故，是指造成 3 人以下死亡，或者 10 人以下重伤，或者 1000 万元以下直接经济损失的事故。

（二）事故发生后的首次报告内容

1. 事故发生的时间、地点；

2. 事故发生的初步情况；

3. 事故接待单位及与事故有关的其他单位；

4. 报告人的姓名、单位和联系电话。

（三）事故处理过程中的报告内容

1. 伤亡情况及伤亡人员的姓名、性别、年龄、国籍、团名、护照号码；

2. 事故处理的进展情况；

3. 对事故原因的分析；

4. 有关方面的反应和要求；

5. 其他需要请示或报告的事项。

（四）事故处理结束后，报告单位须认真总结事故发生和处理的全面情况，并做出书面报告，内容包括：

1. 事故经过及处理；

2. 事故原因及责任；

3. 事故教训及今后防范措施；

4. 善后处理过程及赔偿情况；

5. 有关方面及事主家属的反应；

6. 事故遗留问题及其他。

十一、电话总机安全制度

1. 张贴"闲人免进"标志，控制无关人员进入。

2. 电话总机值班员要坚守岗位，不得脱岗。

3. 对骚扰电话、打探饭店及客人有关信息内容的电话，总机员要详细记录有关内容，不得将住店客人信息及饭店有关活动透露给无关人员，遇有可疑情况及时报告保卫部。

4. 积极配合安全保卫部门进行工作，对机密事项严禁外传。

5. 熟知饭店报警程序及总机房消防器材存放位置，会使用消防器材，严禁挪做他用。

6. 电话总机值班员要熟悉防恐预案内容，一旦接到恐怖电话要沉着冷静，随机应变，做好录音，迅速报告；尽可能拖延时间，与其周旋，从电话中了解更多情况；尽可能了解的情况包括姓名、住址、年龄、身高、籍贯、特长、打恐怖电话的原因、恐怖电话的真伪等内容。

十二、前厅行李房安全制度

1. 住店客人的行李物品到店时，要有专人看管，登记造册，由专人送至房间，记录好时间、行李件数、房号、运送人姓名，并做简单检查，发现有破损应及时向运送人和客人说明。

2. 收取离店客人行李物品时，要及时在行李箱上挂上行李牌，减少行李在走廊的滞留时间，对团队行李集中滞留在门外的要加网罩，派专人看守，防止行李丢失。

3. 对住店客人临时寄存的行李物品，要给客人寄存牌，严禁寄存现金、贵重物品、食品、易燃易爆物品及管制刀具，必要时要开箱检查。

4. 非住店客人寄存的行李物品，原则上不予办理；如是以前的老客户临时寄存行李，要严格寄存手续，必须开箱检查，防止意外情况发生。

5. 行李寄存应有严格的交接、存取手续，寄存中发现行李破损、丢失，应及时报告保卫部。

十三、前台客用保险箱安全管理制度

1. 客用保险箱只限住店客人使用，启用时，前台服务员要严格履行登记手续，使用人要与住店登记客人基本情况相符。

2. 客人开启保险箱时，签字要和登记签字相同，不符时，要及时报告安全保卫部。

3. 客人用完保险箱关闭时，员工应提醒客人不要遗忘任何物品，登记卡要妥善存档。

4. 客用保险箱的总万能钥匙要设专人保管，交接要有记录，保险箱的子钥匙要有专人负责，每日清点，避免发生意外。

5. 如果是子母钥匙的保险箱，子、母钥匙要分开保管。

十四、前台钥匙安全管理制度

1. 前台磁卡钥匙（空白）用多少，取多少，要有详细记录，磁卡钥匙不得乱扔。

2. 前台员工在为客人制作钥匙时，要严格核对客人基本情况，住几人做几把钥匙，并在电脑中显示号码。

3. 登记住宿一人，不能做两把钥匙，防止发生意外。

4. 客人钥匙丢失要求重新制作时，前台要认真核对客人证件（身份证、护照、军官证或士兵证）及登记卡客人签字，核对无误后，方可制作覆盖钥匙，使原钥匙作废。

5. 客人换房时，行李员或其他员工将新钥匙交给客人同时，要收回旧钥匙交付前台，并在电脑中留存。

6. 前台服务员要保管好各自的制作卡，每次使用完毕后要及时退出，调离该岗位时，要及时上交。

十五、门童安全管理制度

1. 门童要严格按出租车排队次序派车，严禁私自揽活，发现私自揽活现象，根据情节轻重，要给予警告、过失或开除处理。

2. 门童对来往车辆，中外宾客要一视同仁，热情服务。在拉、关车门过程中，动作要规范，防止碰伤客人。同时，提醒客人不要遗忘物品。

3. 客人乘座出租车离店时，门童要发给客人记录出租车牌号的《温馨提示卡》，一旦客人物品遗留在出租汽车上或发现服务质量问题，便于查找或投诉。

4. 协助警卫疏导车辆，并为来店参加活动的 VIP 客人服务。

5. 客人、团队的行李物品放在门外时，要协助照管，避免行李丢失。

十六、商务中心安全管理制度

1. 商务中心的现金收款、送款应专人负责，履行财务登记手续。

2. 交接班时，钱款要当面清点，账目要相符。

3. 商务中心备用金、有价证券要妥善保管，收款机内不得存放大额现金；钥匙专人负责，妥善保管。

4. 传真、复印设备不得交给他人使用。

5. 不准复印、传真密级文件，有反动、淫秽、迷信内容的刊物、材料及有价证券。

6. 发现客人复印、摘印、传真涉及国家机密文件或有危害国家安全内容的文件、材料，要存留复印件，同时报告保卫部。

7. 发现反动传单立即扣留，迅速报告，知情范围控制在最小范围内。

十七、客房钥匙安全管理制度

1. 所有客房的万能钥匙（磁卡、机械）、库房钥匙统一保管在客房部办公室的专用钥匙储存柜内。

2. 钥匙储存柜必须随时锁好，钥匙登记本要保存在上锁的抽屉内，专人负责各种钥匙的管理和发放，每次钥匙的领取和收回应清楚地记录在钥匙登记本上，领取人和发放人要相互签字。

3. 客房部办公室各班交接时（早、中、夜），必须履行清点交接手续，避免发生钥匙丢失、责任不清的问题。

4. 万能钥匙发放，要专人负责，严格按级别发放；遇特殊情况，需经客房部和保卫部经理同意后方可领用，并做好登记。

5. 任何人在使用完万能钥匙后需及时归还，严禁私配或私藏。

6. 客房部钥匙专管员使用万能钥匙也应履行登记手续，严禁领取不登记。

7. 磁卡万能钥匙如遇丢失，应立即报告相关部门采取应急防范措施，制作覆盖卡，防止发生意外。

十八、客房清扫安全管理制度

1. 客房服务员每天早晨查房时，依据工作单核对客人数、性别、国籍，发现与登记不符的应及时上报。

2. 清扫客房时，严格按照"开一间，做一间；完一间，锁一间；工作车挡门"的要求，并准确记录进出客房时间，及时填写工作单，杜绝事后估计时间填写的做法。

3. 清扫客房时，发现客人在明处搁放的现金、贵重物品，注意看管，不要挪动；发现涉及国家机密的文件、资料等及时登记在工作单上，同时报告保卫部。

4. 清扫客房时，遇客人返回房间时，必须履行查验钥匙手续，确认无误后方可让客人进入；离开房间时，要检查房门是否锁好。

5. 发现客人放在门外的行李、餐具、送洗衣物等，立即通知相关部门收取，并在收取前妥善保管。

6. 客房服务员遇有陌生人进入楼层要主动询问，发现异常立即报告保卫部。

7. 对客房区域发出的异常声响、气味要立即查寻报告，发现易燃易爆物品、枪支、弹药、管制刀具等，立即报告保卫部。

8. 发现有违法犯罪嫌疑人，要及时报警或报告保卫部；在确保安全的情况下争取当场抓获嫌疑人；在无法控制、逃离现场的情况下，要记住嫌疑人详细体貌特征、穿着打扮、逃跑方向和作案工具特征等，尽量收集证据；在有受害者的情况下，要全力保护受害者。

9. 客房服务员的万能钥匙，要妥善保管，随身携带，不能乱放或交与他人使用，不得随意为外人开门，严禁万能钥匙插在电源开关处，防止丢失。

10. 清扫客房时，注意发现遗留火种，仔细检查客房内的电器设备，如发现客人使用电炉、电热器、热得快等要及时报告保卫部，采取有效的安全措施。

11. 客人退房后，服务员要及时检查房间内火种遗留情况和其他物品遗留情况。

十九、失物招领安全管理制度

1. 饭店内捡拾到一切物品，一律交到饭店指定部门登记收好，特别是贵重物品、现金等要及时上交，严禁私自收存，隐瞒不报，一经查出，按相关法规处理；对客人认领的丢失物品，要由失主持有效证件领取，并登记签字。

2. 保存部门在收到捡拾物时，要仔细登记物品名称、数量、时间、地点、捡拾人、收存人等，并积极查找有关线索，与失主联系，争取物归原主。

3. 对一时无人认领的遗失物，保存部门要妥善保管；对三年以上长期无人认领的物品，要上交国家有关机关处理。

二十、公共清扫安全管理制度

1. 层层落实安全责任制，加强公共区域各类钥匙的管理，做好交接记录。

2. 清扫部员工到各办公室、餐厅、厨房打扫卫生时，要按照"干一间，开一间"的要求，不得同时打开数间房门清扫，清扫完毕后要锁好房间门，防止丢失物品。

3. 做好工作区域的电器设备设施的检查，发现问题及时报修。

4. 清扫部员工在干好本职工作的同时，要当好"三员"，即服务员、安全员、信息员。

5. 清扫部员工在高空作业时，要系好安全带；擦尘使用梯子时，要先检查梯子是否完好，采取必要的安全措施和专人看护，杜绝安全生产事故的发生。

6. 清扫部员工在公共场所，对光滑地面进行清洗、打蜡作业时，应设立警告标志牌，防止发生意外事故。

二十一、商品部安全管理制度

1. 商品部内禁止吸烟，货架后禁止堆放易燃易爆物品。

2. 所售物品要分类码放整齐，保留足够的消防通道。

3. 要经常检查本岗位电器设备情况，如有问题及时报修。

4. 售货员上岗时不得携带个人现金，收款时要注意验钞，唱收唱付当面点清，客人持支票购物应严格执行财务规定，做好核实工作。

5. 售货员上岗时，要坚守岗位忠于职守，严格履行交接班制度；在为客人提供售货服务的同时，做好安全防范工作，防止盗窃、诈骗案件的发生。

6. 定期检查食品、饮料、药品等商品的有效期，防止因过期变质给饭店和消费者带来不必要的影响和损失。

7. 商品柜台要六面牢靠，离人必须落锁，对贵重商品，每天下班前要登记，并存入保险柜内。

8. 商品部全体员工要熟知饭店报警程序及本岗位消防器材存放位置，会使用消防器材，严禁将消防器材挪做他用。

二十二、康乐中心安全管理制度

1. 贯彻"谁在岗，谁负责"的原则，严格贯彻落实《娱乐场所管理条例》的规定，建立、健全各项规章制度，责任到人，层层落实，保障宾客的人身财产安全。

2. 营业时，应根据场地情况限制人数。

3. 服务员要加强对营业区域的巡视和检查，特别注意发现未熄灭的烟头、火柴棒以及其他易燃物品；营业后按岗位分工进行全面检查，确认安全后，切断电源方可下班。

4. 消防器材应码放在明显位置；严禁任何物品堵塞消防通道，营业中安全通道门禁止上锁。

5. 对免费、签单来娱乐场所活动的宾客，必须履行登记手续，客人的姓名、房号要用卡片盖上，防止他人冒用客人签单、跑账造成损失。

6. 加强健身房、桑拿房、游泳池更衣柜钥匙的管理，柜体、锁具要牢靠，交接班时要有钥匙交接手续，并定期检测钥匙互开情况，遇有钥匙丢失、互开情况要及时更换锁头，以确保安全；备用钥匙要有专人管理。

7. 在有大运动量的娱乐场所，应配备必要的急救药品和器材，以备因客人发生不适或意外，能够采取急救措施。

8. 经常检查、维护保养各种娱乐设备设施，确保安全运转，及时发现和解决隐患，做到防患于未然。

9. 加强对员工的安全教育，所属员工必须熟悉饭店各种安全预案和消防器材码放位置，熟练使用消防器材。

二十三、桑拿洗浴安全管理制度

1. 桑拿浴室内的电加热器，应与周围木质结构保持至少10厘米距离，并安装护栏，照明灯应加装防潮灯罩。

2. 桑拿室内禁止烘烤、晾挂棉织物品。

3. 服务员要经常检查桑拿室温度，防止意外事故发生。

4. 按摩师要经过专业培训，并取得上岗资格，去客房为宾客服务时，不准异性按摩。

5. 对患有皮肤病、急性结膜炎、高血压、心脏病、癫痫病、各种传染病、酗酒者，应谢绝进入游泳池，并应有明确的《宾客安全须知》标牌提示。

6. 没有办理《留宿特行许可证》的桑拿洗浴场所，夜里两点以后不得留宿。

7. 按摩房内不能设置房中房，房门不能安装门锁。

8. 康乐中心公共场所要安装电视监控设备，录像资料时间要保留在一个月以上。

二十四、财务部安全管理制度

1. 严格执行国家有关法律法规和财务管理制度，做到财物两清、财物相符。

2. 保险箱要有专人负责。随时锁好保险箱，妥善保管好保险柜钥匙，打乱密码，支票、图章严禁存放在同一保险箱内。

3. 办公抽屉内严禁存放现金和有价票证；保险箱内过夜款不得超过银行规定的额度。

4. 认真履行现金、支票的收支手续，字迹要工整，不得涂改。

5. 每日做好防火、防盗安全检查。上班前、下班后要检查办公室门窗和电器，及时清除电源旁的可燃物，做好防火、防盗工作。

6. 财务室要张贴"财务重地闲人免进"标志，实行门禁制度。

7. 员工要熟知安全知识、报警程序和有关应急预案。

二十五、总出纳室安全管理制度

1. 总出纳室要张贴"闲人免进"标志，安装报警装置，工作人员要熟悉防范预案报警程序。

2. 要经常检查门窗牢固情况，定期变更保险柜密码，保险柜和办公室钥匙要专人保管，下班时打乱密码、锁好门窗。

3. 总出纳室存放现金不得超过银行规定的限额，因特殊情况超过规定额度时，必须经部门领导同意，采取适当安全防范措施，确保安全。

4. 出纳室的工作人员随身不能携带私人现金，出纳室内严禁存放易燃易爆和私人物品。

5. 出纳室工作人员每天要及时清点收集上来的现金，以免造成积压，防止出现安全问题；节假日、周末要设专人值班，确保投入钱款的安全。

6. 出纳室工作人员去银行取送款，必须通知保卫人员到总出纳室进行护送，并做到专车、专人、专用，严禁搭乘无关人员。

7. 取送款时要使用防盗保险箱。

8. 加强对现金、支票和其他票证的管理，坚持严格的检验复核制度，鉴别真伪，防止盗、骗等案件发生。

9. 要有"三铁一器"、电视监控等防盗安全保护措施。

二十六、外币兑换处安全制度

1. 外币兑换处要安装报警装置和闭路电视监控防范装置，录像资料最短要保留一个月以上；外币兑换处禁止无关人员进入；保险柜打乱密码，防止发生意外。

2. 交接班时要遵守交接制度，当面点清交接账目，确保准确无误，并做好交接登记记录。

3. 外币兑换处取送款要使用专用车辆，通知保卫人员护送，禁止其他人员搭乘。

4. 为客人兑换外币时，要严格查验客人护照、旅行支票、外币和有效证件，防止发生"掉包"、"切汇"等案件；一旦发现"掉包"、"切汇"、诈骗等行为，不要惊慌，稳住嫌疑人，迅速报警。

5. 兑换中发现假钞时，要履行银行相关规定，予以没收。

6. 兑换时，要"唱收唱付"，让客人当面点清钱数、确定真伪。

7. 兑换过的钱，只要经过客人手就要重新清点一遍，防止有人"掉包"作案。

8. 外币兑换处要安装护窗、护拦，做好防盗、防抢工作。

9. 外币兑换处要为客人提供验钞机。

二十七、收款点安全管理制度

1. 收款点收款员要严格执行财务制度，对使用支票、信用卡付款的客人要认真审核、查对，发现问题及时报告。

2. 加强对收款台内的有价票证、现金的管理，下班时不得存放在抽屉内，每日营业款随时核对清楚，按规定投放在指定地点，并做好登记记录。

3. 收款员要按饭店规定使用保险箱。登记手续要齐全，钥匙保管要妥当，使用时要乱码，随身不能携带私人现金，保险箱内严禁存放私人物品。

4. 收款员要妥善保管备用金、有价票证、公章等物品，离开岗位时要锁好抽屉和保险箱，保险箱要乱码。

5. 收款台内严禁无关人员进入；遇有可疑情况，要及时报告保卫部。

6. 收款时，要"唱收唱付"，让客人当面点清钱数、确定真伪。

7. 收款时，钱只要经过客人手就要重新清点一遍，防止有人"掉包"作案。

二十八、取送款安全管理制度

1. 财务部要指定专人到银行取送款，配有专车，由保卫部派两名以上保卫人员护送。

2. 指定取送款车辆，严禁搭乘无关人员或中途停留改办他事。

3. 取送款行车路线，最好选择两条以上，根据情况不断变换；出入银行时，保卫人员要提高警惕，做好安全保护。

4. 中途遇到车辆故障，影响正常行驶时，随车保卫人员、财务人员负责保护好票款，不要随便下车，事故由司机师傅处理，要提高警惕，确保票款安全。

5. 加强对取送款人员、司机师傅的安全教育，不得随意泄露行车路线、时间及具体执行任务内容。

二十九、库房安全管理制度

1. 库房内要张贴安全管理制度、禁烟标志；严禁吸烟和使用明火；库房门和通道不能堵塞，要随时保持畅通。

2. 无关人员不得进入库房；严格落实门禁制度、物品出入制度；不准寄存私人物品；库房内不准用可燃材料搭建阁楼，设立办公室。

3. 所有库房照明灯具及线路必须符合电器安装规范，由正式电工安装、维修；白炽灯不得超过60W；日光灯的整流器要做隔热保护，不准安装移动式灯具；禁止拉接临时线路，不准使用不合格的保险装置；库房外应设置电源总开关，离开时要断电；棉制品库房灯光要安装防爆灯罩，防止发生火灾。

4. 房内物品要码放整齐，不准超宽超高，消防通道宽度不得小于1.5米，照明灯具下方不得码放物品，高度离照明灯具垂直距离要0.5米以上，货物顶距保持0.5米以上，墙距0.5米以上，垛距1米以上。

5. 根据不同货物要分类、分库存放；性质抵触、灭火方法不同的货物，不得在同一库房内混存；遇水容易燃烧爆炸的化学物品，不得存放在潮湿和容易积水的地方；危险物品存放要单设危险品库房。

6. 存放化学、易燃易爆物品的库房，如酒库、油库等，与其他建筑物的距离应符合《建筑设计防火规范》的规定，采用防爆照明。

7. 库房保管员要经常对照明灯、电线进行检查，发现线路老化、破损、绝缘不良等问题，必须及时报修、更新；库房保管员每天下班前，要进行防火安全检查，关闭电源，钥匙封存到指定地点。

8. 储存各种食品，要注意采取加盖、加封等措施，防止被污染，确保货物质量。

9. 食品库房要经常消毒，保持清洁，要达到国家相关卫生标准；控制好温度，防止食品腐烂变质。

10. 库房保管员要懂得防火常识，知道消防器材的放置位置，会熟练使用各种消防器材，要有平时遇火能救的能力，禁止使用消防器材挡门或挪做他用。

11. 库房钥匙要专人专管、不能离身，切实做好防范工作。

三十、电脑机房安全管理制度

1. 无关人员严禁进入机房，如工作需要，要进行登记，方可进入；机房内禁止吸烟，严禁存放易燃易爆、腐蚀性物品。

2. 值班员要经常巡视主机和终端，掌握运行状况，发现故障要及时排除，并报告领导。

3. 电脑工作人员必须按操作规程操作，严防外来人员破坏计算机安全系统，每次使用完毕后要及时退出自己的密码。

4. 定期对饭店各部位使用的电脑进行消毒检查，做到及时发现、及时排除，避免造成不必要的损失。

5. 根据使用电脑部位周围环境，定期对电脑设备进行除尘，并应配备相应容量的 UPS。

6. 电脑工作人员必须熟悉本岗位消防器材码放位置，会使用消防器材。

7. 局域网内，注意查封黄色信息、反动政治言论信息，发现可疑情况，立即上报保卫部。

三十一、锅炉房安全管理制度

1. 张贴"闲人免进"标志，控制无关人员进入；如工作需要，要进行登记，方可进入。

2. 严禁在锅炉房附近堆放可燃物品，锅炉房内严禁存放或烘烤物品；严禁在锅炉房内搭床睡觉过夜。

3. 锅炉房工作人员必须经过专业部门培训，并获得上岗证书，要严格遵守锅炉房的安全运行规程，履行各种运行登记，责任到人，层层把关。

4. 每班要坚持巡回检查制度，了解设备的运行情况，按操作规程监视水位、汽压、油压、火焰、排烟温度、蒸汽管道等，根据系统运行情况，做好设备调节，做好详细记录。

5. 工作人员要坚守岗位，禁止在锅炉房内喝酒、吸烟、娱乐、睡觉、擅离职守。

6. 要经常检查、测试安全阀、汽压表、水位表等常规项目，保障设备灵敏有效；定期检查锅炉管道、阀门、烟道等项目内容，注意发现裂缝、空隙或漏热等隐患，发现问题，要及时采取措施，并迅速上报。

7. 工作人员要熟知饭店报警程序及锅炉房消防器材存放位置，会使用消防器材，严禁消防器材挪做他用。

三十二、水泵房、生活水箱安全管理制度

1. 张贴"闲人免进"标志，防止无关人员进入。

2. 定期检查各种机器设备，要做到"三勤"（勤观察、勤保养、勤调整）。

3. 检修设备时严禁使用汽油作为清洁剂，不得违章作业。

4. 机房内要保持清洁，做好防鼠、防虫工作，禁止堆放杂物，及时消除污染源。

5. 值班员要坚守岗位，不得在值班时会客、聊天、饮酒、睡觉。

6. 生活水箱要定期清洗，水箱入口处要封闭、封严、上锁。

7. 值班员熟知饭店报警程序及水泵房的消防器材存放位置和使用方法。

8. 每班要坚持巡回检查制度，了解设备的运行情况，根据各系统运行情况，做好调节控制、详细记录。

9. 要经常检查、测试安全阀、水位表等常规项目，注意发现接口裂缝、截门漏水等现象，确保设备灵敏有效。

三十三、配电室安全管理制度

1. 配电室要张贴"闲人免进"标志，实行《门禁制度》。

2. 所有电工要持证上岗，值班人员要坚守岗位；要勤检查、勤保养，注意发现异常情况，避免出现短路、断电现象，防止发生火灾事故。

3. 配电室内不得存放与工作无关和易燃易爆物品。

4. 定期对变压器、开关柜、配电柜进行清扫，防止灰尘过多造成短路。

5. 停电清扫、检修时，严禁使用汽油、煤油等易燃液体擦拭。

6. 安装、维修电器线路设备时，要在上级电闸处张挂"有人操作严禁合闸"的标志牌，防止发生安全生产事故。

7. 工作人员要经常检查墙体、门窗和通风口防护网是否严密，检查门口是否放置挡鼠板，要防止飞鸟、老鼠等小动物进入造成短路事故。

8. 工作人员要熟知应急报警程序及配电室消防器材存放的位置和使用方法，严禁将消防器材挪做他用。

三十四、中央空调机房、进风口安全管理制度

1. 要做好空调设备的维修保养，确保空调系统正常运转。

2. 机组操作、维修要严格按设备要求进行，杜绝违章操作，防止因人为因素造成损失。

3. 值班人员要加强巡视检查，随时抽测室内温度，注意从空调风机里散发出的气味，根据情况及时调控，发现异常及时报告。

4. 空调机房内严禁堆放杂物。

5. 对空调送风系统，要按相关规定定期进行清理，严防管道污浊造成空气污染，及时消除各种不安全隐患。

6. 空调机房工作人员在开机时要认真值班，并运行档案记录，管理员要建立维修档案，随时备查。

7. 要加强对空调进风口的管理控制，防止闲杂人员靠近，要保持清洁干净，确保新风质量。

三十五、电梯机房安全制度

1. 严格遵守"门禁制度"，张贴"闲人免进"标志，防止无关人员进入。

2. 电梯机房和值班室内禁止吸烟及明火作业，因维修需要动用明火时，先采取严格的安全措施，按使用明火规定执行。

3. 按照国家技术监督部门的有关规定，对电梯设备定期进行检查，每年按时向有关部门申报审核。

4. 在进行维修、保养作业时，要停机作业；用易燃液体清洗电梯零部件时，要采取有效防范措施，使用后的油抹布不得乱扔乱放，不得与其他物品混放。

5. 机房维修间内严禁存放易燃易爆物品，所需备件要在货架上摆放整齐，并远离照明灯和电源。

6. 电梯机房、轿厢顶部、电梯井，要定期清扫，及时清理各种可燃物。

7. 禁止使用电梯运送易燃易爆及化学危险物品。

8. 电梯值班人员应熟知饭店报警程序及机房消防器材存放位置和使用方法，严禁将消防器材挪做他用。

三十六、音像室安全管理制度

1. 饭店播放的音像必须是国家认可正版的音像资料，严禁播放非法、淫秽内容。

2. 卫星天线接收内容，不能超越国家规定范畴，需要审批的接收项目，必须经过审批之后，方可播放。

3. 严格执行饭店各项规章制度，定期进行维护、保养，确保设备完好。

4. 值班人员要坚守岗位，不准撤离值守，尽职尽责，严防违法音像资料插播事故发生。

5. 音像室要实行《门禁制度》，无关人员未经批准，不得随意入内。

6. 严格交接制度，并做好交接记录。

7. 饭店在转播国外电视节目时，如发现有损我国形象和政治声誉的内容，要立即停止转播。

8. 值班人员应熟知饭店报警程序及机房消防器材存放位置和使用方法，严禁将消防器材挪做他用。

三十七、电、气焊安全管理制度

1. 从事电、气焊的工作人员，应经过专门培训取得合格上岗证后，方可进行电、气焊操作。

2. 电、气焊操作前，要填写《动用明火申请表》，经过使用部门、保卫部门领导批准后，方可进行操作。

3. 电、气焊作业要选择安全地点，必须清除周围可燃、易燃物品，如果无法清除，应采取可靠的安全措施加以保护。

4. 存放过易燃、可燃或化学危险物品的容器，未经严格清洗，不能进行焊、割。

5. 严禁在可燃气体、爆炸危险等物品附近进行焊、割作业。

6. 不得使用存在故障的焊、割工具，电焊导线不得与气瓶接触，不得与其他相关软管、油脂以及粘油物品接触。

7. 焊、割工作点火前，要遵守操作程序，结束离开现场时，必须断电源，并仔细检查现场，防止遗留火险隐患。

8. 焊、割现场必须配备灭火器材，并设专人看护。

9. 操作人员应熟知消防器材使用方法。

三十八、燃气调压站安全管理制度

1. 值班人员不准擅离值守，禁止在工作岗位上吸烟、饮酒、会客、睡觉，禁止将火种带入值班室。

2. 严格交接制度，认真办理交接手续，对本班次设备出现的问题，要交待清楚，接班人验收后，交班人方可离开。

3. 当班期间应经常检查仪表、设备是否正常，如发现问题要立即解决，解决不了时，要及时报告有关部门。

4. 必须安装安全报警装置，配备专用维修工具、防爆照明灯、防爆仪表等防护装置，严防天然气泄露引发爆炸事故发生。

5. 值班人员应熟知饭店报警程序及机房消防器材存放位置和使用方法，严禁将消防器材挪做他用。

三十九、档案保密安全管理制度

1. 对涉及国家机密或企业机密的文件的起草、报告、呈阅、传阅、借阅、回收、保管等各个环节要有专人负责，防止丢失和泄密。

2. 与外界签署重要合同文件时，要严格审核其合法性、可靠性，认真履行审批手续。

3. 各类档案要由专人保管，设立档案室，严格管理制度，防止泄密和丢失。

4. 饭店介绍信公章要有专人管理，存入保险柜，使用时严格审批和登记手续。

四十、机动车安全管理制度

1. 饭店公车使用必须由部门经理批准，并由专职司机驾驶，严禁将机动车交给外人驾驶。

2. 要定期对机动车进行检查、维护保养和审验。

3. 要定期对司机进行安全教育，落实驾驶员岗位责任制。

4. 驾驶员要认真遵守交通法规，避免发生严重违章和责任性交通事故。

5. 驾驶员要爱护车辆，做到勤检查、勤擦拭、勤维护、定期保养，不开带病车上路。

6. 机动车要安装防盗装置，在车内不得存放贵重物品或重要资料，不得放置打火机等易燃易爆物品。

7. 执行取送款任务的车辆，严禁搭乘无关人员或中途停留改办他事；如果中途发生故障或事故，不要惊慌，要保管好款物，联络饭店派车接应，保证送款员和押款员安全转乘。

8. 司机在为客人提供运输服务时，注意提醒客人带好自己的物品，下车后及时检查有无客人遗忘物品。

9. 司机完成出车任务后，要将车辆开回饭店，停车入库时，车头要向外停放，便于疏散。

10. 维修车辆时，要严格遵守操作规程，切勿将修车使用的棉丝随手扔到机器内，防止发生汽车火灾。

11. 如出远途，需携带备用油时，不准使用塑料容器盛放。

12. 车内必须配置灭火器，并要定期保养或更换。

四十一、员工倒班宿舍安全管理制度

1. 住宿员工按指定床位住宿，不得随意调换；临时住宿员工要进行登记，未登记人员不得随意入住。

2. 严禁在宿舍内进行赌博等违法活动，严禁夜间大声喧哗，按时就寝、起床。

3. 禁止在宿舍内饮酒、吸烟，不得存放易燃易爆和化学危险品。

4. 倒班宿舍内不准随意拉接电源，不准使用电加热设备烹煮食物或取暖。

5. 住宿员工应保管好个人物品，离开时锁好宿舍门窗。

6. 宿舍管理员要经常检查宿舍内电器设备使用情况，熟悉灭火器使用方法和防火常识。

四十二、员工更衣室安全管理制度

1. 更衣室值班人员注意检查更衣室内电器设备情况，禁止吸烟或使用明火。

2. 注意巡视，随时提醒员工锁好更衣柜门，更衣柜内禁止存放易燃易爆物品及化学危险物品。

3. 值班员要坚守岗位，不得擅自离岗，拒绝外人或离店员工进入更衣室，防止发生盗窃案件。

4. 员工更衣、沐浴时，要锁好更衣柜，保管好自己的钥匙，防止个人物品丢失。

5. 使用备用更衣柜钥匙，一定要核实身份，并做好登记记录。

6. 值班人员要熟知饭店报警电话，灭火器位置、应用范围、使用方法，掌握必要的防火、灭火知识。

7. 更衣柜内不允许存放贵重物品，违反规定后果自负。

四十三、保卫人员巡视检查制度

1. 保卫人员每天要对饭店进行巡视检查，巡视人员要熟悉饭店布局及各条巡视路线；客房区域巡视相隔时间不得超过 1 小时。

2. 巡视前应携带对讲机，对讲机要佩戴耳麦。

3. 巡视中严格遵守"听、看、嗅、点、面、线"六字方针：听听有没有异样的声音，如跑水声、呼救声、吵架声、打架声、电视音量过大等；看不安全隐患，如闲杂人员、设备破损等；嗅异常味道，如烧焦味道、稀料易燃化学物品味道等；"点"指的是重点部位、重点人员；"面"指的是全面细致；"线"指的是要有巡逻的线路，线路不能一成不变，应该根据现场情况、活动情况及时变化。

4. 巡视到客房楼层时，注意发现、盘问推销人员或闲杂人员。

5. 巡视中要注意检查疏散通道是否畅通，闭门器、防火门是否关闭正常。

6. 遇有房门未锁时要及时提醒客人关门，发现捡拾物品时要及时上缴。

7. 仔细检查饭店内消防器材是否完好，如有损坏、丢失，要及时上报，并与相关部门联系。

8. 巡视人员要文明值勤，坚持原则，对违反店规店纪行为的员工进行纠正。

9. 巡视饭店施工现场重点检查项目：（1）遇有五六级以上大风天气，坚决制止室外动火作业；（2）动火作业要检查《动火证》；（3）施工现场要有专职安全员；（4）现场电线不能破损、裸露，不能超负荷使用；（5）灭火器材要齐备；（6）废弃物要及时清理等。

10. 巡视中精神要饱满，要遵章守纪，不得做与工作无关的事情。

四十四、警卫队查岗制度

1. 警卫队查岗工作由当班经理、主管负责。

2. 每班次查岗次数不得少于 3 次，并认真填写《领班查岗情况登记表》及《警卫班组每日工作报告表》；如有特殊情况未能查岗或查岗次数少于 3 次，要在《警卫班组每日工作报告表》上注明原因。

3. 在查岗同时要对饭店各部位进行巡视检查，注意发现问题和可疑情况。

4. 查岗内容：

（1）检查警卫人员是否在岗，仪容仪表是否符合规定，有无聊天等违纪现象，发现有违纪违规现象要及时纠正、处理；

（2）检查警卫人员在岗时的工作状态及对问题的处理能力，对工作能力不强或经验不足的员工，要在查岗的同时对其进行现场培训，帮助其提高应对能力；

（3）查岗过程中要认真履行职责，不得做串岗、聊天等与工作无关的事情；

（4）查岗过程中要坚持原则，对违反店规店纪行为的员工要敢于纠正，对不听从纠正者，及时报告，由上一级领导出面解决。

四十五、安全生产例会制度

为及时分析和掌握安全生产形势，切实解决安全生产工作中存在的问题，达到沟通信息、提高效率、促进工作的目的，结合安全生产实际，认真落实各项安全生产目标管理责任制，及时有效地预防各类安全事故发生，特制订本制度。

1. 每次例会各部门负责人和专职安全生产管理人员必须参加，无故不参加者，将根据饭店有关制度给予罚款，并纳入年终评先评优考核指标。

2. 由安全生产委员会主任（总经理）主持会议，宣读当次会议的主要内容。

3. 针对生产状况，传达上级部门有关文件，及时学习贯彻上级有关安全生产的文件和会议精神，国家有关劳动安全生产的方针、政策和法规，研究、布置、检查、总结、评比部门的安全生产工作。

4. 部门介绍安全生产情况及事故情况。

5. 分析研究安全生产形势，交流管理经验，部署下一阶段安全生产工作任务，并严格审查各项安全生产工作任务的完成情况。

6. 安全生产工作例会一般两个月召开一次，平时主要在饭店晨会上兼并召开，遇特殊时期、特殊情况可做相应调整。

7. 安全生产工作例会要建立专门台账，做好会议记录。

8. 会议记录将作为对部门安全工作考核的重要依据。

四十六、安全隐患整改制度

为贯彻"预防为主、单位负责、突出重点、保障安全"的安全方针，切实把预防工作和安全隐患排查整改制度落到实处，强化岗位安全责任，确保饭店财产和人员安全，特制订本制度。

深入开展隐患排查专项行动。安全部要加大隐患排查力度。排查整改要做到"五个坚决"，即发现隐患要坚决、逐级反映要坚决、整改措施要坚决、盯住进展要坚决、复查验收要坚决。要坚持高标准、严要求，确保隐患排查不走过场，隐患治理不留后患。

1. 饭店的每一位成员均有发现、报告和处置（能力范围内）安全隐患的义务。

2. 排查出来的安全隐患，应及时报告保卫部或责任部门，保卫部和责任部门应及时、妥善处置，消除安全隐患。

3. 安全隐患必要时可以通报的形式，予以通告。

4. 安全隐患通告的责任部门，应及时整改被通告的安全隐患。

5. 对经常出现或较严重的安全隐患，保卫部要请示饭店领导对部门负责人下发安全隐患整改通知书，并督促限期整改。

6. 整改原则：隐患能改立即整改，隐患难改也要改，难改情况要报告，逐级重视别忘改。

四十七、危险物品安全管理制度

1. **基本设施**：根据化学危险品的特征和有关规定，化学危险品必须储存在专用仓库、专用货场或专用储藏室内，并设专人保管。经销商店或批发部门，需要使用周转性化学危险物品仓库或专用库房时，其储存限量由主管部门和公安部门共同确定。储存化学危险物品的仓库应符合《建筑设计防预规范》要求，并应根据所存物品的危险特性和受自然因素的影响，设置相应的照明、通风、防爆、泄压、阻燃、防火、防汛、防霉、防晒、调温、排毒、静电消除、报警设置。

2. **基本要求**：储存化学危险物品的仓库，应做到根据各类各种危险品的物理化学性质、不同物品的相互抵触的性质、消防灭火及不同的防护措施，进行合理的分区、分类、分库、分室、分柜储存。

3. **基本分类**：易燃液体、爆炸类、氧化剂和有机过氧化物类、易燃固体、遇湿易燃物体、自燃物品类，必须按各大类分专库储存。

4. **安全作业**：在装卸堆码等各项操作中，必须严格遵守操作规程，穿工作服，带手套；具有腐蚀性物品，带胶皮手套、防护镜等相应的防护用具。

四十八、警卫班前会制度

1. 所有警卫每日上班必须提前十分钟到达警卫室，由当班领班负责召开班前会，当日部值班员到场监督。

2. 首先检查本班组人员仪容仪表是否合乎上岗要求，精神状态是否饱满。

3. 做好与上一班组的交接工作，了解当日有无 VIP 客人或大型活动等情况，如有 VIP 客人或大型活动，必须让班中每人了解 VIP 客人日程或活动安排，并合理布置、安排当日工作内容。

4. 由当日保卫部值班员对班前会内容进行总结、补充，并负责传达部室的工作安排。

第四章　安全培训

一、安全培训的意义

预防为主，就要坚持培训教育为主。在企业的主要负责人、安全管理干部和从业人员的安全素质上下工夫，最大限度减少不安全隐患，提高防范能力。安全培训不仅是一种投资，而且是企业最有价值的投资。据美国教育机构统计，企业对培训投入1美元，产出达3美元。长期以来，我国一些企业视安全培训为消耗、负担，因此只注重对物的投入而忽略对人的投入，这是导致部分企业观念陈旧、素质下降的主因。安全培训还是一种双赢投资，即培训不仅通过员工自觉性、积极性、创造性的提高而增加企业产出的效率和价值使企业受益，而且增强员工本人的素质和能力，使员工受益。故有人说，安全培训是企业送给员工的最佳礼物。培训作为投资，其回报亦是可以计量的，培训效果评估将为度量培训的价值提供依据。管理即安全培训管理，是一种有效配置资源以实现企业安全目标的活动，但其本质是对人的管理，即首先通过对人的管理来实现对物的安全管理。基于这样一种认识，也就不难理解安全培训对管理的意义。首先，安全培训是安全管理的前提。作为管理主体，安全管理者首先要通过培训具备实施安全管理的素质、知识、技能和信息；作为安全管理客体，被管理者要通过培训掌握自身的安全职务、义务及相应的专长、技能，以适应安全管理的要求。更为重要的是，安全培训通过唤起员工的主体意识和自主意识，使"要我做"转化为"我要做"，为自主管理这一管理的最高境界提供了坚实的基础。其次，安全培训是安全管理的过程。人们的认识及行为取决于从他人那里接受或凭自己获得的信息，这种信息决定了人们在工作乃至日常生活中持某种态度及采取行动的参数和准则。所谓安全管理的过程，就是帮助员工掌握上述相关信息的过程。安全培训通过使员工对指定的、标准的信息的接受和消化，影响其认识和行为，从而达到安全管理的目的。从这个意义上说，安全管理者就是安全培训者，每个上司都是教师，要善于把种种命令、指示、要求以培训的形式下达，寓管理于培训，使员工由不知到知，由不懂到懂，由不会到会。我们很多安全管理行为失效的根源就在于被管理者所具有的信息不对称。再次，安全培训是安全管理的手段。培训不仅为管理创造了条件，其本身就是一种管理的手段，即培训通过满足员工高层次的精神文化需求来激发员工的干劲和热情。企业同时应把培训作为管理的机会和途径，以及完成任务的方法和手段，围绕企业的安全任务和目标来实施培训，并通过培训沟通上下级的联系，掌握工作进展状况，达成相互理解与支持，共同不断提高工作绩效。管理即培训，并非以培训取代管理，而是现代管理必须通过培训来实现。其实质是在知识经济时代人本管理理念的主导下——管理方式的转变，把过去被动、强制、刚性的机器管理方式转化为自觉、能动、柔性的人性管理方式，把"见物不见人"或把人当机器、工具物化的管理，转向通过培训发挥人这一主观能动资源的自觉性、积极性和创造性的管理。这充分说明了安全培训在现代社会中对企业安全管理的意义。

　　培训是组织式学习。首先，培训是一种学习。学习能力已成为现代企业安全的核心能力之一，学习是现代企业安全面临的紧迫任务。学习不只是被动地接收，更是主动地吸取；学习不仅在于学什么，关键是怎么学及学得快，即学习能力的提升。强调培训是学习，提示企业安全培训不仅在于让员工学到什么，更重要的是要调动他们学习的热情和干劲，培养组织的学习氛围，增强安全意识。其次，安全培训是一项安全工作组织职能。谓之职能，是因为企业安全培训必须有目标、有计划，必须为完成组织任务设定，使培训成为实现企业安全目标的基本手段，而不是为培训而培训。第三，安全培训不同于学校教育。两者的差别主要在于：①学习的目标不同。企业安全培训是一种针对性教育，而学校教育是一种普及性教育。安全培训是解决企业安全问题的方法和手段，是完成企业安全任务的措施和途径。②学习的重点不同。学校教育侧重于"是什么，为什么"的素质教育，而企业安全培训侧重于"怎么做"的技能教育。

二、应知应会的安全知识

　　1. 公司内发现火情，内部报警电话多少？

　　报警电话：火警119，匪警110。内部报警电话：例 3333

　　内部紧急火警报警按钮：每个消防栓上方的红色按钮都是报警按钮。（紧急情况下打破防护罩，直接按下红色按钮即可报警。）

　　2. 发现火情怎么办？

　　小火自救，大火报警。

　　3. 防火预案流程：发现火情→报"119"火警；同时报消防中心（分机3333或总机）→消防中心通知总机（总机通知大堂经理和火情所在部门值班人员）和警卫跑点→火情确认后跑点人员报告消防中心，消防中心通知总机启动防火预案→总机再通知保卫部灭火力量、工程部值班力量、医务室、中心公司值班领导、保卫部长等灭火力量。

4. 饭店是否有安全预案？资料哪里可以查看？主要有哪些预案？

有。到保卫部可以查看。预案包括总的应急救援预案。具体有：防火预案、防火疏散预案、防爆预案、防传染病预案、防地震预案、防中毒预案、防停电预案等。

5. 发现火情所在部门值班跑点任务：开门、确认、协助灭火。

6. 一旦发生火情，需要哪些灭火力量前去扑救？需要哪些力量前去疏散救援？

扑救：保卫部灭火队和负责人，工程部水、电、气、电梯工和部门负责人，出现火情部门员工和负责人，大堂经理、总指挥。

疏散、救援：出现火情部门员工和负责人，医务室工作人员，司机班，前厅部工作人员，大堂经理，安全部负责人，总指挥。

其他无关人员要做好本职工作，安抚好客人，保管好财务，协助维持好现场周围秩序。

7. 跑点人员需要带什么物品？

安全部要携带跑点箱、灭火器，大堂经理和火情所在部门值班人员要携带钥匙和灭火器。

8. 着火后是否可以乘坐电梯？

不可以。供电线路一旦被烧断，导致电梯不能运行，梯内人员被困，容易造成危险。

9. 如何使用灭火器？

在距离火源3米左右（2千克以下稍近，5千克以上稍远），拔出保险销，把喷嘴对准火源根部（有喷管的先握住喷管），用力按压把，灭火器即可喷出。市场上灭火器的种类很多，有泡沫灭火器（不能扑救D类火灾）、卤代烷灭火器（1211已停用），还有二氧化碳、干粉灭火器，使用这两种灭火器时应注意：

（1）灭火器喷射应始终保持直立状态，严禁横卧或颠倒使用；

（2）室外使用，选择上风方向顺风喷射；

（3）在密闭空间使用，要注意防毒、防呛、防窒息，灭火后迅速撤离。清理火场时先通风，然后再进入房间；

（4）灭火剂冷却作用小，火灭后要防止复燃；

（5）使用二氧化碳灭火器时，不可手握金属链节管，以防冻伤手；

（6）喷射二氧化碳、干粉灭火器扑救液体火灾时，灭火剂不可直接冲击液面。

10. 发生火灾时疏散客人的疏散地点

临时疏散地点：室外。例如：饭店前停车场。

11. 最近的灭火器在何部位？最近的疏散口在哪？

（无答案，自找答案。）

12. 消防安全责任人：董事长或总经理。

消防安全管理人：主管安全副总或保卫部长。

13. 来店客人遇到安全方面问题公司内报哪个部门？

报大堂经理或总机转。由大堂经理报告保卫部。

14. 店内出现安全方面问题报哪个部门？

报保卫部或总机转。

15. 携物出门饭店有哪些规定？

携物出门要有《出门条》，《出门条》上要有部门部长签字。

16. 工作中发生刑事、治安案件怎么办？

及时报警，保护现场，救助伤员，保留证据，疏导围观群众，做好客人解释工作，把知情范围控制在最小，除办案人员外不要向其他外人随意透露情况或接受采访。

17. 工作中发现非法宣传品如何处置？

及时上交，写出经过，不要外传，把知情范围控制在最小。

18. 工作中发现易燃易爆剧毒物品怎么办？

不要触摸，及时报警，保护现场，疏散群众，维持秩序，不要高喊，协助查源，防止异味，保护嗅源，注意防控嫌疑人，积极配合调查工作。

19. 工作中突然发现非法集会如何处置？

坚决制止，及时报警，严控参与者，注意照相录音搜集证据，维护正常秩序，写出事情经过，知情内容不随意外传，把知情范围控制在最小。

20. 大堂经理火警跑点时任务是什么？

（1）火警跑点时的任务是开启房门、确认火情、拿灭火器准备灭火；

（2）灭火时的任务是协助总指挥组织协调灭火、疏散、救援力量，组织疏散。

21. 什么是有效证件（入住登记）？

身份证，军官证，士兵通行证，护照，港澳人员回乡证、通行证。

22. 入住登记时的"三清"、"两核对"是什么？

（1）字迹清；

（2）登记项目清；

（3）证件查验清；

（4）有效证件与本人核对；

（5）所带行李与本人核对。

23. 烟头为什么能引起火灾？

燃烧的烟头表面温度 200－300 摄氏度，中心温度可达到 700－800 摄氏度，而纸张、棉花、柴草等一般可燃物的燃点低于这个温度，所以，当烟头与这些可燃物接触时很容易发生火灾。

24. 厨房油锅起火，应该怎么办？

（1）先关掉煤气开关；

（2）迅速使用灭火毯、锅盖将油锅盖严；

（3）使用灭火器灭火；

（4）使用厨房自动灭火设备。

25. 餐厅偷包的主要特点是什么？

餐厅偷包案件主要有以下特点：一是犯罪分子作案速度快，无固定目标，作案时间短，无现场，一般很难侦破；二是自助餐厅收到的侵害在同类案件中所占比例较大；三是此类案件以外地人流窜作案为主，他们三三两两进入餐厅后，有行窃的、有掩护的、有传递的，在查破案件时起赃难、审查难、取证难。

作案时所采用的手段，有着许多相似的特点：

（1）无论是单独作案还是合伙作案，他们大都西服革履，手持移动电话，作案时常以打手机做掩护，有时坐着，有时来回走动，寻机盗窃客人财物；

（2）犯罪嫌疑人进餐厅一般不按领位员引导的餐位就坐，常选择客人多的地方就坐，多以等人为名不点菜，最多点一杯茶，在餐厅停留时间不长；

（3）选择目标明确，他们大多以邻桌的椅背上挂有的衣服、椅子上挂有皮包、手机为首选目标，趁客人疏忽大意之际作案，有时采取挪动桌椅的方法靠近盗窃目标；有时变换座位二次选择目标；

（4）他们有时用自备的手包"掉包"，或是随身携带大包，假装开包拿物品，趁机将客人的小包装进自己的大包，一经发现就称"拿错了"；

（5）在餐厅作案，他们常常采取事先结账的方式，便于脱身；

（6）故意支走服务员或转移服务员视线。

针对此类案件特点和作案手段，我们要高度重视，从人防和物防入手，加强防范。第一，要提高服务员的安全意识，全方位进行安全技能教育。第二，餐厅内要制订措施，由经理主管负责，严格落实责任制，划分责任区，分片包干，一级抓一级、落实到每一个员工，并建立奖罚制度。第三，服务员在为客人服务的同时，要注意客人携带物品的情况，并主动提醒客人保管好自己的财物；同时力争发现可疑人，跟踪监视并及时报告保卫部，做到既是服务员又是安全员。第四，对餐厅内布局不合理、餐位稠密、视觉盲区的进行适当的调整。在同一餐厅内用屏风等物将会议用餐、团队用餐与零点用餐区域划分开来，以减少缩小犯罪分子的活动区域。第五，召开宴会时，要注意中场休息时间，尽量锁闭大门或派专人看守，注意出入人员携带物品情况。第六，以自助餐形式用餐的，应把好出入口，将团队、会议与散客分开，在岗职工按责任区严格履行安全职责。第七，最好用椅罩将客人的衣服及手包等物品罩好，或采用链子、尼龙搭扣等将客人的物品相对固定，从而提高客人财物的保险系数。第八，中控室要对公共区域、餐厅进行重点监控，注意发现可疑迹象。第九，保卫部要加强对大型会议、餐厅的巡视检查，在就餐人员较多时，要派专人盯守，防止偷包案件的发生。

26. 大堂拎包的主要特点是什么？

（1）一般都是两三个人结伙作案，作案分子多为本国人或中东人；

（2）作案时一般不自带交通工具；（便于逃离现场）

（3）分散进入饭店，嫌疑人之间互相并不交流；

（4）进入大堂后无目的地四处巡视或佯装打电话、看报纸；

（5）主要针对正在办理登记或离店手续或人物分离的客人进行拎包盗窃；（主要针对客人的小包）

（6）作案时有掩护；（故意分散客人或工作人员注意力）

（7）作案后迅速逃离现场。

27. 客房房间内的疏散指示图在哪？

在房门背后。

28. 客房房间内的呼吸面罩摆放在何处？

根据各饭店存放的情况而定。例如：房间壁柜内。

使用时间：根据各饭店设备情况而定。例如：有效时间 30 分钟。

29. 客房清扫时应注意哪些安全问题？

（1）当值期间要全心全意保护饭店、客人生命安全和财产安全。

（2）不要给陌生客人开门，必须经过前厅或客房部办公室确认客人身份后，方可给予开启。

（3）在房间清洁时，有客人进入，应查看客人钥匙牌与房号是否相符，防止坏人钻空子。

（4）开一间，清一间；完一间，锁一间；清扫时间登记清楚；出门时检查锁库；关门时拉把手关门，不要拉门边，避免夹伤手。

（5）每天检查防火面罩，电视开屏时要设定防火频道。

（6）贵重物品看管好，可疑物品要报告。

（7）遇见以下情况要提高警惕及时报告：①房门长时间挂着"请勿打扰"提示牌；②会客不登记，来人比较多；③客人携带大量现金；④清扫时发现针管、管制刀具等可疑物品；⑤房间有法轮功标语等违禁品；⑥客人情绪异常。

（8）发现陌生人在走廊徘徊，要上前盘问或立即向上级报告。

（9）倾倒垃圾桶内的垃圾时要注意桶内有无特别的物品（客人有可能无意中掉下或错误放置的），勿用手到垃圾桶内拾垃圾，以防桶内留有玻璃碎片或刀片而伤及手部。

（10）高空挂物或清洁时用梯子，挂浴帘时亦不可站在浴缸边缘。

（11）湿手未干，不可触动电器。

（12）小心保存钥匙，钥匙不离身，下班前应交回办公室，禁止带离饭店，钥匙折断要整体交回。

（13）饮用开水一定要煮沸，水壶内的水不要过满，应留有一小段空间，这才可把水温保持较长时间，一次不要拿太多的水壶。

（14）清楚各楼层消防设施的位置及用法，当火警发生时，应保持镇定。

（15）提醒客人不可卧床吸烟。

30. 客房工作人员听到疏散指令后，需要带什么物品？

携带粉笔、照明手电和呼吸面罩。

31. 灭火器在公共场所内及交通工具上设置的基准表

建筑类别　　　　　　　　　手提灭火器

甲类：每层楼板面积在 30 平方米以下者，配备一具。超过 30 平方米者，每增加 30 平方米增设一具。

乙类：每层楼板面积在 40 平方米以下者，配备一具。超过 40 平方米者，每增加 40 平方米增设一具。

丙类：每层楼板面积在 50 平方米以下者，配备一具。超过 50 平方米者，每增加 50 平方米增设一具。

丁类：每层楼板面积在 60 平方米以下者，配备一具。超过 60 平方米者，每增加 60 平方米增设一具。

交通工具：公共汽车、民营客车、小客车等每辆配置一或两具。

32. 燃烧的三个必要条件

可燃物：可以燃烧的物质，如木材、纸张、棉等。

助燃物：帮助和支持可燃物的物质，如氧、氯等。

引火源：能够引发燃烧的热源，如热能，还有化学能、电能、机械能等转变的热能。

33. 火灾的分类

A 类火灾：指固体物质火灾，如木材、棉、毛、麻、纸张火灾。

B 类火灾：指液体和可熔化的固体物质火灾，如汽油、甲醇、沥青火灾。

C 类火灾：指气体火灾，如煤气、天然气、甲烷、乙烷、丙烷、氢等火灾。

D 类火灾：指金属火灾，如钾、钠、镁、钛、铝镁合金等火灾。

E 类火灾：指电气火灾，如用电设备、电器、电线类火灾。

34. 灭火的基本方法

由燃烧所必须具备的几个基本条件可以得知，灭火就是破坏燃烧条件使燃烧反应终止的过程。其基本方法为：

冷却法：用水或其他有冷却作用的灭火剂向可燃物喷洒，使可燃物冷却降温的灭火方法。

窒息法：阻止空气进入燃烧区，或使其他助燃物与燃烧物隔绝的灭火方法。

化学抑制法：用化学灭火剂喷射进燃烧区，参与燃烧反应的灭火方法。

35. 燃烧现象及相关概念

（1）闪燃：在液体（固体）表面上能产生足够的可燃蒸气，遇火能产生一闪即灭的火焰的燃烧现象称为闪燃。

（2）阴燃：没有火焰的缓慢燃烧现象称为阴燃。

（3）爆燃：以亚音速传播的爆炸称为爆燃。

（4）自燃：可燃物质在没有外部明火等火源的作用下，因受热或自身发热并蓄热所产生的自行燃烧现象称为自燃。

（5）闪点：在规定的试验条件下，液体（固体）表面能产生闪燃的最低温度称为闪点。液体火灾分类及分级是根据其闪点来划分的，分为甲类（一级易燃液体）：液体闪点小于 28 摄氏度，乙类（二级易燃液体）：闪点大于等于 28 小于 60 摄氏度，丙类（可燃液体）：液体闪点大于等于 60 摄氏度三种。

（6）燃点：在规定的试验条件下，液体或固体能发生持续燃烧的最低温度称为燃点。一切液体的燃点都高于闪点。

（7）自燃点：在规定的条件下，可燃物质产生自燃的最低温度是该物质的自燃点。

（8）氧指数：在规定条件下，固体材料在氧、氮混合气流中，维持平稳燃烧所需的最低氧含量。氧指数高表示材料不易燃烧，氧指数低表示材料容易燃烧，一般认为氧指数 < 22 属易燃材料，氧指数在 22～27 之间属可燃材料，氧指数 > 27 属难燃材料。

（9）固体燃烧特点：固体可燃物必须经过受热、蒸发、热分解，固体上方可燃气体浓度达到燃烧极限，才能持续不断地发生燃烧。燃烧方式分为：蒸发燃烧、分解燃烧、表面燃烧和阴燃。

36. 热传播的途径和火灾蔓延的途径

火灾的发生、发展就是一个火灾发展蔓延、能量传播的过程。热传播是影响火灾发展的决定性因素。热量传播有以下三种途径：热传导、热对流和热辐射。

（1）热传导：热量通过直接接触的物体，从温度较高部位传递到温度较低部位的过程。影响热传导的主要因素是温差、导热系数和导热物体的厚度和截面积。导热系数越大、厚度愈小，传导的热量愈多。

（2）热对流：热量通过流动介质，由空间的一处传播到另一处的现象。火场中通风孔洞面积愈大，热对流的速度愈快；通风孔洞所处位置愈高，热对流速度愈快。热对流是热传播的重要方式，是影响初期火灾发展的最主要因素。

（3）热辐射：以电磁波形式传递热量的现象。当火灾处于发展阶段时，热辐射成为热传播的主要形式。

火灾在建筑物之间和建筑物内部的主要蔓延途径有：建筑物的外窗、洞口；突出于建筑物防火结构的可燃构件；建筑物内的门窗洞口，各种管道沟和管道井，开口部分；未作防火分隔的大空间结构，未封闭的楼梯间；各种穿越隔墙或防火墙的金属构件和金属管道；未作防火处理的通风、空调管道等。

37. 燃烧的特殊形式——爆炸

爆炸是指由于物质急剧氧化或分解反应，使温度、压力急剧增加或使两者同时急剧增加的现象。爆炸可分为：物理爆炸、化学爆炸和核爆炸。

（1）物理爆炸：由于液体变成蒸气或者气体迅速膨胀，压力急剧增加，并大大超过容器的极限压力而发生的爆炸，如蒸气锅炉、液化气钢瓶等的爆炸。

（2）化学爆炸：因物质本身起化学反应，产生大量气体和高温而发生的爆炸。如炸药爆炸，可燃气体、液体蒸气或粉尘与空气混合物的爆炸等。

爆炸极限：可燃气体、蒸气或粉尘与空气混合后，遇火产生爆炸的最高或最低浓度，以体积百分数表示。

爆炸下限：可燃气体、蒸气或粉尘与空气组成的混合物，能使火焰传播的最低浓度称为该气体或蒸气的爆炸下限，也称燃烧下限。

爆炸上限：可燃气体、蒸气或粉尘与空气组成的混合物，能使火焰传播的最高浓度称为该气体或蒸气的爆炸上限，也称燃烧上限。

38. 警惕家中爆炸隐患

北京同仁医院每年都接收治疗许多因家中爆炸需摘除眼球的病人，所以对家中爆炸隐患须保持高度警惕。

（1）选择好燃气类产品。由于各地气源不同，对燃气具的使用有很大影响，选购时（尤其是热水器）要小心。由于煤气泄入密室内引发的爆炸时有发生，煤气和空气的比例达到5%就可能发生爆炸，在点烟、点火时千万要小心。

（2）微波炉放入一个没有去壳的鸡蛋，开机就有可能炸毁炉门；加入其他表面没有缝隙但内有空气的密封品（如罐头、饮料瓶等）是极其危险的。同样需要小心使用的还有电烤箱。

（3）装修新家时特别注意打开门窗，因为刨地板时产生的大量粉尘与空气混合后一触即爆。

（4）打火机、发胶瓶，灯泡、高压锅、热水瓶也容易爆炸。

39. 燃烧产物（烟）为何能高效致命？

燃烧产物是指由燃烧或电解作用产生的全部物质。燃烧产物包括：燃烧生成的气体、能量、可见烟等。燃烧生成的气体一般是指：一氧化碳、氢化氢、二氧化碳、丙烯醛、氯化氢、二氧化硫等。

火灾统计表明，火灾死亡者中80%是由吸入火灾燃烧产生的有毒气体而致死的。火灾产生的烟气中含有大量的有毒成分，如二氧化碳、二氧化硫、二氧化氮等。二氧化碳是主要的燃烧产物之一，而一氧化碳是火灾中致死的主要燃烧产物之一，其毒性在于对血液中血红蛋白的高亲和性，其对血红蛋白的亲和力比氧气高出250倍。

在火场上，对绝大多数被困人员来说，首先遇到的"敌人"是火灾烟气，而不是令人难以忍受的高温和烈火。其原因是，影剧院、歌舞厅等一些人员密集场所在内部装修时，采用含有大量的纤维物质的材料和高分子材料。这些材料在火灾形成的高温条件下，会分解出大量的有害气体。这些有害气体就像暗箭一样无孔不入，防不胜防，有时受灾者还没来得及发现，就已深受其害，失去了行动能力，以致窒息或中毒死亡。

1994年11月27日，辽宁省阜新市某歌舞厅发生火灾。这家歌舞厅的经营者私自采用三合板等大量木材和高分子可燃材料装修，并未做阻燃材料处理，而且在舞池四周放置了56个聚酯泡沫沙发。火灾发生后，这些物质燃烧产生大量有毒气体，再加上歌舞厅装修后比较幽暗封闭，烟气不易散出，使现场人员一两分钟内便丧失了逃生能力，造成233人死亡，20余人受伤。

1995年4月24日，新疆乌鲁木齐市某时装城（内设歌舞厅、KTV包厢、录像厅）发生火灾。时装城和歌舞厅装修时使用大量木材、油漆、海棉、化纤装饰布、塑料制品等可燃材料，上部吊顶连接，致发生火灾后火势迅速蔓延，大量有毒烟气窜入毗邻的服装城录像厅，使录像厅内52人中毒窒息死亡。

火灾烟气是在火灾中产生的，对火场被困人员造成严重危害，其危害性主要来自毒害性、减光性和恐怖性。毒害性和减光性是对人生理上造成的危害，而恐怖性则是对人心理上造成的危害。

40. 火灾烟气的毒害性

首先，烟气中的含氧量往往低于人们生理上所需的正常数值。随着空气中氧含量的降低，人的肌肉活动能力将明显下降；判断能力迅速下降，并且出现智力混乱现象；短时间内就会晕倒，甚至死亡。在起火房间内氧的最低浓度达 3% 左右，人们要是不及时逃离火场将是十分危险的。其次，烟气中含有各种有毒气体，而且这些气体的含量有的已大大超过了人们正常生理所允许的最低浓度，很容易造成人员中毒死亡。此外，火灾烟气具有较高的温度，这对人也是一个很大的危害。在几百度的高温烟气中，人是一分钟也无法忍受的。

41. 火灾烟气的减光性

火灾烟气中烟粒子的直径为几微米到几十微米，对可见光有完全的遮蔽作用。当烟气弥漫时，可见光因受到烟粒子的遮蔽而大大减弱，会使能见度大大降低。同时，加上烟气中有些气体对人的眼睛有强烈的刺激作用，使人睁不开眼，从而降低了人们在疏散过程中的行进速度。

42. 火灾烟气的恐怖性

发生火灾时，特别是爆燃出现以后，火焰和烟气冲出门窗孔洞，浓烟滚滚，烈火熊熊，会使人们感到十分恐惧。人们在浓烟的包围下往往会惊慌失措，造成疏散时的混乱，甚至发生盲目跳楼等惨剧，其危害也是相当大的。

43. 常见的防烟、防毒方法

能否防范火灾烟气的危害，对人们能否从火场顺利逃生是至关重要的。

第一，利用防烟面具防烟、防毒。在一些重要的场所，会配备一种过滤式防烟面具，它能过滤火灾烟气中的烟粒子和一氧化碳等毒气。若确认已发生火灾，可佩戴防烟面具穿过烟气弥漫的通道逃生。

第二，利用干、湿毛巾除烟防毒。干毛巾折叠层数越多，除烟效果越好，但考虑到实用，一般折叠成八层为宜。实验证明干毛巾折成八层，烟雾消除可达 60%。湿毛巾在消除烟雾和烟雾中刺激性物质方面的效果比干毛巾好，毛巾越湿除烟效果也就越好。但毛巾过湿，会使呼吸阻力增大，造成呼吸困难。使用干、湿毛巾防烟时，要将口鼻捂严。在穿越烟雾时，即使感到呼吸困难，也绝不能将毛巾拿开。

第三，采用较低的行走姿势，躲避烟雾和毒气。在着火现场除采用一定的防护措施外，由于靠近地面的区域烟气一般比较稀薄，还应采取较低的逃生姿势，必要时还应爬行撤离火场。

当发生火灾时，无论附近有无烟雾，都必须及时采取防烟、防毒措施，避免火灾烟气侵害，只有这样才能顺利地从火场安全逃生。

44. 日常消防中的几个危险误区

（1）液化气钢瓶置于灶台下壁橱内。液化气钢瓶由于质量、使用时间及管路阀门的开启连接等因素都有可能造成漏气或慢性漏气。一旦遇有明火极易造成燃烧爆炸事故。经计算，房间里泄漏的煤气、液化气和空气混合达到4.5%－35.8%时，遇到火种就会产生燃烧爆炸。因此，钢瓶应置于远离灶台、空气流通，又便于人们操作和观察的地方。

（2）电线不穿管预埋。人们在装修过程中，安装电器线路时不管怎样的接线方式安全、线径多少、负荷多少、怎样分区供电等，就直接将电器线路埋于墙体。随着使用时间的推移，家用电器的增多，一旦线路发生故障或损坏，你想要维修整改都找不着门路，轻则造成短路影响家用电器安全，重则会引起火灾。

（3）家用电器不拔插头。如今家用电器多样化、智能化，遥控器轻轻一按，开关自如。殊不知，家用电器在设计时，有些电源开关设计在电源变压器的旁边，当你使用遥控器关闭电视机等时，变压器旁边仍在通电，虽然它通过的电流很小，但长时间通电，电流会使电源变压器继续升温，电源变压器的线圈和绝缘性就会因短路或碳化而起火，或者"吸引"雷电的侵入，引起电视机等家用电器短路过载而发生火灾爆炸事故。因此，在使用完家电后，还是应切断电源以防万一。

（4）阳台、平台做仓库。储藏室和阳台成了有些家庭的杂物仓库，有的甚至把油漆、车用汽油等易燃易爆物品都放在阳台上，使阳台成了火险丛生之地。夏季阳光的直射以及小孩玩火等因素，都可能造成阳台火灾。同时，现代家庭几乎都装有防盗门窗等设施，一旦发生火灾，万一门窗等逃生通道受阻，阳台就成了最好的避难之地，因此，不应将阳台作为杂物仓库。

（5）楼道做停车库。为图方便，一些人经常将自行车等交通工具停在楼道或底层楼道上。一些老楼这种情况尤其突出，甚至影响人们的正常行走。万一有火灾等突发事件时，通道的阻塞便可能致人死亡。

45. 火灾中致人死亡的主要原因

（1）电：由电引起的火灾离不开用电设备、输电线路、用电器具组成的供电、用电系统，原因是多种多样的，过载短路、接触不良，电弧火花、电线质量差、老化漏电、雷击、静电等，让人防不胜防。杀伤力：1992年至2002年十年中共发生电气火灾182733起，高居火灾原因榜首。相关案件：

2000年3月29日，河南焦作市某音像俱乐部发生电气火灾，74人死亡，2人受伤，直接经济损失20万元。

（2）烟：火灾中的烟气是火灾发生过程中，热分解和燃烧作用形成的产物，能增加人的恐惧感，轻则惊慌失措，重则浑身乏力，束手待毙。杀伤力：国内外大量火灾案例统计资料表明，因火灾而造成的伤亡中，受烟气直接致死的占80%，其中被火烧死的人中还有一部分是先被烟气熏倒后死亡的。研究表明，如果一个醉汉或沉睡的人被关在一个门窗紧闭的房间里，一只枕头燃烧所产生的烟气足以让他毙命。相关恶性案件：1982年，某民航一架客机失事，25名罹难者个个衣冠整齐，皮肉无损。

（3）风：能让星星之火燎原，能让一般火源变成危险火源，小火酿成大灾。飞火的距离与风速有密切关系，六级大风中，飞火的距离最远可达2.7公里。风还能使死火复燃，使建筑火灾浓烟蔓延速度加快，使火灾蔓延方向改变，增加灭火难度。相关恶性案件：1996年4月中旬，黑龙江省绥阳某林场突然发生森林大火，消防大队官兵扑救过程中风向改变，火头瞬间袭向消防官兵，10名战士陷入火海，6名战士当场牺牲，一名重伤者19天后牺牲在医院。

（4）锁：虽然它不直接害人性命，但无数的血案与它有关；虽然它不是罪魁，但难逃干系。相关恶性案件：1994年11月27日13时30分，辽宁阜新市某歌舞厅发生火灾，在仅有200多平米的舞厅里挤了300多人，只有一个安全出口，还上了锁，火灾发生后在出口处抬出上百具尸体。2002年6月16日凌晨2时，北京海淀区某网吧发生火灾，24名学生丧生火海，火灾发生时门被锁上，窗户又装了铁栅栏，学生无处逃生。据有关报道，当时一位50多岁的老师傅奋力撬开铁栅栏，救出6名学生。

46. 员工应该重视家庭火灾

公共建筑一般设有自动报警及自动灭火、排烟、紧急照明系统，配备灭火器和逃生面具等。一旦有火警，发现得早，并能进行初期灭火。一般家庭不具备这些能有效防范火灾的设施，却普遍存在电气、燃气、大量易燃家具装饰等火灾隐患。家庭一旦发生火灾，尤其是深夜火灾，由于没有报警器，发现时火势通常已经很大，同时又没有灭火设备，情势危急时又不会逃生，灭火技能也缺乏，只能坐以待毙。

公共场所一般都有两个以上的逃生出口，稍有逃生知识，通常都能顺利逃生。而家庭"逃生门"就是住宅木门加防盗门，夜间反锁，而火灾经常夜间降临。起火时往往造成停电，家中浓烟密布，找钥匙困难，所以顺利打开两道门逃生会变得更难。防盗网也是住宅火灾逃生的致命障碍，使人无法从阳台或窗口逃生。

老人与小孩最易引起火灾，又最易成为受害者。据研究 8～12 岁的小孩对火有特殊的感情，往往会因喜欢玩火而引起火灾。我国人口开始进入老龄时代，老龄人士数量大幅增加。而另一方面，由于近十几年来正值生育高峰期，儿童人数也剧增。现在很多年轻人有自己的住所，经常把小孩独自关在家中；很多老人也不喜欢与儿女同住，得不到年轻人的照料。而老人与儿童正是最容易因用火不慎造成火灾的群体，同时又是逃生能力差的群体。因此，家庭火灾中老人与儿童死亡的比例占 80%。

随着住宅数目、家庭用电量和电器设备数量等不断增加，家庭火灾持续上升，整个家庭被毁灭的悲剧不胜枚举。

47. 预防小常识

(1) 不游动吸烟，不躺卧吸烟，不乱扔烟头。

(2) 一个电热器设备最好用一个插座，要选择质量好的插座。

(3) 家中电线无老化破损，要远离易燃物不乱拉乱接电线。

(4) 报纸、杂志类物品不放在炉子、电热器旁，不用炉子、电热器烤衣物。

(5) 要管理好正在用火烤、煮或蒸的东西。

(6) 易燃物远离炉子。

(7) 做饭时让孩子待在离炉子远一点的地方。

48. 员工对孩子教育的几点防火常识

(1) 经常教育孩子不玩火，不玩弄电器设备，正确使用家电。

(2) 经常讲消防知识，帮孩子认识一些消防标志，区别危险品。

(3) 带孩子走几次安全通道，告诉他逃生路线、安全出口。

(4) 告诉孩子如何报"119"火警，如何求救。

(5) 告诉孩子危险面前不慌乱，弯腰匍匐前进，用毛巾捂上口鼻。身上着火不乱跑，打个滚儿把火压灭后再跑。

49. 员工在家中应加强哪些防火保险措施？

(1) 灭火器：在家放置一或两个灭火器，认真学习使用说明书，学会如何使用。现在的家用灭火器小巧轻便，功能强，价格也不贵。

(2) 逃生绳：着火时电梯断电不能进，安全通道是烟的通道不能走，住三层以上的居民一定要备置逃生绳，可以逃往窗外广阔的空间。

(3) 呼吸器：着火时产生的大量烟雾中氢氰酸、丙烯醛、碳粒子是可怕杀手，现代化家庭装修也产生大量有毒气体，火灾死亡中 80% 的人是烟熏致死的。呼吸器或防毒面具可以保证人在烟或有毒气体中生存 2～3 小时，等待消防队员到来。

50. 员工在家中如何预防燃气火灾？

1997 年 7 月 27 日朝阳区惠新里一居民住宅发生火灾。由于软管太长，拖地，遭老鼠嗑咬，加之总截门未关闭，造成天然气大量泄漏，遇室内冰箱温控继电器火花爆炸，爆炸造成两死九伤，现场附近11辆汽车和数百扇窗户受损。

2001年11月22日，门头沟区滨河德露苑小区一居民住宅内，软管长期近距离地受燃气灶明火热辐射，破损后造成液化石油气泄漏，遇电火花发生爆燃，火灾波及12户居民，造成一死两伤。

这些火灾的发生其实都是有共性和规律的，那么，针对这些居民家中天然气或液化石油气泄漏爆燃的共性和规律，我们应如何做好自己家中的预防呢？

（1）做好预防可燃气体泄漏

①燃气管线施工改造一定要由天然气或液化石油气公司指定的专业施工人员进行。

②购买专业软管和与其匹配的软管卡扣、减压阀等要到正规的天然气液化石油气站（商店）。

③不能没有任何的固定措施，不随便使用铁丝进行缠绕固定，要用专用的卡扣进行连接和固定。

④软管长度一般在一米左右，不能长，不能拖地，整根软管铺设后不能有受挤压的地方。

⑤定期检查、更换软管，防止软管受到意外挤压、摩擦和热辐射而老化破损。

⑥严格按规定使用液化石油气钢瓶，不倾倒使用，不能加热，不能浸泡，残液不得自行处理。

⑦不要让老人和小孩更换液化石油气钢瓶。

⑧使用完后，要随手关总截门或钢瓶上的阀门。

⑨燃气器具有故障，应及时找厂家检修，不带故障使用。

（2）做好可燃气体泄漏后的应急措施

①闻到有可燃气体的异味时，首先要立即开窗开门，形成通风对流，降低泄漏出的可燃气体的浓度，并关闭各截门和阀门。

②绝对不能开关电器，以防引起爆炸，不开灯（不论是拉线式还是按钮式），不开排风扇，不开抽油烟机，不打电话。

③如果是刚回家就闻到非常浓的可燃气体的异味，要迅速大声喊叫，用最快方式通知周围邻居"有可燃气体泄漏了"，让大家注意熄灭明火，避免开关电器。同时，要离开泄漏区，在可燃气体浓度较低的地方迅速打电话给"119"，并说明是哪种可燃气体泄漏。

51. 逃生的原则

（1）"确保安全，迅速撤离"

被火灾围困的人员或灭火人员，要抓住有利时机，就近利用一切可利用的工具、物品，想方设法迅速撤离火灾危险区。一个人的正确行为，能够带动更多人的跟随，就会避免一大批人的伤亡。不要因为抢救个人贵重物品或钱财、存折而贻误逃生良机。这里需强调的是，不要急于采取过急的行为，以免造成不必要的伤亡。

（2）"顾全大局，救助结合"

自救与互救相结合。当被困人员较多，特别是有老、弱、病、残、妇女、儿童在场时，要主动积极帮助他们首先逃离危险区，有秩序地进行疏散。

自救与消除险情相结合。火场是千变万化的，如不扑灭火灾，不及时消除险情，就会造成人员伤亡，给国家财产造成更大的经济损失。在能力和条件允许的情况下，要发扬自我牺牲精神，将自己的生死置之度外，千方百计、奋不顾身地消除险情，延缓灾害发生的时间。

当逃生途径被火灾封死后，要注意保护自己，等待救援人员开辟通道，逃离火灾危险区。

52. 火灾逃生术

（1）尽可能蹲低身体，利用剩余的氧气逃离现场。

（2）尽可能向地面逃生，若楼梯已被火封锁，则可利用绳索或被单连接起来，从窗口滑下地面逃生。

（3）火灾时可沿墙壁走，有楼梯的绝不使用电梯。

（4）带小孩逃离时，可利用被单将孩子绑在背上或是抱在胸前。

（5）在主要逃生通道上若有许多人拥挤，应另找别的逃生通道。

（6）女性如穿高跟鞋，应立即脱去或换鞋，以免逃生途中摔倒，延误了逃生时机。

（7）火灾时切勿躲在屋角或床下以图一时之安全，这样可能葬身火海。应镇静并用湿毛巾捂住口鼻，尽快找寻逃生出口及方法。

53. 逃生八忌

当你置身于商场、宾馆、歌舞厅及网吧等公共聚集场所，火魔突然降临身边时，要采取正确的逃生方法，切忌盲目逃生，它可能会影响你逃离火场的时间，甚至使你致命。

一忌惊慌失措。突然发生火灾时，一定要保持镇定，切不可惊慌失措，乱作一团，盲目地起身逃跑或纵身跳楼。要了解所处环境位置，掌握火势大小和蔓延方向，然后根据情况选择逃生方法和逃生路线。

二忌盲目呼吸。现代建筑物室内使用了大量的木材、塑料、化纤等易燃可燃材料装修，且装修材料表面常用漆类粉刷，燃烧会生成大量烟雾和有毒气体，容易造成毒气窒息死亡。所以，在逃生时，可用湿毛巾折叠，捂住口鼻，屏住呼吸，起到过滤烟雾作用，不到紧急时刻不要大声呼叫或移开毛巾，且须采取匍匐逃离方式（贴近地面的空气中一般氧气多烟雾少）。

三忌贪恋财务。逃生时不要为穿衣服或寻找贵重物品而浪费时间，也不要为带走自己的物品而身负重压影响逃离速度，更不要贪财，本已逃离火场而又重返火海。

四忌乱开门窗。在避难时，千万不要打开门窗，若避难间充满烟雾，无法避难时，可打开着火一侧门窗，排放烟雾后，应立即重新关闭好，否则，大量浓烟涌入室内，能见度低，温度高，你将无法藏身。

五忌乘坐电梯。不要随意去乘坐电梯。因为一旦着火，电梯就会断电，很有可能将你困在电梯内无法逃生。

六忌随意奔跑。火场上千万不可随意奔跑，否则不仅容易引火烧身，而且还会引起新的燃烧点，造成火势蔓延。如果身上着火应及时脱去衣服或就地打滚进行灭火，也可向身上浇水，用湿棉被、湿衣服等把身上的火包起来，使火熄灭。

七忌方向错误。应从高处向低处逃生，逃生时应从高楼层处向低楼层处逃生，因为火势是向上燃烧的，火焰会自下而上地烧到楼顶。经过装修的楼层大火向上蔓延速度一般比人向上逃生的速度还快，当你跑不到楼顶时，火势已经发展到了你的前面，因此产生的火焰会始终围着你。如不得已可就近逃到楼顶，要站到楼顶的上风方向。

八忌轻易跳楼。如果火灾突破避难间，在根本无法避难的情况下，也不要轻易跳楼，可扒住阳台或窗台翻出窗外，以求绝处逢生。

54. 火灾现场脱险技巧

（1）在火势越来越大、不能立即扑灭的危险情况下，应尽快设法脱险。如果门窗、通道、楼梯已被烟火封住，确实没有可能向外冲时，可向头部、身上浇些冷水或用湿毛巾、湿被单将头部包好，用湿棉被、湿毯子将身体裹好，也可配合使用灭火器，再冲出险区。

（2）如果浓烟太大，呛得透不过气来，可用口罩或毛巾捂住口鼻，身体尽量贴近地面行进或者爬行、穿过险区。如携婴儿撤离，可用湿布蒙住婴儿的口鼻。

（3）当楼梯已被烧断，通道已被堵死，应保持镇静，设法从别的安全地方转移。一是可以从别的楼梯或室外消防梯走出险区。有些高层楼房设有消防梯，平时应熟悉通向消防梯的通道，着火后可迅速由消防梯的安全门下楼。二是可以转移到其他比较安全的房间、窗边或阳台上，耐心等待消防人员救援。尽量避免跳楼。

（4）向木材及门窗泼水防止火势蔓延。用湿布堵住门窗、门缝，阻止浓烟和火焰进入房间，以免被活活烧死。邻室起火，不要开门，应从窗户、阳台转移出去。如冒然开门，热气浓烟会乘虚而入，使人窒息。

（5）睡眠中突然发现起火，不要惊慌，应趴在地上匍匐前进。浓烟是往上扩散的，越接近地面，浓烟越稀薄，空气越新鲜，呼吸较容易，视野也较清晰，不要大口喘气，呼吸要细小。

（6）开门时先用手背碰门把手，如门把烫手或门隙有烟冒出，切勿开门。用手背先碰是因为金属把手传热比门框快，手背一感到热就会马上缩开。若门把不烫手，可打开一道缝以观察是否出去。用脚抵住门下方，防止热气流把门冲开。如门外起火，开门会鼓起阵风，助长火势，打开门窗则形同用扇煽火，应尽可能把全部门窗关上。

（7）如果出口堵塞了，则要试着打开窗或走到阳台上，走出阳台时随手关好阳台门。如没有阳台，则一面等候救援，一面设法阻止火势蔓延。

（8）如果要破窗逃生，可用顺手抓到的东西（较硬之物）砸碎玻璃，把窗口碎玻璃片弄干净，然后顺窗口逃生。如无计可施则关上房门，打开窗户，大声呼救。如在阳台求救，应先关好后面的门窗。

（9）如果被火困于二楼，可先向楼外扔些被褥做垫子，然后攀着窗口或阳台往下跳。这样可以缩短距离，更好保证人身安全。住较低的楼层可利用结实的绳索（若找不到绳索，可将被褥里儿、床单或窗帘布等物撕成条，拧成绳），拴在牢固的窗框或床架上，然后沿绳缓缓爬下。

（10）如果被困于四楼以上，那就千万不要急于往下跳，因距离地面高，易造成伤亡。可用被褥里儿、床单、窗帘布拧成绳，拴在牢固的窗框或床架上，然后沿绳缓缓爬到下一层，逃离着火层。要从高层往低层逃生。

55. 在饭店以外范围发生刑事、治安案件时的报警方法

可直接拨打"110"报警，或向属地派出所报警。管辖原则是属地受理原则。

56. 什么是"三化"、"四到位"？

"三化"：保安队伍专业化、安全管理制度化、宣传教育全员化。

"四到位"：保安人员配置到位、工作标准制订到位、检查监督机制到位、奖励制度落实到位。

57. 前台怎样才能防止跑账？

（1）要注意预定来源的准确性。国内零散客户电话预定或不预定直接入住的客人要先交预定金。

（2）对来源渠道没有把握的客户，可以通过电话或其他方式再进行确认，进一步确认客人的登记情况。

（3）办理入住登记手续时要认真检查客人的有效证件。

（4）客人离店结账后，收款人要给客人开一张结账单，门童送行李时要确认客人是否有结账单。

（5）客房每天查房时要将离店人员的情况及时报告给前台核实。

（6）客人离店还钥匙，前台接待要通过电脑确认是否结账。

（7）需要延期时，工作人员要对客人重新进行确认。

58. 客房发生火灾的主要原因和防火检查重点

（1）客房发生火灾的主要原因：一是烟头、火柴梗引燃沙发、被褥、废纸等可燃物而引发火灾，尤以客人酒后卧床吸烟引燃床上用品最为常见；二是电热器具引燃可燃物；三是人为玩火、纵火。

（2）客房的检查要点：

①客房内应配置禁止卧床吸烟标志、应急疏散指示图和宾客须知等消防安全指南；②客房内除配置电视机、小型开水器、电吹风以外，禁止使用其他电器设备，严禁私自安装使用电热设备；③消防通道是否畅通；④闭门器、疏散标志、烟感报警、防排烟系统等消防设备是否正常；⑤手电筒是否能够正常使用；⑥报警电话是否畅通。

三、安全制度培训

（培训内容详见第二章）

四、新员工入店培训

（一）新员工安全培训的目的

1. 新员工多数人正处在学生到职员的社会角色转变过程，对社会、企业缺乏一定了解和辨别是非的能力，通过培训可以使他们提高守法意识和自我保护能力。

2. 新员工对工作岗位不熟悉，对安全隐患所带来的后果认识不足，安全意识相对淡薄，通过培训可以使他们从思想上给予重视。

3. 根据新员工不同岗位，实施不同培训项目，有的放矢，注重培训质量，让他们掌握饭店安全的基础知识、安全制度、安全预案等常识，可以提高实际防范能力。

4. （注：安全工作重要性参照第一章　三、）

（二）防微杜渐

1. 为什么要给新员工讲"防微杜渐"？

因为星级饭店是一个高消费的场所，是吃、住、购、娱的综合统一体。五星级饭店一间普通标间一天房价都在千元以上，餐厅消费最低都在百元以上，甚至几千元。在这样的环境里耳濡目染、潜移默化地会受到高消费行为的影响。然而，饭店普通员工工资相对较低，与高消费环境差距很大。如果不摆正心态，不做好防微杜渐的心理准备，很容易产生心理变化，甚至会走上犯罪的道路。

2. "防微杜渐"的典故

东汉和帝即位后，窦太后专权。她的哥哥窦宪官居大将军，任用窦家兄弟为文武大官，把握着国家的军政大权。看到这种现象，很多大臣心里很着急，都为汉室山河捏了把汗。大臣丁鸿就是其中的一个。

丁鸿很有学问，对经书极有研究。他对窦太后专权十分生气，决心为国除掉这一祸根。几年后，天上发生日食，丁鸿就借这个当时以为不祥的征兆，上书天子，指出窦家权势对于国家的危害，建议迅速改变这种局面。和帝本来早已有这种打算，于是迅速撤了窦宪的官，窦宪和他的兄弟们因此而自杀。丁鸿在给和帝的上书中，说天子假如亲手整顿政治，应在事物开始出现萌芽时就留意防止，这样才可以消除隐患，使国家能够长治久安。

3. 对"渐"字要重视

造物主欺骗人最高明的手段莫过于"渐"；上苍待人接物最圆滑的办法也莫过于"渐"。"渐"是云雾深处的层层水汽，当它慢慢靠近你，甚至把你弄得浑身湿透的时候，你竟会浑然不觉。"渐"的魔力是可怕的，这绝不是小题大作，危言耸听。看似平和的渐变，会改变正确的航向。

4. 勿以恶小而为之

"勿以恶小而为之，勿以善小而不为"，是三国时期的刘备在遗诏中对儿子们讲的一句话。刘备并不是文学家或思想家，不过，他临终讲的这句话在当今社会乃至今后都有一定的现实意义。

5. 饭店里经常有偷吃偷喝的现象

"小时候偷针，长大偷金"，这是中国古代父母教子的经验。这个道理，也适合教育新员工。

6. 修善断恶

修善如春日之草，未见其长而有所增；行恶如磨刀之石，未见其灭而有所损。修善断恶一定要在高处着眼、小处着手。

（三）安全在于细节

在美国，人们讨论立法和政策问题时，出现频率最高的一句话便是"魔鬼存在于细节"。其意思大概是，任何一个好的法案或政策，都要十分注意细节，因为那些与立法精神和方针政策不一致，甚至完全背道而驰的"魔鬼"，常常就躲在"细节"中作梗。

在中国，也有诸如"涓涓细流，汇成大海"、"小不忍则乱大谋"、"一屋不扫，何以扫天下"、"不积跬步，无以至千里"、"千里之堤，溃于蚁穴"等强调细节之重要性的话。那些看起来很"细"和"小"的东西足以让人们"成大事"，也可以"乱大谋"。

20 世纪世界最伟大的建筑师之一密斯·凡·德罗，当被要求用一句最精炼的话概括自己成功的原因时，用了五个字："细节是魔鬼。"他在工作中，反复强调：不管你的建筑设计方案如何恢宏大气，如果对细节把握不到位，就难以称得上是一件好作品。细节的准确、生动可以成就一件伟大的作品，细节的疏忽也可让一个宏伟的规划付之东流。

今天，全美国最好的戏剧院设计中，有不少是他的大手笔。在设计每个剧院时，他都要精确测算出每个座位与音响、舞台之间的距离，以及由于距离差异而导致不同的视觉、听觉感受，计算出哪些座位能够获得欣赏歌剧的最佳音响效果，哪些座位最适合欣赏交响乐，不同位置的座位需要做哪些调整才能达到欣赏芭蕾舞的最佳视觉效果。而且更重要的是，他在设计剧院时要一个座位一个座位地亲自测试和敲打，根据每个座位的位置测定其合适的摆放方向、大小、倾斜度、螺丝钉的位置等。对每一个细节都力求达到最好效果，使得自己的作品件件是精品，而这种无微不至的工作态度，也成就了他的伟大事业。

与德罗成就并肩的华裔建筑师贝聿铭认为，自己设计最失败的一件作品是北京香山宾馆，并把它当做自己一生最大的败笔。自从该宾馆建成后，他就没有去看过。

其实，香山宾馆建筑的失败不能归咎于设计，贝聿铭对宾馆里里外外每条水流的线路流向、水流大小、弯曲程度给予了精确的规划，对每块石头的重量、体积的选择，以及什么样的石头放在哪里最合适等都做了周详的安排，而对宾馆中不同类型的鲜花摆放的位置、数量，其随季节和天气变化需要如何调整不同颜色的鲜花等也都有具体明确的要求和说明，这可谓是匠心独具的。

可惜的是，建筑工人在建筑工程施工时对贝聿铭这些精心设计的"细节"毫不在意，压根儿就没有意识到正是这些"细节"才体现出了伟大建筑师的独到之处。这些工人随意"创新"，任意改变水流的线路和大小，在搬运石头时，不分轻重，并在磕磕绊绊中"调整"了石头的重量，甚至形状，石头摆放的位置也十分随便。当看到自己精心设计的作品被无端地演化成那种样子，也就难怪贝聿铭痛心疾首了。

企业经常面对的都是看似琐碎、简单的事情，却最容易忽略细节，最容易错漏百出。其实，无论一个企业有怎样辉煌的目标，但如果在每一个环节连接上、每一个细节处理上不能够到位，都会导致最终失败。

20世纪初期，美国某著名公司首先预见到从石油及天然气产品中炼制出合成有机化学品及塑料的发展潜力，并且作出了开创性的努力。这种远见导致了美国石油化学工业的诞生，同时公司也发展成为世界主要化学公司。长期以来，由于公司一贯重视各个生产领域内的科学研究和发展工作，同时有一个明确的战略方针，因此，一直在工艺技术上保持领先地位。

至1983年，该公司的销售额达90亿美元，资产额达102亿美元，员工人数近 10 万，在美国本土及海外各地共设 81 家子公司。

然而，这家著名的跨国公司，在 1984 年由于管理上的疏忽，发生了一次毒气泄漏事故，造成 3000 余人丧生、5 万人双目失明、20 万人中毒、10 万人终身致残的悲剧，酿成了 20 世纪以来最大的一起工业惨案。

1984 年 12 月 3 日子夜，该公司下属某农药厂的一个储气罐的压力在急剧上升。储气罐里装的 45 吨液态剧毒性异氰酸甲酯是用来制造农药西维因和滋灭威的原料。0 时 56 分，储气罐阀门失灵，罐内的剧毒化学物质漏了出来，以气体的形态迅速向外扩散。由于缺少严格的管理和防范措施，事故发生后，生产工人惊慌失措，只顾自己逃跑，没有一个人去实施抢救措施，也没有人向公司领导报告，直到毒气形成的浓重烟雾笼罩在全市上空。从农药厂漏出来的毒气越过工厂围墙，首先进入毗邻的贫民区，数百名居民立即在睡梦中死去。火车站附近不少乞丐因怕冷而拥挤在一起，毒气弥漫到那里，几分钟之内，便有 10 多人丧生，200 多人出现严重的中毒症状。毒气穿过商店、街道，飘过 25 平方英里的市区。那天晚上没有风，空中弥漫着大雾，使得毒气以较大的浓度慢慢扩散，传播着死亡。

发生事故的第二天早晨，整个市区好像遭到了中子弹袭击一样，一座座房屋完好无损，但到处是人和牲畜的尸体，好端端的城市变成了一座恐怖之城。

人们发现，市内的一条街道上，至少有 200 人死亡，半数以上是儿童，其中身体瘦小、发育不良的，成了最易受毒气残害的受难者。

街道上，死尸旁边倒着死尸。双目失明的人们你拉着我，我拉着你，慌张地惊叫着，不知道哪里才是安全的地方。

事故发生后，警察以"玩忽职守，造成严重伤亡事故"的罪名，逮捕了该公司的主要负责人。这件震惊世界的毒气泄漏事件发生后，该公司破产倒闭了。

公司重视产品质量，也有明确的奋斗方向，结果依然造成破产的悲剧，其原因就是因为管理上的细节没有做好。导致公司失败的最直接的原因就是因为没有及时发现安全阀门的失灵，其实并非偶然，而是因为公司平时在管理上就不严格。事故发生后，员工不知所措，也说明公司平时根本就没进行有关安全方面的培训，最终酿成巨大的悲剧。

千万不要忽略细节。一个细节的管理不善会造成如此严重的后果，所以，我们在管理上、生产上以及企业运行的其他环节上，一定要注意细节。与魔鬼在细节上较量，才能达到管理的最高境界。

（四）防火、防爆预案内容

（详见第五章）

（五）学习《员工安全守则》内容，包括灭火器的使用方法等

（详见第六章）

（六）应知应会的安全知识

（详见本章 二、）

（七）介绍相关安全制度

（详见第三章）

（八）饭店安全工作的特点

（详见第一章）

（九）饭店安全设备基本情况

（以长富宫饭店为例）

1. 长富宫中心地理位置

北京长富宫中心位于朝阳区建国门外大街26号

GPS坐标：经度116°26′1713″　纬度39°54′6617″

饭店总机：99　　安全部报警电话：3333

2. 饭店隶属关系

北京市长富宫中心有限责任公司隶属于北京首旅集团；

该店内保关系隶属于朝阳公安分局；

该店消防关系隶属于朝阳消防支队。

3. 饭店安保组织机构及内部人员基本情况

法人代表名称：_____　　　总经理：_____

4. 饭店建筑主体情况

占地面积：23000平方米

建筑面积：96000平方米

建筑高度：90米　楼层数：25层

外围出入口数量：9个（饭店东、西正门，办公楼正门，公寓正门，员工出入口，料库，花园出口，地下车库出、入口）

车辆出入口：2个（符合媒体班车运行高3.8米、宽4米的要求）

地上车位数量：90个（分为饭店、办公楼两个区域）

客房总数：460间

临街窗户数（可视长安街）：348个（饭店北侧220个，东西各44个，管理栋30个，二层小宴会厅、商务中心10个）

5. 内部安全组织基本情况

国家安全领导小组、安全生产委员会、综合治理委员会、防火委员会、交通安全委员会、治保会等。

6. 饭店要害情况

生活水箱

确定原因：涉及饭店服务用水安全、可靠的重要设施部位。

防范措施：机房门钥匙加强管理，生活水箱盖加锁，专人巡视检查、保管钥匙，必要时将宾馆生活水箱纳入要害设备、设施看护岗，由宾馆工程维修部加派力量守护，保卫部安排内保人员定时巡检。

高、低压配电室

确定原因：受国家电力部门监管并涉及宾馆供电安全的重要部位。

防范措施：配电室按规定配备专业人员24小时值班；配电室设有值班日志；配电室设备操作模拟板制度、预案（已制订出该部位的各项规章制度和应急处突预案）：（1）双路电源无电状况下的应急预案；（2）配电室紧急事故处理预案；（3）配电室门禁制度；（4）电气设备巡检制度；（5）配电室防火安全制度；（6）配电室值班制度；（7）运行管理制度；（8）配电室交接班制度。

注：①长富宫饭店的供电系统，名为两路实为一路供电。两路指来自王四营变电所和大望路变电所→但两路都汇集到永安里变电所→长富宫饭店。②110千伏变一万伏到长富宫饭店。③长富宫饭店的变压器是新更换的铜芯变压器，使用寿命大约30年。④长富宫饭店的发电机是美国卡特彼勒发电机。

热力机房

确定原因：属国家相关技术监督部门监管并涉及宾馆供暖安全的重要部位。

防范措施：严格执行各项操作规程，易燃易爆物品必须有专人妥善保管，以免失火爆炸。制度、预案：热力站值班人员安全责任制、热力站安全操作规程、门禁制度等。

电话机房、电脑机房

设备描述：电话总机，主机柜2部，1200门电源柜2台，2003年安装；IBM服务器2台，HIS酒店管理系统，2003年安装使用。

确定原因：饭店通讯联络中心。

防范措施：门禁制度，危机处置预案制度、预案，交接班制度，值班值勤制度，消防安全制度，安全管理制度，反恐反骚扰制度，门禁制度，操作规程，应急预案。

燃气表房

消防中心

7. 周界封闭治安设备、设施情况

长富宫饭店周界总长为610米，呈长方形，东侧180米、南侧120米、西侧180米、北侧120米。

长富宫饭店应急逃生通道8处：饭店正门，员工出入口，大宴会厅后门，饭店后花园，办公楼大门，B1 料库大门，B1 车库东、西大门。

长富宫饭店客房内安全设施包括闭门器、磁卡锁、门镜、防盗链、客用保险箱、呼吸面罩、手电筒、烟感报警、消防水喷淋、应急疏散线路图、应急广播、电视防火宣传片。

长富宫饭店总机设备具有来电显示和电话录音功能。

长富宫饭店财务室配备有手动报警装置，前台收银台配备手动报警装置。

长富宫饭店配备有四种防爆器材：防爆毯、车底检查镜、手持安检器、警戒带。

8. 消防设备、设施

（1）长富宫饭店设有消防中控室、义务消防队；

（2）饭店房间内配备有应急手电、禁烟标识、应急疏散线路图、自动灭火喷淋图、烟感报警器、应急广播，它们覆盖全部区域；

（3）饭店配备燃气、烟感和温感报警系统，燃气报警器 480 个，烟感报警器 3300 个，温感报警器 500 个，水喷淋头 5000 个；

（4）饭店配备有强化水、干粉两种类型灭火器，阻燃毯，应急照明灯（3500 个），手动火灾报警器，防毒面具应急箱，消防战斗服，全店共有 10 条应急疏散通道；

（5）饭店有排烟系统、消防联动系统、厨房自动火火系统、应急广播系统、电视插播系统。

（十）肩负的安全责任

根据不同的岗位，进行有针对性的安全培训，明确防范重点，明确群防群治的重要意义。

五、三级安全教育培训登记卡

登记起始日期：　　　年　月　日

基本情况登记										
姓名		性别		出生年月日		文化程度		工种	职别	部门
培训情况登记										
	公司（一级）培训			部门（二级）培训			岗位（三级）培训			
培训内容	有关法律法规常识	Yes No		员工所在部门安全管理规定	Yes No		员工所在岗位安全管理规定	Yes No		
	突发事件紧急预案	Yes No		《部门突发事件紧急预案》	Yes No		《岗位突发事件紧急预案》	Yes No		

续表

基本情况登记										
姓名		性别		出生年月日		文化程度		工种		职别		部门	

培训情况登记								
公司（一级）培训			部门（二级）培训			岗位（三级）培训		

培训内容	防火及疏散预案	Yes / No	安保工作的重点区域	Yes / No	安保工作的重点区域	Yes / No		
	各项安全制度讲解	Yes / No	对待特殊客人的安全措施	Yes / No	对待特殊客人的安全措施	Yes / No		
	灭火器的使用	Yes / No	介绍部门危险因素、防范措施	Yes / No	钥匙管理措施	Yes / No		
	日常安全防范常识	Yes / No	贵重物品及财产安全措施	Yes / No	贵重物品及财产安全措施	Yes / No		
	培养安全意识	Yes / No	安全事故报告制度	Yes / No	介绍岗位危险因素、防范措施	Yes / No		
	国家安全常识教育	Yes / No	报失和捡拾物品的处理程序	Yes / No	报失和捡拾物品的处理程序	Yes / No		
	消防安全音像观看	Yes / No	管理者及员工安全管理职责	Yes / No	管理者及员工安全管理职责	Yes / No		
	安全生产总体要求	Yes / No	必备的安全品质	Yes / No	必备的安全品质	Yes / No		
	事故避免与处理	Yes / No	各项安全记录表格的填写标准	Yes / No	各项安全记录表格的填写标准	Yes / No		
	应急英语和日语	Yes / No	客人隐私安全教育	Yes / No	客人隐私安全教育	Yes / No		
签字确认	培训人		签字确认	培训人		签字确认	培训人	
	被培训人			被培训人			被培训人	

存档单位：

六、《中华人民共和国安全生产法》中关于安全培训的法律规定

第二十一条：生产经营单位应当对从业人员进行安全生产教育和培训，保证从业人员具备必要的安全生产知识，熟悉有关的安全生产规章制度和安

全操作规程，掌握本岗位的安全操作技能。未经安全生产教育和培训合格的从业人员，不得上岗作业。

第二十二条：生产经营单位采取新工艺、新技术、新材料或者使用新设备，必须了解、掌握其安全技术特性，采取有效的安全防护措施，并对从业人员进行专门的安全生产教育和培训。

第二十三条：生产经营单位的特种作业人员必须按照国家有关规定经专门的安全作业培训，取得特种作业操作资格证书，方可上岗作业。

第三十六条：生产经营单位应当教育和督促从业人员严格执行本单位的安全生产规章制度和安全操作规程；并向从业人员如实告知作业场所和工作岗位存在的危险因素、防范措施以及事故应急措施。

第三十九条：生产经营单位应当安排用于配备劳动防护用品、进行安全生产培训的经费。

第五十条：从业人员应当接受安全生产教育和培训，掌握本职工作所需的安全生产知识，提高安全生产技能，增强事故预防和应急处理能力。

第八十二条：未按照第二十一条、第二十二条的规定对从业人员进行安全生产教育和培训，或者未按照本法第三十六条的规定如实告知从业人员有关安全生产事项的，可责令限期改正；逾期未改正的，责令停产停业整顿，可以并处二万元以下的罚款。

七、《北京市星级饭店安全生产规定》中关于培训的规定

第八条：星级饭店应当对教育培训情况进行记录，记录至少保存两年。

八、专业消防安全员消防控制室通用技术培训

（一）消防安全管理

1. 消防控制室资料

（1）消防控制室应有建（构）筑物竣工后的总平面布局图、建筑消防设施平面布置图、建筑消防设施系统图及安全出口布置图、重点部位位置图等。

（2）消防控制室应有消防安全管理规章制度、应急灭火预案、应急疏散预案等。

（3）消防控制室应有消防安全组织结构图，包括消防安全责任人、管理人，专职、义务消防人员等内容。

（4）消防控制室应有员工消防安全培训记录、应急灭火和应急疏散预案的演练记录。

（5）消防控制室应有值班情况、消防安全检查情况及巡查情况的记录。

（6）消防控制室应有消防设施一览表，包括消防设施的类型、数量、状

态等内容。

（7）消防控制室应有消防系统控制逻辑关系说明、设备使用说明书、系统操作规程、系统和设备维护保养制度等。

（8）消防控制室应定期保存和归档设备运行状况、接报警记录、火灾处理情况、设备检修检测报告等资料。

2. 消防控制室管理及应急程序

（1）消防控制室管理

①消防控制室应当实行每日 24 小时专人值班制度，每班不应少于两人。

②消防控制室应确保火灾自动报警系统和灭火系统处于正常工作状态。

③消防控制室应确保高位消防水箱、消防水池、气压水罐等消防储水设施水量充足；确保消防泵出水管阀门、自动喷水灭火系统管道上的阀门常开；确保消防水泵、排烟风机、防火卷帘等消防用电设备的配电柜开关处于自动（接通）位置。

（2）消防控制室应急程序

①接到火灾警报后，消防控制室必须立即以最快方式确认。

②火灾确认后，消防控制室必须立即将火灾报警联动控制开关转入自动状态（处于自动状态的除外），同时拨打"119"报警。

③消防控制室必须立即启动单位内部应急灭火、疏散预案，并应同时报告单位负责人。

（二）控制和显示要求

1. 基本要求

（1）消防控制室应能用同一界面显示建（构）筑物周边消防车道、消防登高车操作场地、消防水源位置，以及相邻建筑的防火间距、建筑面积、建筑高度、使用性质等情况。

（2）消防控制室应能显示消防系统及设备的名称、位置和动态信息。

（3）当有火灾报警信号、监管报警信号、反馈信号、屏蔽信号、故障信号输入时，消防控制室应有相应状态的专用总指示，在总平面布局图中应显示输入信号的建（构）筑物的位置，在建筑平面图上应显示输入信号所在的位置和名称，并记录时间、信号类别和部位等信息。火灾报警专用总指示应仅能在消防控制室内复位。

（4）显示应有中文标注和中文界面，界面对角线长度不应小于 430 毫米。

2. 火灾探测报警系统

（1）消防控制室应能显示保护区域内火灾报警控制器、火灾探测器、火灾显示盘、手动火灾报警按钮的正常工作状态、火灾报警状态、屏蔽状态及故障状态等相关信息。

（2）建（构）筑物内安装有可燃气体探测报警系统、电气火灾监控系统时，消防控制室应能接收保护区域内的可燃气体探测报警系统、电气火灾监控系统的报警信号，并应显示相关联动反馈信息。

（3）消防控制室应能控制火灾声和（或）光警报器的启动与停止。

3. 消防联动控制

（1）消防联动控制器

①对消防系统及设备的联动控制应由设置在消防控制室内的消防联动控制器实现。

②消防联动控制器应能将消防系统及设备的状态信息传输到消防控制室图形显示装置。

（2）自动喷水灭火系统

①消防控制室应能显示喷淋泵电源的工作状态。

②消防控制室应能显示喷淋泵（稳压或增压泵）的启、停状态和故障状态，并显示水流指示器、信号阀、报警阀、压力开关等设备的正常工作状态和动作状态，消防水箱（池）最低水位信息和管网最低压力报警信息。

③消防控制室应能手动控制喷淋泵的启、停，并显示其手动启、停和自动启动的动作反馈信号。

（3）消火栓系统

①消防控制室应能显示消防水泵电源的工作状态。

②消防控制室应能显示消防水泵（稳压或增压泵）的启、停状态和故障状态，并显示消火栓按钮的正常工作状态和动作状态及位置等信息、消防水箱（池）最低水位信息和管网最低压力报警信息。

③消防控制室应能手动控制消防水泵启、停，并显示其动作反馈信号。

（4）气体灭火系统

①消防控制室应能显示系统的手动、自动工作状态及故障状态。

②消防控制室应能显示系统的驱动装置的正常工作状态和动作状态，并能显示防护区域中的防火门（窗）、防火阀、通风空调等设备的正常工作状态和动作状态。

③消防控制室应能自动、手动控制系统的启动，并显示延时状态信号、紧急停止信号和管网压力信号。

（5）水喷雾、细水雾灭火系统

水喷雾灭火系统、采用水泵供水的细水雾灭火系统应符合相关要求；采用压力容器供水的细水雾灭火系统应符合相关要求。

（6）泡沫灭火系统

①消防控制室应能显示消防水泵、泡沫液泵电源的工作状态。

②消防控制室应能显示系统的手动、自动工作状态及故障状态。

③消防控制室应能显示消防水泵、泡沫液泵的启、停状态和故障状态，并显示消防水池（箱）最低水位和泡沫液罐最低液位的信息。

④消防控制室应能手动控制消防水泵和泡沫液泵的启、停，并显示其动作反馈信号。

（7）干粉灭火系统

①消防控制室应能显示系统的手动、自动工作状态及故障状态。

②消防控制室应能显示系统的驱动装置的正常工作状态和动作状态，并能显示防护区域中的防火门窗、防火阀、通风空调等设备的正常工作状态和动作状态。

③消防控制室应能手动控制系统的启动和停止，并显示延时状态信号、紧急停止信号和管网压力信号。

（8）防烟排烟系统及通风空调系统

①消防控制室应能显示防烟排烟系统风机电源的工作状态。

②消防控制室应能显示防烟排烟系统的手动、自动工作状态及防烟排烟系统风机的正常工作状态和动作状态。

③消防控制室应能控制防烟排烟系统风机和电动排烟防火阀、电控挡烟垂壁、电动防火阀、常闭送风口、排烟阀（口）、电动排烟窗的动作，并显示其反馈信号。

（9）防火门及防火卷帘系统

①消防控制室应能显示防火门控制器、防火卷帘控制器的工作状态和故障状态等动态信息。

②消防控制室应能显示防火卷帘、常开防火门、人员密集场所中因管理需要平时常闭的疏散门及具有信号反馈功能的防火门的工作状态。

③消防控制室应能关闭防火卷帘和常开防火门，并显示其反馈信号。

（10）电梯

①消防控制室应能控制所有电梯全部回降首层，非消防电梯应开门停用，消防电梯应开门待用，并显示反馈信号及消防电梯运行时所在楼层。

②消防控制室应能显示消防电梯的故障状态和停用状态。

（11）消防电话

①消防控制室应能与各消防电话分机通话，并具有插入通话功能。

②消防控制室应能接收来自消防电话插孔的呼叫，并能通话。

③消防控制室应有消防电话通话录音功能。

④消防控制室应能显示消防电话的故障状态。

（12）消防应急广播系统

①消防控制室应能显示处于应急广播状态的广播分区、预设广播信息。

②消防控制室应能分别通过手动和按照预设控制逻辑自动控制选择广播分区、启动或停止应急广播，并在扬声器进行应急广播时自动对广播内容进行录音。

③消防控制室应能显示应急广播的故障状态。

（13）消防应急照明和疏散指示系统

①消防控制室应能手动控制自带电源型消防应急照明和疏散指示系统的主电工作状态和应急工作状态的转换。

②消防控制室应能分别通过手动和自动控制集中电源型消防应急照明和疏散指示系统，以及集中控制型消防应急照明和疏散指示系统从主电工作状态切换到应急工作状态。

（14）消防电源

消防控制室应能显示消防用电设备的供电电源和备用电源的工作状态和欠压报警信息。

（三）信息记录要求

1. 消防控制室应记录附录 A 中规定的建筑消防设施运行状态信息和日常检查信息（包括时间、部位、设备名称等）；记录容量不应少于10000条，记录备份后方可被覆盖；日常检查的内容应符合国家相关规范要求。

2. 消防控制室应具有产品维护保养的内容和时间、系统程序的进入和退出时间、操作人员姓名或代码等内容的记录，存储记录容量不应少于10000条，记录备份后方可被覆盖。

3. 消防控制室应保存附录 B 中规定的消防安全管理信息及系统内各个消防设备（设施）的制造商、产品有效期的记录，存储记录容量不应少于10000条，记录备份后方可被覆盖。

4. 消防控制室应能对历史记录打印归档或刻录存盘归档。

（四）信息传输要求

1. 消防控制室应能在接收到火灾报警信号或联动信号后10秒内将相应信息按规定的通讯协议格式传送给监控中心。

2. 消防控制室应能在接收到建筑消防设施运行状态信息后100秒内将相应信息按规定的通讯协议格式传送给监控中心。

3. 具有自动向监控中心传输消防安全管理信息功能的消防控制室，应能在发出传输信息指令后100秒内将相应信息按规定的通讯协议格式传送给监控中心。

4. 消防控制室应能接收监控中心的查询指令并按规定的通讯协议格式将附录 A、附录 B 规定的信息传送给监控中心。

5. 消防控制室应有信息传输指示灯，在处理和传输信息时，该指示灯应闪亮，在得到监控中心的正确接收确认后，该指示灯应常亮并保持直至该状态复位。当信息传送失败时应有声、光指示。

6. 火灾报警信息应优先于其他信息传输。

7. 消防控制室的信息传输不应受保护区域内消防系统及设备任何操作的影响。

附录A 运行状态信息

消防控制室向监控中心传输的建筑消防设施运行状态信息内容应符合表A.1要求。

表A.1 建筑消防设施运行状态信息

设施名称		内 容
火灾探测报警系统		火灾报警信息、可燃气体探测报警信息、电气火灾监控报警信息、屏蔽信息、故障信息。
消防联动控制系统	消防联动控制器	动作状态、屏蔽信息、故障信息。
	消火栓系统	消防水泵电源的工作状态，消防水泵的启、停状态和故障状态，消防水箱（池）水位、管网压力报警信息及消火栓按钮的报警信息。
	自动喷水灭火系统、水喷雾（细水雾）灭火系统（泵供水方式）	喷淋泵电源工作状态，喷淋泵的启、停状态和故障状态，水流指示器、信号阀、报警阀、压力开关的正常工作状态和动作状态。
	气体灭火系统、细水雾灭火系统（压力容器供水方式）	系统的手动、自动工作状态及故障状态，阀驱动装置的正常工作状态和动作状态，防护区域中的防火门（窗）、防火阀、通风空调等设备的正常工作状态和动作状态，系统的启、停信息，紧急停止信号和管网压力信号。
	泡沫灭火系统	消防水泵、泡沫液泵电源的工作状态，系统的手动、自动工作状态及故障状态，消防水泵、泡沫液泵的正常工作状态和动作状态。
	干粉灭火系统	系统的手动、自动工作状态及故障状态，阀驱动装置的正常工作状态和动作状态，系统的启、停信息，紧急停止信号和管网压力信号。
	防烟排烟系统	系统的手动、自动工作状态，防烟排烟风机电源的工作状态，风机、电动防火阀、电动排烟防火阀、常闭送风口、排烟阀（口）、电动排烟窗、电动挡烟垂壁的正常工作状态和动作状态。
	防火门及卷帘系统	防火卷帘控制器、防火门控制器的工作状态和故障状态。卷帘门的工作状态，具有反馈信号的各类防火门、疏散门的工作状态和故障状态等动态信息。
	消防电梯	消防电梯的停用和故障状态。
	消防应急广播	消防应急广播的启动、停止和故障状态。
	消防应急照明和疏散指示系统	消防应急照明和疏散指示系统的故障状态和应急工作状态信息。
	消防电源	系统内各消防用电设备的供电电源和备用电源工作状态和欠压报警信息。

附录 B　消防安全管理信息

消防控制室向监控中心传输的消防安全管理信息内容应符合表 B.1 要求。

表 B.1　消防安全管理信息

序号	名　称		内　容
1	基本情况		单位名称、编号、类别、地址、联系电话、邮政编码，消防控制室电话；单位职工人数、成立时间、上级主管（或管辖）单位名称、占地面积、总建筑面积、单位总平面图（含消防车道、毗邻建筑等）；单位法人代表、消防安全责任人、消防安全管理人及专兼职消防管理人的姓名、身份证号码、电话。
2	主要建（构）筑物等信息	建（构）筑	建筑物名称、编号、使用性质、耐火等级、结构类型、建筑高度、地上层数及建筑面积、地下层数及建筑面积、隧道高度及长度等、建造日期、主要储存物名称及数量、建筑物内最大容纳人数、建筑立面图及消防设施平面布置图；消防控制室位置，安全出口的数量、位置及形式（指疏散楼梯）；毗邻建筑的使用性质、结构类型、建筑高度、与本建筑的间距。
		堆场	堆场名称、主要堆放物品名称、总储量、最大堆高、堆场平面图（含消防车道、防火间距）。
		储罐	储罐区名称，储罐类型（指地上、地下、立式、卧式、浮顶、固定顶等）、总容积，最大单罐容积及高度，储存物名称、性质和形态，储罐区平面图（含消防车道、防火间距）。
		装置	装置区名称、占地面积、最大高度、设计日产量、主要原料、主要产品、装置区平面图（含消防车道、防火间距）。
3	单位（场所）内消防安全重点部位信息		重点部位名称、所在位置、使用性质、建筑面积、耐火等级、有无消防设施，责任人姓名、身份证号码及电话。
4	室内外消防设施信息	火灾自动报警系统	设置部位、系统形式、维保单位名称、联系电话；控制器（含火灾报警、消防联动、可燃气体报警、电气火灾监控等）、探测器（含火灾探测、可燃气体探测、电气火灾探测等）、手动报警按钮、消防电气控制装置等的类型、型号、数量、制造商；火灾自动报警系统图。
		消防水源	市政给水管网形式（指环状、支状）及管径、市政管网向建（构）筑物供水的进水管数量及管径、消防水池位置及容量、屋顶水箱位置及容量、其他水源形式及供水量、消防泵房设置位置及水泵数量、消防给水系统平面布置图。
		室外消火栓	室外消火栓管网形式（指环状、支状）及管径、消火栓数量、室外消火栓平面布置图。
		室内消火栓系统	室内消火栓管网形式（指环状、支状）及管径、消火栓数量、水泵接合器位置及数量、有无与本系统相连的屋顶消防水箱。

续表

序号	名 称		内 容
4	室内外消防设施信息	自动喷水灭火系统（含雨淋、水幕）	设置部位、系统形式（指湿式、干式、预作用，开式、闭式等）、报警阀位置及数量、水泵接合器位置及数量、有无与本系统相连的屋顶消防水箱、自动喷水灭火系统图。
		水喷雾（细水雾）灭火系统	设置部位、报警阀位置及数量、水喷雾（细水雾）灭火系统图。
		气体灭火系统	系统形式（指有管网、无管网，组合分配、独立式，高压、低压等）、系统保护的防护区数量及位置、手动控制装置的位置、钢瓶间位置、灭火剂类型、气体灭火系统图。
		泡沫灭火系统	设置部位、泡沫种类（指低倍、中倍、高倍，抗溶、氟蛋白等）、系统形式（指液上、液下，固定、半固定等）、泡沫灭火系统图。
		干粉灭火系统	设置部位、干粉储罐位置、干粉灭火系统图。
		防烟排烟系统	设置部位、风机安装位置、风机数量、风机类型、防烟排烟系统图。
		防火门及卷帘	设置部位、数量。
		消防应急广播	设置部位、数量、消防应急广播系统图。
		应急照明及疏散指示系统	设置部位、数量、应急照明及疏散指示系统图。
		消防电源	设置部位、消防主电源在配电室是否有独立配电柜供电、备用电源形式（市电、发电机、EPS等）。
		灭火器	设置部位、配置类型（指手提式、推车式等）、数量、生产日期、更换药剂日期。
5	消防设施定期检查及维护保养信息		检查人姓名、检查日期、检查类别（指日检、月检、季检、年检等）、检查内容（指各类消防设施相关技术规范规定的内容）及处理结果，维护保养日期、内容。
6	日常防火巡查记录	基本信息	值班人员姓名、每日巡查次数、巡查时间、巡查部位。
		用火用电	用火、用电、用气有无违章情况。
		疏散通道	安全出口、疏散通道、疏散楼梯是否畅通，是否堆放可燃物；疏散走道、疏散楼梯、顶棚装修材料是否合格。
		防火门、防火卷帘	常闭防火门是否处于正常工作状态，是否被锁闭；防火卷帘是否处于正常工作状态，防火卷帘下方是否堆放物品影响使用。

续表

序号	名　称		内　容
6	日常防火巡查记录	消防设施	疏散指示标志、应急照明是否处于正常完好状态，火灾自动报警系统探测器是否处于正常完好状态，自动喷水灭火系统喷头、末端放（试）水装置、报警阀是否处于正常完好状态，室内、室外消火栓系统是否处于正常完好状态，灭火器是否处于正常完好状态。
7	火灾信息		起火时间、起火部位、起火原因、报警方式（指自动、人工等）、灭火方式（指气体、喷水、水喷雾、泡沫、干粉灭火系统，灭火器，消防队等）。

（五）消防规范中的主要数据

1. 防火分区：地上最大面积 4000 平米，地下 2000 平米。

2. 出口设置：50 平米以下可以设立一个出口。

3. 通风口：内走道 20 米，室内 100 平米。

4. 烟感、温感设置：3.5 米高；烟感不能超过 80 平米，温感不能超过 30 平米。

（六）消防报警联动方式（以长富宫饭店为例）

1. 自动方式

（1）房间探头报警：切非消防电源。

（2）走道探头报警：切非消防电源，打开排烟阀、送风阀、垂壁，启动排烟风机、正压送风机。

（3）电梯厅探头报警：切非消防电源，打开排烟阀、送风阀、垂壁，启动排烟风机、正压送风机、电梯迫降。

（4）手动报警：警钟。

（5）消防栓报警：启动高、低区消防水泵。

（6）排烟阀报警：启动排烟风机、正压送风机。

（7）卷帘门两侧烟感报警：联动卷帘门半降；卷帘门两侧温感报警：联动卷帘门全降。

2. 手动方式

（1）中控台：手启动排烟风机、送风机，高低区消防水泵、高低区喷淋泵；

（2）现场：手动打开排烟阀，手动升降卷帘门。

（七）外包单位开业前应当到保卫部门备案哪些安全手续？

（详见第二章　六、）

（八）《中华人民共和国公安部第61号令》中，对消防安全重点单位每日防火巡查的规定内容：

1. 用火、用电有无违章情况；
2. 安全出口、疏散通道是否畅通，安全疏散指示标志、应急照明是否完好；
3. 消防设施、器材和消防安全标志是否在位、完整；
4. 常闭式防火门是否处于关闭状态，防火卷帘下是否堆放物品影响使用；
5. 消防安全重点部位的人员在岗情况；
6. 其他消防安全情况。

防火巡查人员应当及时纠正违章行为，妥善处置火灾危险，无法当场处置的，应当立即报告。发现火灾应当立即报警并及时扑救。防火巡查应当填写巡查记录，巡查人员及其主管人员应当在巡查记录上签名。

（九）《中华人民共和国公安部第61号令》中，对消防安全重点单位每季度进行一次防火检查的规定内容：

1. 火灾隐患的整改情况以及防范措施的落实情况；
2. 安全疏散通道、疏散指示标志、应急照明和安全出口情况；
3. 消防车通道、消防水源情况；
4. 灭火器材配置及有效情况；
5. 用火、用电有无违章情况；
6. 重点工种人员以及其他员工消防知识的掌握情况；
7. 消防安全重点部位的管理情况；
8. 易燃易爆危险物品和场所防火防爆措施的落实情况，以及其他重要物资的防火安全情况；
9. 消防（控制室）值班情况和设施运行、记录情况；
10. 防火巡查情况；
11. 消防安全标志的设置情况和完好、有效情况；
12. 其他需要检查的内容。

防火检查应当填写检查记录，检查人员和被检查部门负责人应当在检查记录上签名。

（十）除了《消防法》以外涉及消防方面的法律

《中华人民共和国刑法》

第115条规定的"失火罪"及其处罚。

第134条规定的"重大责任事故罪"及其处罚。

第139条规定的"消防责任事故罪"及其处罚。

《中华人民共和国治安管理处罚法》

第25条规定的"谎报险情、疫情、警情或者以其他方法故意扰乱公共秩序的"。

第39条规定的"旅馆、饭店、影剧院、娱乐场、运动场、展览馆或者其他供社会公众活动的场所的经营管理人员，违反安全规定，致使该场所有发生安全事故危险，经公安机关责令改正，拒不改正的"。

《中华人民共和国刑法》

第一百一十五条　放火、决水、爆炸、投毒或者以其他危险方法致人重伤、死亡或者使公私财产遭受重大损失的，处十年以上有期徒刑、无期徒刑或者死刑。

过失犯前款罪的，处三年以上七年以下有期徒刑；情节较轻的，处三年以下有期徒刑或者拘役。（失火罪）

第一百三十四条　在生产、作业中违反有关安全管理的规定，因而发生重大伤亡事故或者造成其他严重后果的，处三年以下有期徒刑或者拘役；情节特别恶劣的，处三年以上七年以下有期徒刑。

强令他人违章冒险作业，因而发生重大伤亡事故或者造成其他严重后果的，处五年以下有期徒刑或者拘役；情节特别恶劣的，处五年以上有期徒刑。（重大责任事故罪）

第一百三十九条　违反消防管理法规，经消防监督机构通知采取改正措施而拒绝执行，造成严重后果的，对直接责任人员，处三年以下有期徒刑或者拘役；后果特别严重的，处三年以上七年以下有期徒刑。

在安全事故发生后，负有报告职责的人员不报或者谎报事故情况，贻误事故抢救，情节严重的，处三年以下有期徒刑或者拘役；情节特别严重的，处三年以上七年以下有期徒刑。（消防责任事故罪）

（十一）厨房发生火灾主要原因和检查要点

1. 厨房是饭店火灾的高发部位之一。厨房发生火灾的主要原因有：

（1）电器设备起火。厨房内一般设有冷冻机、绞肉机、切菜机、烤箱、洗碗机、抽油烟机等多种厨房机电设备，因为工作环境潮湿，电器设备绝缘层容易老化、极易发生漏电，短路起火。

（2）燃料泄漏起火。厨房使用的燃料管线、灶具可能因燃料泄漏引发事故。

（3）抽烟罩和排风管道内积存的油垢起火。烹饪中餐的厨房油烟大，抽烟罩和排风管道内积存大量的油垢，可能在煎、炸、炒等烹饪过程中因操作不当引发火灾。

2. 厨房的检查要点

（1）厨房敷设的燃料管线、配置的灶具设备等必须符合规定且定期进行检修、维护。

（2）厨房电器设备应按规程操作，不得过载运行。所有电器设备都要定期检查维修，防止电气火灾发生。

（3）排油烟管不得暗设，水平支管不得穿越客房、其他房间和其他公共活动场所。排油烟管应直通厨房室外的排烟竖井。排烟竖井应设有防止回流设施。

（4）除柔性接头可采用难燃烧材料制作外，排油烟管应采用不燃烧材料制作。

（5）排油烟系统应设有导除静电的接地装置。

（6）厨房排烟罩应每日擦拭一次，排烟管道内的油垢应由专业公司定期清洗。

（7）油炸食品时，锅内的食油不得超过锅容积的2/3，以防止食油溢出引发火灾。

（8）工作结束后，应关闭所有燃料供给阀门，熄灭火源，切断除冷冻设备以外的一切电源。

（9）厨房除按规定设置火灾探测系统、可燃气体探测系统、配置灭火设施和灭火器材外，排油烟罩及烹饪部位应设厨房专用灭火系统，且应在燃气或燃油管道上设置紧急事故自动切断装置。

（十二）保安监控员工作掌握的要点

明确责任，肩负重担；
高度警惕，永记心间；
专心值机，注意保密；
熟悉点位，操作熟练；
了解设备，经常巡检；
责任心强，不怕考验；
观察仔细，从点到面；
发现问题，及时上报；
人技结合，做好防范。

九、专职保安人员培训内容

（一）公共区域拎包案特点及重点防范措施

1. 公共区域拎包作案的特点（见本章"二、"中的相关内容）

2. 拎包防范工作措施

（1）重点注意公共区域内的本国闲杂人和中东人；

（2）重点注意公共区域内无目的反复闲逛、打电话的人；

（3）对人物分离客人的物品要重点照看，尤其注意客人的小包，必要时

请监控中心协助查看;

（4）一旦发现有人作案要及时上前盘问;

（5）如拎包人逃离现场要及时通知其他岗位堵截其逃跑路线。

（二）巡逻、检查应该注意什么？

1. 巡视人员要熟悉饭店布局及各条巡视路线。

2. 巡视前应携带对讲机、佩戴好耳机。

3. 巡视中严格遵守"听、看、嗅、点、面、线"六字方针。听听有没有异样的声音，如跑水声、呼救声、吵架声、打架声、电视音量过大等;看不安全隐患，如闲杂人员、设备破损等;嗅异常味道，如烧糊的味道、稀料易燃化学物品味道等;"点"指的是重点部位、重点人员;"面"指的是全面细致;"线"指的是要有巡逻的线路，线路不能一成不变，应该根据现场情况、活动情况及时变化。

4. 巡视到客房楼层时，注意发现推销人员或闲杂人员。

5. 巡视中注意检查疏散通道是否畅通，切不可擅自移动物品。

6. 遇有房门未锁及客人遗失物品时，及时上报并与相关部门联系。

7. 检查饭店内服务设施与消防器材是否完好。如有损坏、丢失，及时上报并与相关部门联系。

8. 巡视人员要文明值勤，坚持原则，对违反店规店纪行为的员工进行纠正。

9. 巡视饭店施工现场是否符合规定。遇有五六级以上大风天气，坚决制止室外动火作业。对室内动火作业要检查动火证是否齐全、有效，施工现场有无佩戴袖标的专职安全员，电线是否破损、裸露及超负荷使用，有无灭火器材，废弃物是否及时清理等。

10. 巡视中精神饱满，遵章守纪，不得做与工作无关的事情。

（三）法规对安全检查有哪些规定？

《中华人民共和国安全生产法》规定

第三十八条　生产经营单位的安全生产管理人员应当根据本单位的生产经营特点，对安全生产状况进行经常性检查;对检查中发现的安全问题，应当立即处理;不能处理的，应当及时报告本单位有关负责人。检查及处理情况应当记录在案。

第五十九条　安全生产监督检查人员应当将检查的时间、地点、内容、发现的问题及其处理情况，做出书面记录，并由检查人员和被检查单位的负责人签字;被检查单位的负责人拒绝签字的，检查人员应当将情况记录在案，并向负有安全生产监督管理职责的部门报告。

第六十条　负有安全生产监督管理职责的部门在监督检查中，应当互相配合，实行联合检查；确需分别进行检查的，应当互通情况；发现存在的安全问题应当由其他有关部门进行处理的，应及时移送其他有关部门并形成记录备查，接受移送的部门应当及时进行处理。

《北京市星级饭店安全生产规定》对安全巡查的规定

星级饭店应当每两小时至少对营业区域进行一次安全巡查。巡查应当做好记录。

《中华人民共和国消防法》规定

第十七条　县级以上地方人民政府公安机关消防机构应当将发生火灾可能性较大以及发生火灾可能造成重大的人身伤亡或者财产损失的单位，确定为本行政区域内的消防安全重点单位，并由公安机关报本级人民政府备案。

消防安全重点单位除应当履行本法第十六条规定的职责外，还应当履行下列消防安全职责：

（1）确定消防安全管理人，组织实施本单位的消防安全管理工作；

（2）建立消防档案，确定消防安全重点部位，设置防火标志，实行严格管理；

（3）实行每日防火巡查，并建立巡查记录。

（四）饭店门前出租车的管理

管理好饭店门前的出租车，才能规范饭店运营秩序，为客人提供优质的服务，保障客人的权利，维护饭店的形象。

1. 制订管理措施

（1）制定《饭店出租汽车管理规定》，将此规定印发给经常排队的出租司机人手一份。设置宣传牌子，确立出租站点的醒目位置。

（2）站点排队的出租车，从每天6时起，由车场警卫对出租车号进行登记，按顺序填写《出租车站点排队登记表》（一式两份，一份交车场警卫，一份交饭店门童），表格要让出租车司机签字确认。警卫按登记顺序依次派车，门童按序号监督。车走消号。

（3）为保障客人权益，门童向客人发放《派车卡》，在卡上注明目的地、乘坐出租车的车号。同时提醒客人保管好此卡，遇有多收费等服务问题，可凭此卡投诉。

（4）考虑到一些客人乘坐的不是饭店出租站点排队的出租车，为防止发生意外，门童建立了专门的登记本，登记此类出租车车号、用车时间及前往目的地。

2. 依靠专业出租执法队，完善投诉程序。

对日常检查中发现的违反站点规范的行为要进行投诉。投诉的程序为：警卫主管将客人的投诉材料（书面情况、发票、派车卡等）或《现场检查记录》送交保卫部，保卫部长经过调查了解之后，在实事求是的基础上，签署同意意见，由保卫部秘书用信函的方式寄至出租汽车管理局信访科，并将有关材料复印留底，做好登记。

3. 管理纪律

（1）警卫人员不得与排队出租司机沟通作弊，要按照顺序登记派车；

（2）警卫人员不得接受经常在饭店门前排队出租司机的宴请，不得接受出租司机的任何礼品；

（3）警卫人员不得借用饭店门前经常排队的出租汽车，坐车不能欠费。

（五）警卫押送款应注意什么？

巨款是抢劫犯罪袭击的主要目标，在北京曾经发生过多起类似案件。有的是直接抢劫，有的用尖刀把送款车轮胎扎漏，待司机、送款人员下车查看时，伺机作案，等等。因此，送款人员一定要保持高度的警惕，要具有严格的保密意识，并具备一定的应付突发事件的能力。尽量防患于未然。押送钱款人员特别要注意以下几方面：

1. 问清送款时间、地点、送款人、司机，做好准备工作，提前 10 分钟到达指定地点。检查安全保险箱报警设备情况。

2. 取送款时，押款员必须随身携带对讲机、警械。

3. 押款员要恪尽职守，不得向他人泄露送款时间、路线、数额、警力等情况，做到专车专用，不能让人搭乘车辆。

4. 款箱不能离身，不得远离车辆，严禁外出办私事，在银行等候时不得远离提款窗口，同时警戒周围情况。

5. 随时做好应对突发事件的准备，沉着、冷静、果断，确保饭店财产不受损失。

6. 一旦发生意外，在保障人身安全的情况下，要全力以赴制止损失公司财产的事件发生；在无法制止的情况下，要尽量记清楚犯罪嫌疑人的体貌特征、语言方言特征、逃跑工具特征，以及其他特点，为事后调查做好准备。

（六）饭店如何采取"围堵抓捕"行动

1. 在饭店范围内发生刑事、治安等案件，怀疑嫌疑人还没有逃离饭店的情况下，应采取"围堵抓捕"行动。

2. "围堵"行动负责人，在下达"围堵"命令的同时，要说明嫌疑人特征，说明围堵级别：（1）只许进不许出，全面"围堵"；（2）根据特征，重点围堵。

3. 重点出口要派主要力量封堵。

4. "围堵抓捕"原则是："围堵"为主，就近把守，执行坚决，不能遗漏。以车场岗位为例，当听到命令后，可以暂时放弃车场车辆疏导工作，站到饭店正门负责"围堵"工作。

5. 各岗位"围堵"到位后，要用对讲机报告"到位"。

6. 电视监控中心全面监控，要注意发现嫌疑人的出现，如有情况与岗上人员及时沟通。

7. 组织搜寻组，对控制范围先进行重点搜捕，然后再进行地毯式搜寻。

8. 抓捕时要注意自身防护。

以长富宫饭店为例封堵出入口情况：员工出入口、料库进货口、办公楼出入口、公寓出入口、D座雪丹出入口都有保卫24小时把守，封堵岗位责任不变；饭店东正门由饭店大堂岗位负责，饭店西正门由车场警卫负责，饭店地库入口由饭店车场入口保安负责，饭店地库出口由饭店地库出口保安负责，后花园铁栅栏门由办公楼车场收费保安负责。保安队备勤力量到饭店车场待命，部室人员和两名警卫作为搜寻力量，迅速开展工作。

（七）巡逻时的任务

1. 注意发现各种可疑人员，包括溜门的、推销的、卖淫的、尾随的、故意破坏等人员；

2. 根据布控情况带着任务，有针对性地进行巡逻；

3. 检查消防指示标志是否齐全，防火门是否关闭，灭火器、消防栓、应急照明等防火设备是否完好；

4. 检查消防通道、消防电梯是否被占用，其他消防设施是否有被共用和占用的现象；

5. 检查滥用电器、电器增容现象，以及电器安装不符合规定的现象；

6. 检查施工工地使用电、气焊时，有没有违反安全操作规定的现象，是否开具了《动火证明》；

7. 检查乱扔烟头、火柴杆，以及流动吸烟的现象；

8. 有没有小孩玩火、燃放烟花爆竹的现象；

9. 要注意观察发现故意放火，放置爆炸物品、化学物品等现象；

10. 要注意观察发现精神病人、智障人放火自焚等现象；

11. 注意观察发现物质受热，植物、涂油物、煤堆垛太大、过久受潮、受热、化学危险品遇水、遇空气、相互接触、摩擦自燃起火、腐蚀等现象；

12. 大型活动人员密集、人员超负荷、场面散乱难以控制或疏散困难的现象，容易造成群死群伤事故的情况；

13. 巡逻时注意聆听异样的声音，嗅察异样的味道，注意发现可疑情况。

（八）警卫队为什么要提倡军事训练？

1. 首先是培养警卫人员的纪律性，遵守纪律是一名警卫人员应该具备的首要素质；

2. 帮助警卫人员养成良好的形体习惯，通过形体训练培养良好的精神风貌；

3. 用军事化的训练方法来完善工作执行力度，用军事素质来提高综合素质，用军人的言行举止来提升团队精神面貌，增进企业向心力、凝聚力和战斗力。培养警卫人员不畏苦、不怕难、服从命令、听从指挥，讲团结、讲敬业、讲执行、讲奉献的精神，培养"召之即来，来之能战，战之能胜"的战斗作风；

4. 磨练职工队伍，强化团队意识、责任意识和执行意识，铸造拼搏精神、奉献精神和敬业精神，培养艰苦奋斗的优良作风，为企业实现又快又好的发展打下坚实基础；

5. 每年要进行一次班组之间的比赛，每天交接班进行列队交接，把良好的形体动作融入到日常的工作中。

（九）《公安部61号令》规定的灭火和应急疏散预案应当包括哪些内容？预案多长时间演练一次？

1. 组织机构包括灭火行动组、通讯联络组、疏散引导组、安全防护救护组；

2. 报警和接警处置程序；

3. 应急疏散的组织程序和措施；

4. 扑救初起火灾的程序和措施；

5. 通讯联络、安全防护救护的程序和措施；

6. 第四十条　消防安全重点单位应当按照灭火和应急疏散预案，至少每半年进行一次演练，并结合实际，不断完善预案。

（十）饭店车场岗位警卫工作要求

1. 要熟悉饭店地理位置及饭店基本情况。

2. 在岗期间要着工服，讲究仪容仪表，保持衣冠整洁，皮鞋要干净、光亮；头发长度适中，并经常整理。

3. 交接岗时，警卫之间要行交接礼。

4. 见到行驶车辆要做指挥手势。

5. 车辆向后倒车时，要帮助司机照看车辆四周情况，切忌在没有看清汽车周边情况下，大声指挥司机倒车。

6. 车场警卫尽量提供跑动式服务，见到车辆停车或需要帮助，迅速跑到客人车辆旁边，能充分展示精神风貌和服务热情。

7. 遇有宾客拿行李时，应立即通知行李员并积极上前协助。

8. 随身携带对讲机，保证性能完好，遇有紧急事情及时通讯联系各岗人员，相互呼应，严禁用对讲机说与工作无关的话。

9. 做好按序派车及出租车登记工作，对司机违反饭店站点运营规定的行为坚决予以制止、纠正；杜绝利用职权之便为司机招揽生意谋取私利。

10. 从饭店往外搬物品，要有《出门条》，经核实后方可放行，并详细记录在案。

11. 对推销人员、精神病人员、衣冠不整人员尽量劝阻在饭店以外，但要注意工作方法，工作中不要侵犯他人人身权利，引出不必要麻烦。

12. 严禁携带易燃易爆危险物品入店，如油漆、稀料、大量棉花和纸张、汽罐、劣质串灯、烟花爆竹等。

13. 在岗人员精神饱满，遵章守纪，严禁做与工作无关的事情。

14. 对离店散客致谢道别，对离店团队要挥手致意。

15. 平时注意积累重要宾客资料，熟知贵宾车号和习惯，尽量提供高品质服务。

（十一）饭店大堂岗位工作要求

1. 要熟悉饭店布局及其基本情况。

2. 站姿要规范：挺胸，抬头，面带微笑，目光平视，双手并拢，体前交叉，双腿分开、与肩同宽；随时注意大堂情况；不得随意无目的地走动。

3. 在岗期间要着工服，讲究仪容仪表，保持衣冠整洁，皮鞋要干净，头发长度适中。

4. 大堂警卫随身携带对讲机，保证通讯联系，对讲机要佩戴耳麦。

5. 大堂警卫没有紧急情况不能跑动。

6. 当客人与行李短时间分开时，在客人没有请求照看的情况下，也要协助客人看护，防止拎包案件发生。

7. 以下几种行为警卫人员要多加提防：

（1）在大堂来回转悠、目标不定的人，多加注意；

（2）进入饭店后边打电话边转悠、四处张望的人，多加注意；

（3）身上挎着较大的空袋子或挎包、有可能将小包随手装进去的人，多加注意；

（4）不是陪同，却与客人主动搭讪的人，多加注意；

（5）尾随客人进店的人，多加注意；

（6）自称找人，但不知道客人房间号码的人，多加注意；

（7）特别地区的人，如主要接待日本客人的酒店，突然进来两名中东国家的人，应多加注意；

（8）几人结伙进店或携带可疑物品进店的人，多加注意；

（9）不是饭店客人、直接去外币兑换处的人，多加注意。

8. 大堂当班警卫要使用文明用语，如"您好！对不起，请您出示一下您的证件！""您好！对不起，不要把危险品带入饭店！"等。

9. 从饭店往外搬东西，要进行检查，《出门条》要有部门部长签字。

10. 时刻保持高度警惕，克服麻痹思想，控制好闲杂人等。

11. 劝阻出租车司机、不良女子进入大堂，坚决制止出租司机或他人到饭店大堂内招揽生意。

（十二）看管嫌疑人时应该注意什么？

1. 不要与嫌疑人聊天；

2. 不能离开嫌疑人身边；

3. 不要让嫌疑人打电话；

4. 嫌疑人上厕所不能离开监控视线；

5. 嫌疑人身边不能有钉子等杂物；

6. 嫌疑人旁边不能有电源；

7. 看守不能少于两人；

8. 提高警惕，保障安全。

（十三）事故现场保护的方法

1. 露天事故现场的保护方法

露天现场的保护，通常是在事故现场周围布置警戒，将事故现场封锁起来，禁止一切人进入。保护区范围的大小，应当根据事故现场的具体环境确定，原则上应当把发生事故的地点和可能遗留痕迹、物证的一切场所包括进去。为了避免因保护区划得太小而使痕迹、物证受到破坏，在开始时，不妨把保护区的范围适当划得大一些。因为适当地划大些，调查人员到场后还可以根据情况再调整缩小，一般并无妨碍；如果一开始划小了，痕迹、物证因此受到破坏，就无法弥补了。现场周围岗哨之间的距离，以互相能够照应为度。范围较小的事故现场除应派专人看守外，条件允许的，可以在现场周围上绳索或栅栏，或在地上划出标界线，阻止行人进入。

2. 室内事故现场的保护方法

事故现场的保护，通常的办法是在出事故的房间中将可能留有发生事故的破损部件、碎片、残留物、致害物等一并封闭起来，布置警戒，张贴布告或者绕以绳索，禁止一切人员入内。

3. 对事故现场破损部件、碎片、残留物、致害物的保护方法

对房间内的痕迹、物品，保护人员一般不应触动，遇有特殊情况，如

急救人命、抢救财物、排除险情等，必须进入事故现场或者必须移动现场上的某些物品时，应当尽量避免踩踏事故现场的物品。对于行走路线上已发现的痕迹物品，可用粉笔白灰就地画圈标示出来，以免后来的人不注意而破坏掉。对于必须移动的物品，在拿取时应选择适当的部位，以免破坏原有的痕迹。对于暴露在房间外的痕迹、物品，已经发现且有被他人破坏可能的，可用粉笔、白灰等画圈标示，以便引起注意；没有发现的，或者虽已发现但无破坏可能的，不必进行现场搜寻和作标记，以免使现场受到破坏。

第五章　安全预案

一、生产安全事故应急救援预案

为提高应对突发事件的能力，确保在发生生产安全事故时，能够有条不紊、指挥通畅，保证客人和员工的生命安全，保证饭店的财产少受或不受损失，特制订生产安全事故紧急救援预案。

（一）成立生产安全事故紧急救援领导小组

饭店总经理为组长，饭店领导班子成员、各部部长为组员。

办公室：设在总经理办公室。电话：总办电话或总机99转。

饭店生产安全事故紧急救援领导小组，全权负责饭店突发事件发生时的指挥、情况的通报，饭店所有人员要听从指挥，服从管理，不得擅自行动。如果发生生产安全事故要直接向总经理办公室报告。

夜间或节假日饭店总值班员将临时担当组长职务，行使组长权力，大堂经理、保卫部、工程部带班负责人全力协助总值班员做好生产安全事故紧急救援工作。如果发生生产安全事故要直接向总值班员报告，电话：总机或转接，总值班员要在第一时间通知到组长、相关组员。

（二）职责

公司生产安全事故紧急救援领导小组组长，负责饭店的全面指挥工作。总经理办公室负责传达领导小组的指令，协调各部门的工作，以及授权后对外发布信息、报告情况。

（三）基本程序

接到突发事件报告后，领导小组成员立即到总经理办公室集中，各部部长及相关人员（医务室、食品检验、司机班司机、警卫机动力量、各岗位可调动的人力资源等）要原地待命，听从指挥。公休日或休假的领导小组成员，要立即返回公司。

生产安全事故紧急救援领导小组成员，手机要保持长期开机状态，提高警惕，要随时可以应对突发的生产安全事故。

（四）各项突发事件预案

生产安全事故紧急救援领导小组，根据不同的突发事件，应立即启动不同的突发事件预案，如《防火预案》、《防火疏散预案》、《防爆预案》、《防震抗震应急预案》、《预防非典型肺炎实施方案》、《预防传染性疾病预案》、《食物中毒应急预案》、《预防停电预案》、《防恐预案》，等等。

（五）事故调查及报告

事故发生后要保护好事故现场，仔细查找原因，做好事故调查，并及时向上级部门报告，认真做好事后的处理工作。

二、防火、火灾疏散应急预案

（一）指导思想

根据《消防法》中所规定的"消防工作贯彻预防为主、防消结合的方针"，把火灾的预防放在首位。在饭店安全管理中要树立"防患于未然"的观念和较强的消防安全意识，自觉遵守消防法规，积极贯彻落实各项防火措施，在力求防止火灾发生的同时，切实做好扑救火灾的各项准备工作，把防火和灭火有机结合起来，避免或减少因火灾造成的生命和财产损失。

（二）火情确认和报警

1. 饭店里任何人，发现火情都要及时报"119"火警，同时报告饭店消防中心（例：长富宫饭店消防中心报警电话是3333）。

2. 如果遇到糊味、见烟不见火和不寻常的热度等可疑现象，应迅速拨打饭店内部报警电话。

3. 报警时注意的问题

（1）应讲清起火的具体地点、燃烧的物质、本人姓名；

（2）不要惊慌，不要高喊，尽量灭掉初期火种；

（3）在尚未弄清火情时（如见烟不见火），迅速报警。

4. 消防中心值班员接到电话火警报警或消防主机报火警时，应迅速通知保卫人员赶往报警点，进行火情确认；并通知饭店总机。

5. 饭店总机值班员接到消防中心初期报警后，应立即通知大堂经理和着火部门值班人员赶到现场。

6. 保卫部跑点人员跑点时，途中就近取上灭火器，携带应急包（应急包内应配备：插孔电话、手电筒、简易防火面罩、破门斧、改锥、钳子等应急工具），随时作好灭火准备。

7. 大堂经理、着火部门值班员接到火情报警电话后，应立即携带报警点所需要的钥匙赶赴现场；途中也要就近取上灭火器，准备协助扑灭初期火灾。

8. 现场确认火情时注意的问题

（1）如果需要确认房间内的火情，切不可草率开门，而应先试摸一下门体。如果没有异常温度，可开门察看；若温度较高，便说明内有火情。

（2）如果里面有人，要马上设法营救；如果无人，应先作好灭火准备，再开门扑救。

（3）开门时不要正对开口处。

（三）火情确认后扑救

1. 保卫部跑点人员到达现场后，如果确认发生火灾，应立即报告消防中心："火情已确认！"

2. 消防中心值机员接到火情确认信息，要迅速拨打火警电话"119"报警；然后第一时间通知电话总机："立即启动防火应急预案！"

3. 电话总机值班员接到"立即启动防火应急预案"指令后，按以下顺序迅速通知灭火力量：

（1）保卫部义务消防队；

（2）饭店总经理办公室（夜间或休息：饭店总值班员）；

（3）保卫部值班室（夜间或休息：保卫部总值班员）；

（4）工程部值班室（夜间或休息：工程部总值班员）；

（5）出现火情部门总值班员；

（6）医务室；

（7）根据指挥部的命令，通知其他部门。

4. 消防应急组织

饭店灭火总指挥由饭店总经理担当，夜间或休息日饭店总值班员担当；保卫部部长和大堂经理协助。

在接到火情报告后，饭店灭火总指挥应迅速实施对全局的指挥。根据火场情况下达有关指令。

5. 临时指挥集结地点，设在现场相距起火点安全距离最近的宽敞地带。一般情况下，可以设在着火层的下一层。

6. 到场灭火力量

（1）保卫部义务消防队员；

（2）工程部水工、电工、电梯工；

（3）防火总指挥，即饭店总经理（休息日或夜间是饭店带班领导）；

（4）保卫部部长（休息日或夜间是保卫部值班负责人）；

（5）着火部门相关人员；

（6）医务室医务人员；

（7）总指挥根据情况调用的其他机动灭火力量。

7. 灭火人员迅速判明燃烧物质，并利用就近的灭火器材（灭火器、灭火毯、消火栓等），对火险进行扑救；并向总指挥报告。

8. 此阶段灭火力量的分工

保卫部

（1）保卫部义务消防队，要身穿消防战斗服，带好氧气呼吸器、强光手电，迅速赶赴火灾现场，执行火灾扑救、伤员救护任务；

（2）保卫部保卫人员要做好现场的警戒；

（3）消防中心启动防火联动设备；

（4）车场警卫负责清理饭店周边车辆，为消防车清除路障，并引导消防车到达距出事现场最近的消防接口器位置，准备提供水源；

（5）消防中心立即检查排烟风机、正压送风、卷帘门、强切断电情况、空调断风情况、水自动喷淋系统、水泵供水系统等联动设备是否正常，及时向总指挥汇报设备运行情况；

（6）消防中心值机人员注意保护好设备打印记录；

（7）电视监控中心，在设备正常运行的情况下，利用监控设备观察火险区域和全楼的情况，并及时向总指挥报告；

（8）灭火人员到达火灾现场后，迅速判断火灾现场是否有被困人员，如果有被困人员，要设法解救至安全区域；如果因为各种困难无法解救时，应立即上报，请求专业人员支援；

（9）在公安消防队到场后，灭火工作的现场指挥和扑救应由专业消防部门主要负责，饭店的灭火应急力量协助消防队工作。

工程部

（1）保障灭火部位消防灭火用水的供给，保障现场应急照明，保障消防联动设备的启动和运行；

（2）负责着火部位电器设备断电工作，负责着火部位切断燃气供应工作；

（3）保障消防专用电梯运行，及时汇报电梯运行情况；

（4）高低压配电室、空调机房、消防泵房、煤气调压站、发电机房等重点部位电话机旁不得离人；

（5）工程部派一人到饭店门前，在消防队到现场后，介绍消防水源、消防系统情况。

发生火险部门

（1）保管、抢救、转移贵重物品、现金、有价票证和重要资料；

（2）组织力量，准备疏散；

（3）如果是饭店客房部位着火，客房部负责提供本楼层、下层和上至顶层房间客人住宿情况，报告总指挥，为全面疏散提供准确情况。

防火总指挥

（1）组织灭火和救援；

（2）观察情况，适时下达"疏散"命令；

（3）当公安消防人员到达后，饭店灭火总指挥向公安消防指挥员报告火场情况，同时移交火场指挥权。

保卫部部长、大堂经理

保卫部部长协助总指挥调配各方面灭火力量，为总指挥下达各种指令当好参谋；大堂经理协助总指挥组织疏散力量，做好疏散工作。

医务人员

负责救助伤员。

电话总机

（1）必须坚持"火警优先"的原则，凡是有碍执行灭火行动任务的电话，有权将其中断；

（2）保障消防专用通讯联络畅通；

（3）若客人用电话问及此事，应告知："火情在调查之中，如需进一步采取措施，将立即通知您。"

注意

公安消防人员对酒店地理情况不熟悉，保卫部义务消防队员要给予引导和帮助，饭店火灾指挥人员要把灭火设施、易燃易爆设施等重点部位报告给公安消防队指挥员。

（四）火灾疏散

有火情就要立即疏散。火灾指挥人员，根据现场情况，下达不同的疏散命令。下达疏散命令时，要明确疏散顺序和范围，如着火层疏散、着火以上楼层疏散、饭店主楼整体疏散、饭店主楼和附属楼全面疏散等，并指明疏散地点。此阶段任务分工如下：

1. 消防中心根据总指挥下达疏散命令的内容，开启疏散应急广播，并重复播放。

2. 发生火灾部门和饭店前厅部负责疏散任务。

3. 负责疏散人员接到疏散命令，应迅速组织客人通过消防疏散通道进行疏散，疏散时不得乘坐电梯。

4. 负责疏散人员要熟知疏散路线、被疏散人员的情况及疏散集结的位置。

5. 如果饭店客房区域发生火灾，疏散时要从本层开始，逐层疏散，对已经疏散过的房间，要做出已经疏散的标志。

6. 保卫部值班员、前厅部总机、工程部等关键岗位人员，在没有接到火灾指挥人员撤离命令时，要坚守岗位，保障设备正常运行和通讯畅通。

7. 前厅部负责做好客人的解释工作，注意安抚、稳定客人情绪。

8. 电梯工（或消防中心）在接到疏散命令后，要关闭电梯并归至首层。

9. 其他部门，要保管好本部门的贵重物品、现金、有价票证和重要资料，防止发生次生案件。

（五）防火预案对人员的要求

1. 所有工作人员要统一协调，听从指挥人员统一指挥，不得擅自行动。

2. 在接到指挥人员的命令后，所有工作人员必须认真执行，不得延误灭火时机。

3. 各岗人员要恪尽职守、各负其责。

（六）部门防火预案的要求

1. 根据饭店防火应急预案要求，各部门要制订本部门的防火应急预案，要明确本部门的人员分工、器材准备、行动细节。

2. 明确本部门管辖范围内各种消防设施的位置，针对可能出现不同物质的火情，采取不同的措施。

3. 明确本部门疏散路线、疏散时需要携带的工具、疏散时人员的分工、被疏散人员情况、集结地点等。

4. 本预案所涉及的重要部位（如总机房、服务中心、监控中心、配电室、发电机房、消防水泵房等）应编制专门消防应急预案。

三、防恐预案

根据星级饭店的一些具体情况，拟定以下三种级别的防恐怖袭击方案。当出现恐怖威胁时，可尽快做出反应，降低危险，减少损失。

三种级别的分类是：绿色等级，应对恐怖分子袭击的基本防范等级；黄色等级，应对恐怖分子袭击的中度威胁防范等级；红色等级，应对恐怖分子袭击的最高威胁防范等级。

（一）绿色等级（基本防范级）

1. 在正常经营中各部门负责人负责培训部门人员防恐怖活动的安全意识。

2. 各部门认真执行安全检查制度，确保饭店重点设备的正常运行，包括通讯系统，摄像系统，报警系统，灭火系统，供水、供电系统等。

3. 加强客房区域、行李台、客房及公共区域的安全检查，各部门对本部门领班及以上人员备有通讯录，以便对上一班次问题进行调查。

4. 加强对饭店周边及停车场内的安全巡视检查。

5. 加强对所有安全疏散通道的安全检查，确保其畅通。

6. 店内当职最高领导应掌握报警、疏散、人员安排的程序。

7. 告知所有员工在本部门或饭店其他部位发现可疑物品时，不要擅自作决定挪动可疑物品，应立即电话通知保卫部鉴别。

8. 当遇到恐怖袭击等突发情况需要紧急疏散时，启动应急广播，由饭店员工协助客人按火灾疏散程序执行，进行紧急疏散。

9. 保卫部与附近饭店、公安机关保持联系，定期相互交换意见，随时将最新动态报告店级领导。

（二）黄色等级（中度威胁防范级）

1. 在绿色等级防范的基础上，加强安全巡视密度，重点检查建筑物周边异常变化。

2. 细心检查每份信件及包裹，对寄存的物品、行李要开包检查，提醒客人照看好自己的包裹。

3. 相关部门加强对机械区域、电力区域、电话及电脑区域的安全检查，包括发电机房、直燃机房、电梯机房、电话、电脑房、各竖井等，确保无人在场看守时落锁。

4. 组织客人及饭店员工进行疏散演习，熟练掌握疏散程序。因特殊原因疏散点无法使用时，提醒员工注意收听应急疏散广播，管理层将通过广播告之其他集结点。

5. 住店客人及当日上班员工的名单，相关部门应每日储存，在移动硬盘内确保随时可以携带疏散。

6. 与其他单位有商业联系的相关部门，负责联系、通知供货人员严格遵守饭店相应管理制度，并办理相关证件，同时提醒送货人员离开时必须办理退证手续。

7. 各部门负责确保当日本部门所有上班员工知道酒店当日最高管理层人员姓名及联系方式、方法，以便发生突发情况后及时请示下一步工作。发现可疑物品有较大危险的情况下，上报公安机关。

（三）红色等级（最高威胁防范级）

1. 在绿色等级、黄色等级防范的基础上，加强对饭店所有区域的安全检查。

2. 由饭店防恐小组负责召开管理层会议或全体员工大会，以增强饭店员工的危险意识，并强调疏散集结点的位置及对疏散程序的掌握。

3. 所有包裹、行李不许寄存，对无人认领的包裹、行李立即上报公安机关，同时通知保卫部及总经理。

4. 对饭店周边及停车场进行不间断巡视，确保逃生通道、各出入口畅通。

5. 加强饭店安全管理工作，首层正门增派保安员检查房卡，阻止非入住人员进入饭店，员工出入口谢绝访客入内，因工作需要进入饭店的人员，由相关部门派人全程陪同，直至对方离店（加金属探测器）。

6. 撤掉所有公共区域、洗手间等可以藏匿危险品的可移动物品；所有仓库、非使用区域房间、洗手间、会议室做上锁处理。

7. 记录所有车场停放车辆的详细情况，包括客人去向、停放时间，非入住客人或员工的车辆不允许停放，地下车库不许外部车辆进入。

8. 接到相关国家机关紧急疏散通告后，由反恐怖小组审阅通告内容后，通过信件、告示或紧急广播进行疏散。

9. 各部门接到疏散通知后，按火灾疏散程序要求断电、断气、锁门，携带规定必须携带的物品（现金、支票、客人资料、员工上班人员名单、有价证券等），疏散完毕后，保卫部锁好所有出入口的门，最后撤离。

10. 同警方保持联系，以确定饭店受到威胁隐患的最新情况，必要时可请警方在酒店内派往人员或在酒店周边采取预防措施，确保遭遇恐怖袭击时及时作出反应。

四、防爆处置预案

（一）指导思想

爆炸案件带有很大的突然性、危害性，必须在组织上采取得力的措施，妥善处理。所以，要群防群治、精心组织、从严部署、防范未然。

（二）预防

1. 开动所有技防设备，严密查控，对电视监控系统要24小时录像，特别对饭店出入口要不间断录像。

2. 强化安全防范意识和信息上报意识，提高警惕，在工作中注意发现可疑人、可疑物、可疑情况并随时上报。

3. 饭店安全保卫部加强值班，除正常的值班、巡逻和固定岗位外，每天备有机动力量，作好应对突发事件的准备。值班领导每天要检查防范措施落实情况，对水、电、气、通讯等要害部门要严密控制，重点部位要经常进行安全检查。

4. 加强巡逻密度，对会客者要认真核对证件，并进行登记。

5. 严格执行入住登记制度。对要求入住的特殊客人和重点地区的客人要严格把关，要做到二见面（接待人员与本人见面、保卫部值班员与本人见面）、三核对（与本人核对、与行李核对、与有效证件核对）。对持身份证复印件或护照复印件的要婉言谢绝，不予接待，同时报告涉外饭店管理处。对审查发现的重点人、重点情况要配合公安机关做好工作。

6. 及时处理好公司内的各种矛盾，防止矛盾激化。突出情况要报告上级保卫组织。

7. 对客人寄存的物品要注意检查，注意物品内有无异常响声，对超时间不取的物品要及时上报。

8. 注意公共区域长时间无人看守或认领的物品，发现后上报。

9. 所有存放易燃易爆物品的仓库、使用煤气的部门要设专人管理，严格执行物品存放制度、操作规程和安全制度。

10. 对店内的设备设施（尤其是重点要害部位的设备设施）加强保养、检查、维修，使其始终保持良好的工作状态。严格要求操作人员认真遵守操作规程，及时发现可能引起爆炸事故的不安全隐患，并采取相应措施进行修复。

（三）处置

处置原则：宁可信其有，不可信其无，加强警备，提高警惕。

1. 当发现爆炸可疑物或接到恐吓、匿名电话后，要立即向保卫部门报告，报案时讲清本人姓名、发现情况的时间和地点并简述现场情况。

2. 接到搞爆炸破坏的恐吓电话后，要记清楚来电时间、来电人及来电内容，做好电话记录。

3. 保卫人员接到匿名恐吓爆炸的报警电话后，要立即启动防爆方案，向"110"报警，同时上报饭店领导。

4. 保卫人员接到可疑物品的报警电话后，要立即赶赴现场进行甄别，无法甄别时启动防爆方案，并上报，同时向"110"报警。

5. 保卫人员将防爆毯立即抬至现场，采取有效措施，正确使用防爆毯；划分出隔离区，保护好现场，等待公安专业人员处理。

6. 在公安人员未到现场前，任何人不得擅自挪动可疑爆炸物。

7. 接到爆炸事件报告后，保卫部立即调派应急力量封锁现场，疏散围观群众，控制人员进出，注意发现和控制嫌疑人。

8. 相关人员接到指示后，要立即赶赴现场，现场成立处置指挥小组，确定现场指挥员，所有人员听从现场指挥员的指挥。

9. 搜索可疑物。

10. 接应公安防爆、消防等应急队伍到达现场。

11. 按照防火疏散预案，迅速疏散现场和饭店内人员。

12. 如已发生爆炸，指挥员应迅速报告"110"、急救中心并组织抢救。

13. 相关工作人员要做好断气、断电、疏散、物资准备、向客人解释、预备车辆等准备工作。

14. 做好外围警戒，禁止无关人员拍照、采访。

五、"要人"警卫预案重点

（一）区域划分

根据"要人"的级别，可分为以下三个管理区域：

1. 外围疏导管理区域：指饭店主楼以外至饭店周围200米警卫范围。要求：保障车辆畅通，严格控制外来人员，注意查控闲杂人员，清除一切不安全的车辆或隐患物品。

2. 控制管理区域：指"要人"所住楼层以外饭店主楼范围，包括地下停车场和附属设施。要求：禁止或控制闲杂人员进入此区域（根据级别而定）。

3. 真空核心保护区域："要人"所住饭店楼层范围。要求：除指定工作人员外，其他人员不得进入此区域。

（二）确定行走路线

根据饭店不同情况而定。

（三）制订"要人"安全保卫管理措施

1. 封门措施，这项措施是根据行走路线、活动区域而定。封堵的大门在紧急情况下要能够及时开启。

2. 相关大门钥匙管理措施，强调主要通道钥匙由保卫专人掌管。

3. 设置护栏围挡保护，防止记者及群众近距离接触。

4. 车场车辆安全管理措施，明确车场清空范围和车辆停放要求。

5. 内部车辆安全管理措施，如发放特殊停车证等项措施。

6. "要人"与其他散客活动区域界限控制的措施。

7. 服务人员政审措施，一般由当地派出所出具书面证明材料。

8. 警卫指挥中心的设置，由饭店提供一个临时指挥场所。

9. 备用应急通道的设置，一般情况应急通道要在两条以上。

10. 紧急避险点设置。为了防恐，避险点四周最好是实体墙。

11. "要人"进入前各项安全检查措施。

12. 对在店散客的审查措施，一般情况由公安机关牵头审查。

13. 对客人行李的安全检查措施。

14. "要人"左右上下房间，要采取择客入住措施。

15. 车辆安检措施。

16. 专用电梯专人看护安全措施。

17. 服务人员证件管理措施，没有证件者不得进入管控区域。

18. 做好其他客人解释工作，必要时，要提前告知客人。

19. 服务人员实名制措施，强调有效证件不得转让。

20. 消防安全检查措施。

21. 根据活动日程提前部署警力措施。

22. 沟通信息措施。

23. 保卫警力协调措施。

24. 具体岗位保卫力量部署措施。

25. 封堵大门应急开启措施。

26. "要人"邮件安全管理措施。

27. "要人"生活用品管理措施。

28. "要人"食品留样措施。

六、圣诞、元旦等大型活动应急预案

为保证圣诞、元旦饭店大型活动、宴会的安全，确保事故发生后人员能够得到及时疏散，最大限度避免人员伤亡和财产损失，特制订本预案。

（一）组织机构及职责

饭店安排总经理等高级行政管理人员及各主要部门的负责人，组成突发事件应急领导小组。组织机构：

组　长：饭店总经理

副组长：饭店主管安全副总、保卫部部长

组　员：餐饮部部长、客务部部长、工程部部长、营业部部长

现场临时总指挥是现场工作总指挥。

在饭店突发事件应急管理指挥机构的领导下，成立大型活动、会议应急疏散小组。疏散小组由餐饮部宴会工作人员、前厅部工作人员组成，负责保障消防通道畅通，引导客人疏散。

（二）预防要点

1. 主办方活动内容不能涉及国家法律、法规明令禁止的内容。并将活动内容上报上级安全部门。

2. 除了现场服务人员以外，派 4 名保卫人员在现场，负责组织协调巡视工作，及时掌握活动的内容，发现可疑情况（人、事、物）立即上报应急小组。

3. 做好对活动场所的检查工作。保证消防通道的畅通，不得堵塞、占用消防通道；保证消防设施、设备处于正常状态（包括应急广播、自动喷洒、消防栓、灭火器、应急指示灯及其他设施等）；保证所有门能正常开关；保证电力、通风等系统处于安全正常状态；保证活动临时用电符合安全规定。

4. 要求所有参加活动的工作人员，必须掌握消防疏散预案的相关要求（"一懂二知三会"的内容、消防器材的使用、最近的逃生通道位置等），遇有突发事件时能够快速协助疏散

5. 要保证人数与场所安全承受限度相匹配。若超过场所安全承受限度，应要求终止活动或减少参加人数，以确保安全，并做好向活动人员进行解释的工作。

（三）疏散要点

1. 一旦发生突发事件（火灾、水灾、地震、爆炸、停电等），活动现场

工作人员一方面要第一时间通知应急疏散小组；另一方面，打开逃生通道出口，指引客人按正确路线逃生，及时有序地疏散客人。

2. 应急疏散小组接到通知后，要立刻安排相关人员到现场，负责组织指挥现场人员，指引客人按正确路线逃生，维持现场疏散秩序，并根据现场情况，及时上报饭店突发事件应急管理指挥机构的总指挥，视情况启动相关应急预案进行全体疏散。

3. 疏散客人时，绝对不能使用、等待电梯。要防止客人再次返回活动场所。

4. 工程部电工有专人负责现场的照明电源及备用电源的正常工作。

5. 工程部有专人，在必要时断水、断电、断煤气、启排风或正压送风、启动消防泵或喷淋泵等。

6. 疏散后，疏散小组要对现场进行查看有无伤员。若有伤员，要及时将客人撤离危险区域，或安排车辆送客人去医院，或拨打"120"急救电话。

7. 疏散工作完毕后，应急疏散小组要安排人员清点宾客人数，防止遗漏。要查看人员是否全部撤离危险区域，并向饭店应急机构的总指挥报告。

（四）总结和善后

饭店应安排人员有效实施各种有关救助、补偿、抚慰、安置等善后工作，妥善解决因处置突发事件引发的矛盾和纠纷，尽快恢复正常经营管理秩序。

饭店应安排人员对应急疏散时造成的损失进行评估，对经验教训进行总结，及时查明突发事件的发生经过和原因，总结应急处置工作的经验教训，制定改进措施。

七、维护稳定工作预案

为了切实做好稳定工作，主动应对各类突发性事件，妥善处理各类影响稳定的重大问题，促进企业发展和维护社会稳定，根据国家的法律、法规，特制订维稳工作预案如下。

（一）成立维稳工作领导小组

组　长：总经理

副组长：主管安全副总

组　员：各部部长

办公地点设在保卫部办公室。内部电话：××××。负责人：××。

（二）本预案所指的影响稳定的重大问题主要包括：

1. 群体性事件——主要指饭店有关人员到中南海周边、天安门广场、中央领导同志驻地、中央各部委、北京市委市政府及饭店所属集团的公司总部，一次性聚集20人以上、集体上访5人以上，以及其他需要及时妥善处置的群体上访、非正常上访、聚众闹事等事件。

2. 重大安全事故——主要指一次性死亡3人以上（含3人）、在社会造成重大影响或被新闻媒体曝光的重大（生产、消防、交通）安全事故。

3. 突发事件——主要指由于社会外部或饭店内部原因引发的各类（群体性传染、中毒等）公共突发事件，以对企业人员和财产造成重大损失、产生较大社会影响的重大事件。

4. 涉及企业的新闻事件——主要指由于各种原因引发和产生的、涉及饭店并产生重大社会影响的负面新闻报道及相关事件。

5. 涉恐、涉稳重大事件——主要指境外组织对饭店进行恐怖袭击和威胁，"法轮功"等邪教组织、非法宗教势力和敌对分子在境内外对饭店员工进行活动等情况。

6. 其他重要问题——对维护企业和社会稳定产生重要影响、涉及企业员工和企业重要利益的各类突发性重大问题。

（三）工作原则

妥善处置影响企业稳定的各类重大问题和事件，要坚持以下原则：

1. 快速反应，果断处置，及时控制事态，尽量减少损失和负面影响，维护国家和企业的根本利益。

2. 按照"宜散不宜聚，宜解不宜结，宜顺不宜激"的方针，积极主动地做好化解矛盾、平息事件、疏导群众的工作。

3. 积极引导媒体，保证控制现场，取得政府支持，争取法律援助，妥善处置各类事件，尽量不留后遗症。

4. 坚持依法办事，正确执行政策，注意工作方法，讲求工作效果。

5. 按照"信息要畅通、组织要健全、协调要有力、责任要明确、保证要到位"的思路，形成信息灵敏、反应迅速、指挥得力、执行高效的维护稳定组织体系和运行机制。

（四）成立应急工作组及其分工

应急工作组对处置影响企业稳定的各类重大问题和事件进行统一指挥调度。组长由饭店总经理担任，副组长由主管安全副总担任。成员由各部门负责人组成。应急工作办公室设在饭店保卫部。

按照"统一指挥协调、规范工作程序、部门密切配合、分组履行职责"的原则，责任层层分解，具体落实到人。必须由专人负责事件处置、现场劝返、后勤保障、对外宣传协调等专项工作。各专项工作人员的主要职责是：

1. 事件处置

一是及时赶到现场，了解掌握情况，协调公安机关等有关部门维护现场秩序，做好教育疏导工作；二是对发生的重大问题和事件，负责向上级汇报情况，按照上级的统一安排进行处理；三是负责与有关单位联系接洽；四是负责收集、汇总处置影响企业稳定的各类重大问题和事件情况，并根据应急工作组组长、副组长指示及时向上级领导机关或有关部门通报。保卫部部长负责。

2. 现场劝返

一是负责现场维持秩序；二是负责与公安机关和上级有关部门的现场配合；三是负责协助疏导和劝返群体上访人的工作。人力资源、安全、政工部、发生问题部门部长负责。

3. 后勤保障

一是负责车辆安排，保障处置影响企业稳定的各类重大问题和事件的应急用车；二是负责食宿安排，保障处置影响企业稳定的各类重大问题和事件的有关人员的饮食或住宿；三是负责医疗安排，保障处置影响企业稳定的各类重大问题和事件中突发性病人的应急救护；四是负责资金保障，以解决为维护企业稳定需要而及时支付的资金款项。由总办、人力资源部、财务部部长负责。

4. 对外宣传协调

主要负责在处置影响企业稳定的各类重大问题和事件中，协调各新闻媒体，统一对外宣传口径，做好相关报道和解释工作，以消除负面影响，维护企业形象。对外宣传协调工作人员总办等部门负责。

5. 根据应急工作需要，饭店应急工作组可从各相关部门临时抽调工作人员，以保证足够的工作力量。参与应急处置工作的所有人员要服从统一指挥，认真履行职责，确保相关工作落实到位。

（五）工作程序

出现影响企业稳定的各类重大问题和事件，按照事件可控性、严重程度和影响范围，分为特别重大事件、重大事件、较大事件三个等级。

1. 凡是发生特别重大事件和重大事件的，第一时间向饭店应急工作办公室和相关部门报告；应急工作办公室和相关部门在接到报告后，应在第一时间向主要领导报告，并按有关程序和工作要求，向上级领导机关做出书面报告。

2. 出现影响企业稳定的各类重大问题和事件，在及时上报情况的同时主管领导必须在第一时间赶到现场，直接组织指挥，妥善处置事件。如确因工作原因不能在第一时间赶到现场，必须指定负责人处理，并向上级及时报告。

3. 发现境外组织对饭店职工进行恐怖袭击和威胁，"法轮功"等邪教组织、非法宗教势力和敌对分子在境内外对饭店职工进行活动等重要情况，必须在第一时间向饭店报告并请示处置意见。饭店按程序向上级和国家安全部门报告。

4. 发生重大安全事故，按有关规定及时上报地方安全主管部门。

5. 由于社会外部或企业内部原因发生的各类公共突发事件，必须及时上报，并将企业人员和财产的损失情况、所采取的对策措施、社会反应、处置进展等情况及时报告。

6. 出现涉及饭店和上级企业，并产生重大负面影响的新闻报道及相关事件，必须及时上报上级企业，按本应急预案启动反应机制，统一对外宣传口径，尽快与主管部门、相关新闻媒体联系沟通，协调有关单位，采取有效措施妥善处理。

7. 在处置影响企业稳定的各类重大问题和事件中，事件处置专项工作人员接到指令赶到事发现场后，要尽快掌握准确情况，向组长或副组长报告；事发现场在重点敏感地区的，应密切配合上级单位和有关部门开展工作。

8. 事件处置组根据现场情况，通知直接责任领导在第一时间到达现场；节假日期间，接到通知后的责任人员应中止休假，赶往事发现场，并按照应急工作预案和工作程序开展工作。在处置群体性事件中，要把握以下环节：

（1）进行法制教育。协助公安机关对参与群体性事件人员进行告诫，旗帜鲜明地指出其行为违反国务院《信访条例》等有关法律规定，引导他们依法、有序上访。

（2）组织推选代表。要求上访人推选五人以下代表，集中反映大家提出的问题。

（3）听取上访代表意见。组织有关部门联合接待，认真听取推选代表反映的问题，有针对性地做好宣传解释和教育疏导工作。

（4）分流上访人员。组织有关单位或部门劝返上访人员，对因身体原因不能自主返回的，及时实施临时救助，或由主管部门负责直接送回。

9. 及时做好信息反馈。事发现场处置完毕后，按照应急工作组组长或副组长的要求，综合有关信息，次日前报告上级机关。

（六）工作要求

1. 做好矛盾排查。要正确处理人民内部矛盾，加强对职工群众的社会心理研究，注意掌握预警信息，最大限度地把群体性事件苗头解决在部门，解决在班组，解决在萌芽状态。同时要坚持原则，掌握政策，改进方法，讲究艺术，注重法律效果和社会效果的统一，防止因政策出台不慎重、工作方法不当等因素引发群体性事件。尤其要注意及时妥善解决困难职工的合理诉求，避免使问题积小成大、积少成多。

2. 做好人员排查。为确保安全，各部门对所属员工内部矛盾情况要进行排查，包括土地征用问题、房屋拆迁问题、家庭主要成员企业改制问题、涉法涉诉问题、军转干部问题、退伍军人问题、社会保障问题、环境保护问题、干部作风问题等。对以上问题各部门要认真进行摸排，将摸排结果由各部部长签字确认后报饭店领导。

3. 做好重点部位人员政审工作。

4. 突出重点时段。重大活动和节庆期间，要提前做出部署，明确工作任务，落实工作责任，加强值班力量，保证联络和信息畅通。

5. 加强总结研究。群体性事件发生的情况千差万别，每一起群体性事件都有其特殊性，处置工作要因情施策，随机应变。处置工作结束后，要及时进行总结，并根据发展的形势和出现群体性事件的新情况、新特点，完善工作措施，积累工作经验，不断提高处置水平。

6. 严格责任追究。凡是对应急处置和维护稳定工作不到位、不尽责造成严重后果的责任人，视其不同性质和后果追究相应责任。性质严重的，根据情况给予党纪政纪处分，直至追究刑事责任。

7. 搞好宣传教育，加强应对能力培训。要因地制宜，采取各种方式对员工进行应对危机事件的培训，提高对突发公共卫生事件和突发社会安全事件预防、识别、反应、决策、处理的水平。

八、防止行凶、劫持等暴力案件处置预案

1. 在饭店内如果正在发生行凶、劫持人质等暴力事件，在场人员要沉着、果断、迅速，尽量制止犯罪或抓获犯罪嫌疑人。

2. 发现有行凶、劫持等暴力犯罪活动可疑迹象，或发现凶杀、抢劫、枪击等暴力犯罪案件时，要立即报告保卫部。同时要注意可疑人员或犯罪分子的行踪。报告时讲清报案人身份、事件发生的时间和地点、伤亡等简要情况。

3. 保卫部接到报告后，立即调动保安人员和距离现场最近的巡逻人员，携带必要器材（警械具、照相机、手电、对讲机）迅速赶赴现场。

4. 认真调查、分析、严密控制可疑人的行踪。利用监控系统进行监控。为防止出现严重事件，必要时可将可疑人带至或约束至保卫部进行审查，根据情况上报公安机关。

5. 如发现正在行凶或准备逃跑，在保障安全的前提下尽最大能力抓捕犯罪嫌疑人，严防犯罪分子行凶伤人。如果将抓获的人带离现场，要派专人看守，待公安人员处理。

6. 及时向受害者和见证人了解情况，收集必要的证据。

7. 控制局面，保护现场，疏散围观人员，立即上报公安机关。

8. 如果人质被绑架、扣押，在公安人员未到达之前，要采取必要措施尽力控制事态发展。

9. 公安人员到场后，要听从公安人员指挥，配合其开展工作。

10. 遇有人员伤亡，要立即通知医务室进行现场抢救，救护不了的要及时与急救中心联系。

11. 处理善后工作，如做好向客人解释、清点财物等工作。

九、防范精神病、上访人员处置预案

1. 防范重点区域：重点楼层、停车场、大厅及店内公共区域。

2. 在重点楼层、停车场、大厅及店内公共区域的服务人员和警卫人员要提高警惕，注意观察，及早发现上述人员，可采取以下办法：

（1）看：来人脸色及行为举止是否正常，衣着是否整齐。

（2）交谈：来人说话是否流利，头脑是否清醒，言语是否有颠三倒四的情况。

（3）其他不正常的情况。

3. 处置措施

（1）如果在停车场和大门口以外的地方发现上述人员，要坚决阻止其进入饭店；如在饭店重点楼层和店内公共区域发现上述人员，要迅速将其带离或劝离饭店。

（2）如有出丑闹事行为的首先制止，防止事态扩大，可利用以下手段：劝说、诱导、强制。

（3）要注意尽量不要惊扰客人，迅速发现制止闹事苗头，避免造成重大国际影响。

（4）安全部查明来人身份、来意、工作地点及住址，酌情通知单位、家属或送交公安机关。

（5）如其手中持有凶器，警卫要维持现场秩序，以免误伤其他人员。同时报辖区公安机关，由警方处理。

（6）给饭店造成财产损失、毁坏设施设备的，通知相关领导联系有关部门，确定价值，交由警方联系精神病人的法定看护人进行索赔。

（7）在酒店范围内发现上访人员，应立即让其远离酒店区域，不听劝阻的，电话通知公安机关。

十、发现被查控的嫌疑人、嫌疑车辆处置预案

1. 饭店员工在工作中要注意发现是否有犯罪嫌疑人或车辆进入酒店区域，一旦发现要立即报告。

2. 前台工作人员如在进行入住登记时发现有被查控的犯罪嫌疑人，应沉着冷静，按照正常工作程序为其办理登记手续，待其离开后，到办公室或客

人不能接触到的区域向保卫部门报告。

3. 车场工作人员一旦发现有被查控的车辆时，要立即向保卫部门报告。

4. 保卫人员接到报告后，立即对相关情况进行核实，一旦确认，立即向公安机关报告，并向公安机关提供详细资料，包括嫌疑人入住的房间、嫌疑人的入住登记资料，同时采取监控措施，观察嫌疑人、嫌疑车辆的动向，有情况要及时上报。

5. 在确认对犯罪嫌疑人、嫌疑车辆采取逮捕、扣押、拘留等手段的法律文书后，协助公安机关进行工作。

6. 如公安机关通知该人、车辆已作撤控处理时，及时通知相关工作人员对原查控通知进行撤控。

十一、打架斗殴、流氓滋扰防范预案

1. 饭店员工在服务中注意对身边情况的观察，发现有此类事件苗头时应及时通知保卫部门，通知内容包括地点、人数、是否持有器械。

2. 接报警后，保卫人员要及时赶到现场，并通知大堂经理一同到场解决。如果涉及人员有住店客人，要确保客人及现场饭店员工人身安全。

3. 遇有流氓滋扰事件时，保安部同大堂经理到场与对方进行沟通，无法解决时电话报警，请求支援。

4. 维持现场秩序，尽量避免饭店的公共财、物受到损失，如滋事双方持有器械的，经请示值班经理，打电话向公安机关报警，大堂经理负责联系相关部门统计饭店损失，以便索赔。

5. 上述情况发生时，保卫人员到场后应尽量疏散现场人员，避免对围观人员、住店客人造成伤害。

十二、防震抗震应急预案

为了提高发生地震灾害时的应变能力，确保客人和员工的生命安全，使饭店财产免受或少受损失，参照日本新大谷饭店防震抗震经验，制订本应急预案。

（一）*指挥程序*

1. 饭店突发事件领导小组全面负责饭店的地震预防和震后具体工作的组织实施。

2. 当地震发生时间在周六、日或夜间时，由饭店总值班员和各部门带班负责人组成临时指挥小组，负责地震发生初期公司内部事宜的处理，待公司突发事件领导小组组长到达现场后再移交现场指挥权。

3. 各部门人员要绝对服从饭店突发事件领导小组或现场临时指挥小组的

指挥和调度，做到行动迅速，人员和措施及时到位。

4. 饭店突发事件领导小组办公室负责对地震预防措施落实情况的检查督导，地震发生后负责情况搜集和上传下达工作。

（二）地震预报

1. 根据国家地震台、网确定已发生地震的震度。

2. 根据地震时对建筑物和设施的影响程度判断出地震的震度。

3. 饭店突发事件领导小组或现场临时指挥小组将已得知或经过判断的地震震度迅速通知各部门。各部门和员工按照通知的地震震度，采取各项应急措施。

（三）应急措施

1. 当震度在 3 级至 4 级以下时的对策

（1）各厨房关闭天然气阀门，店内禁止一切明火。

（2）当班各岗位员工检查个人周围有无异常情况，并迅速将发现的异常情况向工程部值班室（电话_____）报告。

（3）消防中心应随时通过摄像监控观察各处情况，发现异常迅速向工程部值班室（电话_____）报告。

（4）工程部立即组织各专业人员对公司的主要设备设施进行检查，查看是否有异常情况。

（5）工程部将各部门报告的情况和自检情况立即汇总并向公司突发事件领导小组组长和副组长报告。遇有重要情况须在第一时间直接向饭店突发事件领导小组组长报告，并同时采取相应措施。

（6）各部门根据饭店突发事件领导小组下达的指令，采取下一步行动措施。

2. 当地震在 4 级以上时的对策

除采取以上措施外，还应采取以下措施：

（1）饭店所有电梯停止运行（操作时要防止有人被关在电梯轿厢内）。

（2）工程部机房空调机组和锅炉房要暂时停止运行。

（3）工程部关闭天然气总阀门。

（4）各部门要做好对客人的相关解释工作。

（5）当公司突发事件领导小组下令对设备设施重新启动运行时，工程部要在大型设备进行安全确认的同时，负责通知公寓、办公楼对各住户进行天然气灶具开关阀门的安全确认，通知餐饮部和员工餐厅进行厨房灶具天然气开关阀门安全确认。

3. 当地震在 5 级以上时的对策

除采取上述对策外，还要采取以下措施：

（1）播放地震情况广播（中、英、日三种语言）。通知客人不要慌张，就地寻找安全部位进行避险。

（2）停止店内供电（只保留应急照明和消防备用电源）。

（3）店内天然气和用电设备设施的开关阀门全部设定在关闭状态。

（4）各部门对所辖区域进行检查，工程部本部人员对店内主要设备设施和建筑主体结构进行检查。

（5）工程部要在第一时间将汇总的检查情况向公司突发事件领导小组组长报告。

（6）各部门根据公司突发事件领导小组组长的指令采取下一步行动。

4. 紧急撤离

（1）当发生强烈地震并使建筑物主体遭到严重破坏时采取紧急撤离措施。

（2）紧急措施的指令由饭店突发事件领导小组组长下达。

（3）紧急撤离的步骤及路线

①播放紧急撤离的广播；②饭店、公寓、办公楼的人员一律按照先客人后员工的顺序，通过安全通道撤离；③饭店客房和公寓在引导客人撤离时，对每个房间都要检查确认，不要遗漏客人，同时每个楼层安全通道口处安排一至两名员工引导并协助客人撤离；④撤离集合地点设在饭店外露天宽敞地带；⑤各部门、各岗位负责人要最后检查所在区域设备设施是否全部关闭，人员是否全部撤离，确认无误后方可撤离现场；⑥保卫部要在饭店、公寓、办公楼外围设立警戒线，未经批准任何人不得再进入店内。

（四）防震准备工作及注意事项

1. 成立3个预备队。由餐饮、工程、保卫三个部门各出10人分别组成预备队，部门部长或当班负责人担任队长，随时听从饭店突发事件领导小组的调遣。

2. 工程部、保卫部、公寓办公楼、客房前厅要备有手电筒，以备急需。

3. 前厅备好担架，医务室备好医药箱，以备抢救伤员时使用。

4. 饭店建筑物设计要求可抗几级地震，要做到心中有数。各部门要教育员工，当地震发生时要保持冷静，不要惊慌，更不能大声喊叫，以免造成客人的恐慌。要按照预案规定的程序，在饭店突发事件领导小组的统一指挥下，有条不紊地实施地震后的救助工作。

十三、突发传染性疾病应急预案

（一）组织机构及职责

饭店应安排总经理等高级行政管理人员及各主要部门的负责人，组成突发传染性疾病应急领导小组。应急管理指挥机构可视情况需要，在必要时组建现场控制中心及媒体信息中心，并安排相应的执行人员来负责推进和落实各项应急处置工作。

其职责为：

1. 遵循预防为主、常备不懈的方针，贯彻统一领导、分级负责、反应及时、措施果断、依靠科学、加强合作的原则，提高对突发传染性疾病的洞察能力，分析有可能对企业经营带来的影响和危害，制订相应的对策，取得政府和有关部室的支持和合作。

2. 作好突发传染性疾病的应急准备。制订突发传染性疾病应急计划；建立突发传染性疾病应急报告制度；建立重大、紧急疫情信息报告系统；定期对员工开展突发传染性疾病应急处理相关知识、技能的培训；组织应急演练。

3. 当突发传染性疾病发生后，提出启动应急预案的建议，并负责应急处理的统一领导，统一指挥。按照程序如实报告疫情，采取措施控制疫情发展，做好隔离和消毒工作，及时沟通内外、上下关系，稳定局面，发挥后勤保障作用，将影响和损失降到最低点。

4. 疫情过后，尽快组织恢复正常经营，拓展业务。及时总结疫情发生时的经验，修改预案，以便更好地应对新的疫情的到来。

（二）建立疫情报告网

在全店范围内建立以饭店、部室、班组为单位的三级疫情报告网，做到信息畅通、反应快捷、指挥有力、责任明确。

1. 每天安排人员对每一位员工进行健康检查，注意观察员工有无异常情况；若发现有传染病或疑似症状，要及时报告主管和部室经理。

2. 各岗位服务人员在工作中应注意随时观察宾客中有无身体异常情况；若发现有传染病或疑似症状，要及时报告领班、主管和部室经理。

3. 部室经理接到报告后，要及时报告应急管理指挥机构。应急管理指挥机构获知后，要及时报告总指挥，并派医务室大夫到达现场，妥善处理。同时要及时安排人员做好信息的收集、分析、报告和通报。

4. 根据现场的观察和分析，甄别情况，考虑是否需要报告卫生防疫部门，以便做到早发现、早报告、早隔离、早治疗，切断传染源传播途径。

5. 若发现确诊或疑似病人，要安排人员在做好自我防护的同时，以缓和的态度询问客人有什么不适，应稳住客人，不轻易放走客人，并逐级上报。

6. 对传染病患者接触过的地方，要保护好现场，待卫生防疫部门到达后，要积极配合卫生防疫人员做好病人的处理和现场的消毒工作，以免扩大传染机会。

（三）防止传播

遇传染性疾病流行或爆发，要根据该传染性疾病的传播途径，切断从传染源到易感者的传播（传染源指病人和病毒；传染途径指传染的方式和途径；易感人群指没有保护抗体的人群），做好病人和接触者的暂时隔离，并及时拨打急救电话，对病人实行隔离就诊。

（四）应急预案

1. 客人中出现传染病人或疑似传染病人应立即启动下列程序：

（1）启动疫情报告网，逐级报告。在规定的时间内完成报告程序，同时，封锁现场。在处理过程中，要尽可能减少直接接触传染病人或疑似传染病人，并将接触传染病人或疑似传染病人和为客人服务的人员记录在案。

（2）接到报告后，立即指派经过救助、隔离及自身防护措施等培训的专门救助人员（医务室大夫）前去救助，并及时联系急救中心或应急救治医院。

（3）专门救助人员接到通知后，应立即按程序穿好隔离服，戴好隔离帽、口罩、手套、脚套等防护用品，并带好备用口罩，前往事发地点。

（4）专门救助人员到达现场后，应设法说服传染病人或疑似传染病人接受饭店的安排，到指定医院进行检查治疗。然后，引导其分别前往饭店隔离房间进行暂时隔离（该房间为传染病人或疑似病人临时隔离房间。房间内配备紫外线消毒灯、"84"消毒液、过氧乙酸溶液、酒精棉球、体温计等；房间内封闭空调进风、出风口，门窗保持开启状态；房间内放置易于消毒的家具）。若餐厅发现传染病人或疑似传染病人，可就近采取措施，利用附近可开窗通风的餐厅将客人临时安置隔离，等待救护车到来。同时，在房间外实行必要的监护，防止该病人在救护车到店前离开隔离房间。

如果传染病人或疑似传染病人拒绝去医院检查，大堂经理应及时与有关医疗部室联系出诊，及时诊断病情。必要时可采取进一步措施，以防病毒扩散。

（5）在救助人员将疑似病人带往隔离房间时，同时指派专人迎接救护车。

（6）急救中心或应急救治医院的救护车到店后，由指派的专人将医务人员带到临时隔离房间。专门救助人员协助急救人员将疑似病人送上救护车。

（7）疑似病人被送走以后，要立即组织人员对该病人住过的房间、吃过饭的餐厅、临时隔离餐厅、电梯间等场所采取严格的消毒措施。参与消毒工作的人员要戴上胶皮手套、口罩、眼镜，必要时穿上隔离服。工作结束后要立即洗澡更衣，并遵照医嘱对身体的重要部位——手、鼻、眼部进行彻底消毒；要将换下的脏衣服放进塑料袋内封存24小时，日后根据情况再行处理。

（8）为保护救助人员、参与消毒工作人员及与疑似病人接触过的服务人员，上述人员要离岗两个星期，同时实施必要的隔离和观察。

2. 一旦疑似病人被医院确诊为传染病时，要立即启动下列程序：

（1）当接到医院的确诊通知时，要立即向饭店突发传染性疾病应急管理指挥机构报告情况。

（2）饭店突发传染性疾病应急管理指挥机构要安排保卫部门人员协助相关部室对病人住过或工作过的房间立即进行封存。

（3）饭店突发传染性疾病应急管理指挥机构要安排有关部室的人员收集、整理病人及与其密切接触人员等相关信息，及时向市旅游局、当地疾病预防控制中心及其他相关部门报告。

（4）实施相关人员隔离计划，立即对救助人员、参与消毒工作人员、为病人服务过的人员、与病人接触过的服务人员及在被污染区域工作的员工等进行隔离。

（5）接触病人和清理污染区域所穿过的防护服及物品，要按有关部室的规定送到指定地点进行统一处理。

（6）配合卫生防疫部门对全店进行消毒。

①空气消毒和物体表面消毒　相关部室在卫生防疫部门的指导下，用2%过氧乙酸按8ml/M^3气溶胶喷雾消毒1小时或用15%过氧乙酸7ml（1g/M^3）熏蒸2小时。消毒结束后进行通风换气。

②对楼层走道的墙壁、地面和所有公用电梯、楼梯用1000mg/L含氯消毒剂溶液按100ml/M^2喷雾两遍，30分钟后对易腐蚀、褪色的部位可用清水清洗或擦拭。

③对会议室、大厅及走道等场所应尽可能长时间地开窗通风换气。必要时可用过氧乙酸进行空气和物体表面消毒（方法同上）。

④对病人使用过的床上用品、毛巾、餐具、用具等用250－500mg/L含氯消毒剂溶液浸泡30分钟，30分钟后用清水清洗或擦拭。对家具、日常用品（门窗、门把手、桌面、沙发、电话、洗手池、卫生间）等物体的表面用1000mg/L含氯消毒剂溶液擦拭消毒。

⑤应确保公共场所的空调系统安全送气，对整个供气设备和送气管路用500－1000mg/L的含氯消毒剂溶液擦拭消毒。

3. 员工出现传染病或疑似传染病症状，应立即启动下列程序：（外租、外包柜台员工可参照此办法）

（1）启动疫情报告网，逐级报告。在规定的时间内完成报告程序，同时封锁现场。

（2）立即强令其到医院就诊，并追踪其检查诊断结果，痊愈之前不得允许其上班工作。在没有被医院确诊、病状也未彻底消失之前，该员工不能返回饭店，包括饭店各活动区域。

（3）对有疑似病状并且又与传染病人或疑似传染病人有过密切接触的员工，饭店应立即要求其去急救中心或应急救治医院就诊。如果员工不愿去医院治疗，要强制性送其去医院治疗。

（4）对其工作过的环境、触摸过的物品及更衣柜等立即进行全面消毒。同时，饭店的各个部位也应进行消毒，并马上着手调查近期内与其密切接触的人员，以便配合防疫部门对此类高危人群进行隔离和检疫。

（5）一旦员工被医院确诊为传染病，可参考客人被医院确诊为传染病时的程序处理。

（6）在家中的员工（含离退休人员、待岗人员）若被确诊为传染病人或疑似病人，处理程序同上。

（7）如有员工被医院确诊为传染病人，其他员工不要去探视。

（8）如遇人员死亡事件，要及时安排人员进行隔离警卫，并及时向公安机关、卫生防疫部门报告。

（9）如涉及外籍人员，应视需要及时向外事主管部门报告。

4. 物资准备

（1）要安排人员为饭店购买气雾喷壶、消毒药品和其他消毒器具等消毒物资。

（2）各部门需配备必要的医用隔离服，同时配备口罩、手套等，用于饭店协助处置疑似病人之用。

（3）饭店医务室要按要求配备一定量的75%酒精、脱脂棉球、口罩、按比例配置好的过氧乙酸等。

（4）配备必要的体温计，供员工和客人使用。

5. 加强宣传和教育

采取不同方式，从不同角度开展宣传教育和培训。可利用宣传画、报刊和电视台等多种宣传形式经常开展传染性疾病预防知识和防治措施的卫生健康教育；同时根据疾病流行季节，请有关专家讲课，增强全员的卫生防病意识和自我保护意识。通过这些方式，使员工了解传染性疾病预防知识和防治措施，做到"两熟知"、"两能够"：熟知卫生行政部门公布的传染性疾病的症状、特征和预防措施；熟知所在地治疗传染性疾病或疑似病人留验站及医院的名称、地址和联系电话。能够对传染性疾病的表现症状作出大致判断，能够及时履行报告制度，并搞好现场控制。

6. 加强对公共区域的消毒工作

除日常坚持必要的消毒程序外，如有传染性疾病的病人出现，应对其接触的区域做特殊消毒处理，可请专业人员协助指导。

7. 做好员工的健康检查

饭店要组织全体员工每年定期进行体检，对体检不合格者饭店可根据卫生防疫部门的要求，安排其休假或调整工作岗位。饭店每年要定期请卫生防疫部门的专业人员来店进行卫生、防病知识的培训并进行考核，所有一线员工须经考试合格取得"卫生知识培训证"并经体检合格取得"健康证"后方可上岗。

8. 建立"两本"、"一表"登记制度

（1）传染病登记本

通过疫情报告网及时准确地登记饭店患有各种传染性疾病的员工姓名、病因及患病时间，以便及时掌握情况，妥善做出处理。

（2）员工出差登记本

通过疫情报告网及时准确地登记饭店出差的员工是否到过疫区，出差期间是否出现过高热、咳嗽、腹泻等可疑症状，发现疑似症状，及时到医院就诊。

（3）客人健康登记表

在发生疫情时，对新入住的客人实施健康询问登记制度。当客人办理入住手续时，协助客人填写由饭店特别编制的"客人健康登记表"并观察客人的健康状况。有关服务人员应以关心的口吻询问已入住的客人的身体状况，发现异常情况要通过疫情报告网及时地、逐级地报告，并采取果断的措施。

9. 责任要求

在传染性疾病的流行和爆发期间，全体员工有义务、有责任本着对企业、对他人负责的精神，认真做好自我防护和疫情的报告工作，对贻误疫情、发现不报而造成不良影响或严重后果的要追究其责任。

10. 总结和善后

应安排人员有效实施相关救助、补偿、抚慰、安置等善后工作，妥善解决因处置突发传染性疾病事件引发的矛盾和纠纷，尽快恢复正常经营管理秩序。

应安排人员对突发传染性疾病造成的损失进行评估，对经验教训进行总结，及时查明突发传染性疾病在饭店的发生经过和原因，总结突发传染性疾病应急处置工作的经验教训，制订改进措施。

十四、汛情及极端气候灾害应急预案

汛情及极端气候灾害包括暴雨、暴风、台风、龙卷风、水灾、旱灾、冰雪灾害等。当遇有汛情及极端气候灾害时，为确保饭店各项应急工作高效、有序地进行，最大限度地减少人员伤亡和财产损失，结合饭店的特点，特制订本应急预案。

（一）组织机构及职责

1. 汛情及极端气候灾害应急管理指挥机构

饭店应安排总经理等高级行政管理人员及各主要部门的负责人，组成汛情及极端气候灾害应急领导小组或类似的组织作为汛情及极端气候灾害应急管理指挥机构，明确总指挥和组成人员，并有效规定所有成员的职责。应急管理指挥机构可视情况需要，在必要时组建现场控制中心及媒体信息中心，并安排相应的执行人员来负责推进和落实各项应急处置工作。

2. 主要职责

（1）加强领导，健全组织，强化工作职责，结合饭店情况，制订应急预案（特别要制订疏散方案、应急联络方案及救援方案，确定疏散路线和场地，明确各部门职责等），完善预案，并开展一定的演练工作。

（2）充分利用各种方法进行汛情及极端气候灾害知识的宣传教育，不断提高全员应对灾害的意识和基本技能。

（3）认真做好各项准备及各项物资储备工作（饮用水、食品、抢险设备等），始终保持良好的备战状态。

（4）灾害发生后，采取一切手段，组织各方面力量全面进行抗灾减灾工作，把灾害导致的各种损失降低到最低限度。

（二）汛情及极端气候灾害的应急准备

在汛情或极端气候到来前，应做好相应的应急准备工作，工作重点是：

1. 应组织人员对防汛器材、防汛设施、避雷装置、污水泵、机房等重点要害部位等进行检查和维护，确保各项设备运转正常。

2. 在地下车道口、地势较低的出入口及其他重点要害部位门口准备沙袋。

3. 对建筑物顶部、门窗、外围悬挂设施等部位进行检测和维护，并做加固和清理处理。

4. 在做好入住登记时，应对住店客人情况做出备份，防止断电后不能调用资料，造成部分客人遗留在房间内，受到伤害。

（三）汛情及极端气候灾害的应急处置

1. 若获知汛情或极端气候发生，总指挥应及时安排人员赶赴现场核查情况，并视情况决定是否及时启动应急联络程序。调集人员进行堵漏、排水工作，对重点要害岗位、库房等区域增加人力及防汛器材和工具，防止次生灾害事件发生。下达转移物资指令，启动应急救援预案，负责组织、指挥防险救灾工作，并通知各部门按分工各司其职，立即投入抢险救灾工作。

2. 在应急处置过程中，工程部门应视情况决定是否应切断受灾区域的电源，并及时安排工程部门的人员断电。要及时组织人员携带工具到达现场抢险，对严重积水的部位，抽调排水设备进行排水。要安排人员在消防控制指挥中心严密监测，随时将灾害情况向总指挥报告，并接受其指令，认真登记。要及时安排人员负责煤气、水、电、热的控制和抢修工作。

3. 保安部门应根据指令协助做好现场指挥、组织抢救工作。对发生汛情的岗位增派人员执勤，劝阻无关人员进入受影响区域，安排人员在楼层进行巡逻，严格控制各出入口，防止不法人员进行破坏，防止盗窃及恐慌骚乱，维持公共区域的秩序。在室外值班的安全员，应检查饭店外墙的玻璃窗是否关闭，将外围用电和电源关闭，以免造成短路火灾。立即调动应急人员进行救灾工作，协助客务部门疏散客人，做好现场的警戒巡逻。

4. 要及时组织有关部门人员做好对客人的疏散、安置、警卫、安抚解释和清点等工作，为客人提供必要的服务。

5. 要及时安排医务人员抢救伤者，并组织其他人员随时进行协助，视情况及时与急救中心或应急救治医院联系，协助进行抢救工作。

6. 要及时安排人员与保险公司进行联络，视情况及时向政府有关部门进行上报。

（四）总结和善后

应安排人员有效实施对各种救助、补偿、抚慰、安置等善后工作，妥善解决因处置汛情及极端气候灾害引发的矛盾和纠纷，尽快恢复正常经营管理秩序。

应安排人员对汛情及极端气候灾害造成的损失进行评估，总结应急处置工作的经验教训，制订改进措施。

十五、防止食物中毒应急预案

为确保住店、用餐宾客以及员工在店期间能有效地避免食物中毒，在发生食物中毒事件时能及时采取必要的措施，维护其生命安全，特制订本方案。

（一）组织机构及职责

为适应突发事件的应急需要和加强日常防范工作，在饭店突发事件应急管理指挥机构的领导下，根据饭店的实际情况，成立由本店员工组成的实施处置食物中毒事件的应急小组，制订符合本单位情况的应急防范处置方案。在方案中，要落实应急小组的组长和组员，明确人员分工和职责，公布应急报警电话或其他有效的联络方式，提出食物中毒的预防和处置措施，列出应急送治医院或急救中心、卫生防疫部门、公安机关、旅游局、外事主管部门及上级部门等相关机构的联络方式。

在日常工作中，应急小组要向全体员工进行食物中毒事件的预防和处置培训。遇有此类事件发生，饭店应急机构的总指挥是实施本预案的总负责人，决定是否启动应急预案，到现场指挥救援，负责组织指挥协调应急处置工作。

应急小组负责应急处置的具体实施。一方面，应急小组要立即派出应急人员并调动距现场最近的巡逻力量赶赴现场，及时采取措施进行处置；另一方面，要将事件发生、发展情况的各种信息及时汇总，上报饭店应急机构的总指挥，并根据事件的性质，及时上报卫生防疫部门、公安机关、旅游局、外事主管部门及上级部门等相关机构。

（二）防范要点

1. 食物中毒的预防要以饭店各部门以及每位员工的积极预防为主。饭店要教育全体员工养成良好的个人卫生习惯，加强卫生知识学习，提高自我保护意识和自救能力，不食用不洁食品和可能带有传染病源的动物。饭店各部门要定期开展卫生清扫，积极消除鼠害，蚊、蝇、蟑螂等病媒昆虫。

2. 要明文规定卫生规则，应对上岗前的餐饮人员进行食品卫生规则要求的培训，使每个餐饮人员掌握操作过程中的卫生规范要求。要配备专职食品检验人员，负责卫生知识的经常性宣传，并监督、检查、抽查餐饮人员执行《食品卫生法》的情况，定期记录、报告，如发现问题，及时解决、处理或限期整改。

3. 要严格执行食品采购、运输、保管、加工、销售过程中的安全责任制。

（1）应把好食品采购关，不购买未经检疫的动物、肉食及制品，对购进的禽畜类生物及制品，要严格验收登记，发现问题停止食用。

（2）要按要求对采购车辆、容器进行消毒、清洗、擦拭，保证洁净安全。食品运输使用专用车辆，各容器加盖，生、熟食品分车装运。

（3）食品库房要设专人管理，严格入库验收登记，要按食品贮存要求进行分别储存，要对储存的食品加强检查（是否腐烂、变质、过期等），要定期对冷库进行消毒、清洗。

（4）加工食物时，要按卫生要求，配备专人对食品进行认真清洗、消毒，食品加工要生熟分开。各冷菜间要安装紫外线灯，定时进行工作台面及空气的消毒。要按卫生要求和程序统一负责各厨房的厨房用具、餐具的清洗、消毒工作和厨房卫生。食品检验人员对食品要进行抽样检查，并将检验结果报告餐饮部门。

（5）应做到食品加工"当日生产、当日销售、当日食用"。在食品销售过程中，要做到人不离食品。

（6）要对店内的饮用水源进行保护，定期检查，防止污染、投毒事件发生。

（三）应急处置要点

1. 若发现或获知有客人或员工出现食物中毒症状（如呕吐、腹痛、腹泻、恶心等症状），发现人应首先了解中毒者国籍、人数、症状程度等基本情况，第一时间向饭店突发事件应急处置指挥机构报警，报告人要报明自己的姓名、所在地点，食物中毒人员的国籍、人数、中毒程度、症状。报告人和在现场的饭店工作人员应就近妥善安置中毒者，不要将病人单独留下，不搬动任何物品，不要随意施救，保护好现场。

2. 饭店突发事件应急处置指挥机构有关人员在接到报警后，应问明时间、地点、中毒人数、中毒程度和症状等，并立即向饭店突发事件应急处置指挥机构的总指挥报告。饭店突发事件应急处置指挥机构要及时启动应急联络程序，启动应急小组的行动，到现场了解情况和指挥应急处置，同时安排有关人员向应急送治医院或急救中心求援，并视情况决定是否需要向卫生防疫部门、公安机关、旅游局、外事主管部门及上级部门等相关机构报告。

3. 要及时安排医务人员携带急救药品和器材赶往现场，实施必要的紧急抢救，并根据具体情况决定是否需要送往医院抢救，或等待急救中心专业人员处理。确定食物中毒后，填写食物中毒报告单，上报总指挥。需送医院时，医务人员要陪同前往，并及时向应急机构报告情况。如公安机关、有关防疫部门来店处理中毒急救时，医务人员要主动提供中毒者病理情况，向相关部门介绍情况。

4. 要及时安排好抢救人员，备足担架和其他抢救设备。准备好抢救用车、调查办案用车等车辆，以及驾驶人员。

5. 要及时派人赶赴现场，做好现场保护工作，划定区域，劝阻无关人员进入并疏散围观人员。协助医务人员抢救中毒者，验明中毒者身份，做好对发现人和现场知情人的访问笔录。情况严重时随中毒者前往医院，适时做好中毒者讯问笔录，同时核对中毒者证件，验明身份。若有死亡者，派专人负责警卫，保护现场，并迅速报告公安机关等有关部门。

6. 要及时安排食品检验员对中毒者的剩余食品及呕吐物进行收集，采集检验样品（食品、食品工具、病人呕吐物等），并将样品尽快送检。找出可疑食品及食品盛放工具，对可能引起中毒的食物和能可能有继续发生食品中毒危险的食品应立即进行有效的控制措施，严禁继续使用。对厨房工作人员进行相关的卫生指导，对食品制作加工内、外环境进行彻底的卫生处理，防止续发病例。

7. 遇有投毒事件发生，要立即采取果断措施将犯罪分子抓获，要防止犯罪分子行凶伤人、自杀、逃跑，同时报告公安机关，协助开展调查侦破。对有投毒嫌疑的人，总指挥决定是否向公安机关报告，并视情况决定是否需划定警戒区，是否要对相关的厨房、餐具、食品进行封存。

8. 要及时安排人员为抢救提供资金，并积极组织人员对其他客人进行走访检查，及时发现是否还有人员食品中毒，同时向客人解释，安定客人情绪。在必要时立即通知中毒者旅游团或家属或单位，做好接待工作。对来采访的新闻媒体进行接待。如涉及外籍人员，应视需要向外事主管部门报告。

（四）总结和善后

饭店应安排人员有效实施各种相关救助、补偿、抚慰、安置等善后工作，妥善解决因处置食物中毒事件引发的矛盾和纠纷，尽快恢复正常经营管理秩序。

应安排人员做好食物中毒事件的调查和总结工作，并写出食物中毒事件处置后的书面调查报告，内容包括事故经过及处理情况，事故原因及责任，善后处理过程及赔偿情况，有关方面、客人及其家属的反映，事故遗留问题及其他，事故教训及今后的防范措施。

十六、非法悬挂标语、散发传单应急处置预案

（一）组织机构及职责

为适应突发事件的应急需要和加强日常防范工作，在饭店突发事件应急管理指挥机构的领导下，应成立实施处置楼体悬挂标语、散发传单事件的应急小组，制订符合本单位情况的应急防范处置方案。在方案中，要落实应急小组的组长和组员，明确人员分工和职责，公布应急报警电话或其他有效的联络方式，提出楼体悬挂标语、散发传单的预防和处置措施，列出公安机关、旅游局及上级部门等相关机构的联络方式。

在日常工作中，应急小组要向全体员工进行楼体悬挂标语、散发传单事件的预防和处置培训。遇有此类事件发生，组长是实施本预案的负责人，负责组织协调处置工作的具体实施。一方面，应急小组要立即派出应急人员，调动距现场最近的巡逻力量赶赴现场，及时采取措施进行处置，防止事态扩大；另一方面，要将事件发生、发展情况的各种信息及时汇总，上报宾馆饭店应急机构的总指挥，并根据事件的性质，及时上报公安机关和旅游局等有关部门。

（二）预防

1. 积极动员全体员工，树立高度的责任感，增强安全意识，建立多层次的防范安全网络，做到不放过任何可疑情况，发现问题及时通报应急小组。

（1）安排专门人员负责维护饭店楼体的安全。

（2）安排专门人员负责维护大门的安全秩序。

（3）安排专门人员负责维护公共区域的安全秩序。

（4）安排专门人员负责维护客房区域的安全秩序。

（5）安排专门人员负责维护车场内的安全秩序。

（6）遇饭店承办大型活动或重要政治活动时，安排专门人员负责维护现场安全秩序。

以上各层次的安全防范力量，在遇有事件发生时，要相互配合、协同

作战。

2. 要加强对楼体以及周边情况的观察和注意，对楼体进行定时与不定时的巡视。如遇撒传单、打横幅等情况，要采取坚决措施及时制止。发现情况的人员要及时上报应急小组，说明报告人的姓名和身份、事发地点的准确位置和基本情况。

3. 要严格入住登记手续，加强服务人员的安全防范意识。

4. 各出入门口要做到严格把关，要注意观察进出门人员情况、人员流量变化及车场内人员的活动情况，防止人员聚集。如遇撒传单、悬挂横幅等情况，要采取坚决措施及时制止。发现情况的人员要及时上报应急小组，说明报告人的姓名和身份、事发地点的准确位置和基本情况。

5. 要注意发现和观察客人携带的物品，是否有可疑现象。如遇可疑情况要及时上报应急小组，并说清本人姓名和身份。

6. 遇饭店承办大型活动或重要政治活动时，活动现场值勤人员要积极配合主办方工作，严格验证制度，并注意观察现场周边情况，注意控制现场。

7. 要特别加强各层次安全防范力量在夜间的安全保卫工作。

（三）报警

一经发现利用楼体悬挂标语条幅、散发传单等手段进行各种宣传（法轮功、上访等）的违法活动，发现情况的人员要立即向应急管理指挥机构或应急小组报告，同时说明本人姓名和身份，准确报告事件发生的地点、时间和基本情况。

应急小组接报后，要立即派人调查、分析，根据事件发生的性质，上报公安机关和旅游局等有关部门，并协助配合有关部门做好相关处置和善后工作。

（四）处置

1. 充分利用人防、技防相结合，分工明确，责任到人。加强监管密度，保持通讯畅通，做好各部位的信息沟通。发现可疑情况及时报告应急小组，做到及早发现及时处理。

2. 发现悬挂标语、散发传单的情况，要迅速组织人员在第一时间到达现场，准确报告事发地点的位置。

3. 对于悬挂条幅的，应急小组要确定事发地点，组织人员准确迅速到达事发地点后，采取坚决手段控制嫌疑人，并迅速将条幅收回，避免影响其他客人，造成不良影响。

4. 对于散发传单的，应急小组应立即采取坚决手段控制嫌疑人，组织人员及时收缴和清理已经散发的和剩余的传单，要求收缴和清理人员向应急小组如数上交传单，不得私留和传阅。

5. 事件发生后要将事态控制在最小范围内，要求员工做到不说、不传。

6. 对收缴来的条幅和传单要妥善保管并及时上交相关部门。

7. 严禁非法展览、集会，发放传单和悬挂横幅。处理程序：

（1）迅速报告公安机关及公司领导；

（2）用录音、录像、照相等多种方式，留住非法证据；

（3）对非法展览、集会能制止的要坚决制止；

（4）组织警力对组织非法展览、集会的人员，进行有效的控制，尤其是对重点人员；

（5）对参加展览的人员，尽量做好本人基本情况登记（姓名、住址等），能做多少尽量做多少；

（6）要保存好电视监控的录像资料。

8. 对非法的宣传品和展品，不要让其被带出店外，不要扩张，将其控制在最小的范围。

9. 积极协调配合公安机关、上级安全部门的工作。

十七、突然停电应急预案

为了提高公司整体在停电时的应变能力，确保客人和员工的生命安全，使饭店财产免受或少受损失，特制订本应急预案。

（一）指挥程序

1. 饭店由总经理和各部部长组成的突发事件领导小组，全面负责饭店停电预防和停电后具体工作。

2. 当停电发生时间在周六、日或夜间时，由总值班员和各部门带班人员组成现场临时指挥小组，负责停电发生初期饭店内部事宜的处理，待饭店突发事件领导小组组长到达现场后再移交现场指挥权。

3. 各部门在岗人员要绝对服从饭店突发事件领导小组或现场临时指挥小组的指挥和调度，做到行动迅速、人员和措施及时到位。

4. 饭店突发事件领导小组办公室负责对停电预防措施落实情况的检查督导，停电发生后负责情况搜集和上传下达工作。

（二）应急措施

1. 工程部

（1）当市电供应全部中断时，启动发电机；

（2）发电机组必须处于良好备用状态；

（3）高压两路进线开关，电源确实消失 1 分钟以上时（人为设定），值班人员应立即操作使供电开关断开，防止发电机启动过程中，市电突然恢复，导致事故；

（4）手动启动发电机开关，观察发电机空载运行是否正常。此时发电机供油泵如正常启动运转，观察冷却水循环系统运转是否正常；

（5）当无法预见的灾害发生，发电机不能启动时，启动备用蓄电池组，可供大堂、客房走廊、餐厅等重要部位直流灯照明40分钟，保证客人、员工疏散。

2. 各部室

（1）工程部立即查明停电原因，向应急领导小组报告；（2）各部部长坚守岗位，打开手机，随时听候饭店突发事件领导小组的指挥、调动（在家休假的要立即返回公司）；（3）各班组人员不得慌乱，首先做好客人的稳定工作；（4）各班、各岗位人员检查、关闭所有电源、煤气、机器设备，防止电力恢复后造成损失；（5）利用应急广播播放停电情况（中、英、日三种语言），通知客人不要慌张，并向客人说明原因。

3. 突发事件领导小组

（1）突发事件领导小组立即到总经理办公室集中；

（2）根据停电原因立即向上级及有关部门报告公司情况。

4. 由餐饮、工程、安全三个部门各出10人分别组成预备队。部门部长或当班负责人担任队长，停电后在饭店大堂集中，随时听从饭店突发事件领导小组的调遣。

5. 工程部、保卫部、公寓办公楼、客房前厅、餐厅要备有手电筒等照明用具，以备急需。

6. 前厅配备担架，医务室常备急救医药箱，以备抢救伤员时使用。

7. （以长富宫饭店为例）四路供电系统：两路外网，一路自备发电机和一路蓄电池（用于电话、消防报警、事故广播、照明）供电。各部门要教育员工，当停电时要保持冷静，不要乱跑、大声喊叫，以免造成客人的恐慌和不必要的伤亡。要按照预案规定的程序，在饭店突发事件领导小组的统一指挥下，有条不紊地实施救助工作。

8. 如果公司照明系统、电话、广播中断，公司将采取人工和无线电话的方式下达指挥命令，向客人传达信息。

第六章 员工安全守则

一、总则

为规范饭店内部治安、消防和其他安全工作，保障正常经营秩序，依据《员工守则》相关内容，特制订《员工安全守则》。

二、治安安全须知和守则

（一）治安安全须知

1. 饭店旅游业的指导思想是"没有安全就没有旅游事业"。

2. 保卫工作的任务是防分裂祖国敌对势力，防刑事、治安、政治案件，防火灾事故，防自然灾害事故，防安全生产事故，防交通安全事故等"六防"工作，维护社会稳定。

3. 安全工作的基本原则是国家安全为重原则；谁主管谁负责原则；安全第一，预防为主原则；内紧外松原则。

（二）治安安全守则

1. 国家安全利益高于一切，要认真遵守国家的法律法规和企业的各项安全制度。

2. 有维护社会稳定的责任和义务，未尽安全职责而酿成不安全事故者要承担直接责任。

3. 对违法、违纪的不良行为有揭发、检举和制止的权利和义务。

4. 要主动接受安全知识教育、培训、考核，未经安全培训不得上岗。

5. 发现犯罪活动的可疑线索要及时向部门领导和保卫部门反映。

6. 做好本岗位的日常安全检查工作，对发现的各种不安全隐患及时做出处理；对不能及时处理的安全隐患，要适情采取有效防范措施，并迅速报告上级领导和保卫部。

7. 发生案件后必须保护好现场。不移动、触及现场的物品，尽可能不进入或不接近现场。

8. 熟知岗位安全任务、安全预案相关内容，并做好预案的演练。

9. 涉及国家安全方面内容时，要保护好国家机密。

三、消防安全须知和守则

(一) 消防安全须知

1. 就饭店而言，可能性较大的起火原因：一是吸烟不慎，随便扔烟头、火柴棒；二是违章用电，即乱接临时线、使用电热器具和超负荷用电；三是违反安全规定用火。

2. 自动水喷淋头：火灾发生时环境温度升高，到一定限度时，水喷淋头自动喷水灭火。灭火后，应立即更换。平时注意防止碰撞喷头。

3. 消火栓：多装在走廊墙壁的专用箱内。客房区域在安全楼梯的前室内，箱内装有水带、水枪及水喉。

4. 手动消防报警按钮：多装于消火栓或便于报警的明显位置上，当火灾发生时，按下按钮即可。

5. 轻便灭火器：饭店各部位一般都配有灭火器，它们适用于饭店范围内的各种火灾。在距火源三米左右（2千克以下灭火器可稍近，5千克以上灭火器应稍远）拔出保险销，把喷嘴对准火源（有喷管的要先握好喷管）用力压把，灭火剂即可喷出。

6. 饭店建立总经理领导下的防火安全组织，成立防火安全委员会。下属各部门主要领导作为该部门的防火负责人，各岗位班次确定一名消防安全员。从防火委员会到各岗位，要逐级签订消防安全责任书。

7. 防火安全委员会负责：

（1）全饭店的消防制度的建立和落实；

（2）贯彻执行《中华人民共和国消防法》、《机关、团体、企业、事业单位消防安全管理规定》和上级有关消防工作的指示精神；

（3）定期召开消防例会，布置消防工作，组织消防安全检查，研究、解决重大火灾隐患和各种不安全因素；对在消防工作上做出显著成绩或因违反消防制度造成不良后果的组织和个人做出奖励或惩罚决定；

（4）安排义务消防队的培训和演习，以及职工的消防安全教育和演习。

8. 各级防火责任人职责：

（1）认真贯彻饭店和国家有关消防安全的法规、制度，将防火安全工作列入本部门日常经营和管理工作，做到同计划、同部署、同检查、同总结、同评比；

（2）组织本部门班组的防火宣传工作；

（3）制订本部门班组的防火安全制度，并认真部署贯彻；

（4）组织防火检查，主持研究整改火险隐患，改善消防安全条件；

（5）领导义务消防队的活动，加强对管辖范围内员工的消防安全教育，及时处理本部门、班组里的火灾事故，对造成事故的责任人提出处理意见，并将情况上报防火委员会；

（6）要做好各级防火预案演练工作。

9. 凡是饭店的正式员工、临时工及外来实习、施工或从事其他工作的人员必须严格执行消防安全规定；新调入人员须经消防安全培训，经过培训合格后方可进入岗位；临时来店工作的人员由接待部门负责进行有关安全规定的宣传。

10. 熟记"两知三会"内容：知防火常识，知灭火常识，会报火警，会疏散救人，会协助救援，掌握在火灾情况下的自救方法。

11. 熟知《防火、火灾疏散应急预案》相关内容。（详见第五章　二、）

（二）消防安全守则

1. 饭店所有人员都要遵守饭店吸烟安全管理规定：除在专门设置的吸烟室内，其他任何部位不得吸烟。

2. 在饭店任何部位（除了厨房等固定用火外）临时性用火（如用电气焊、喷灯、电炉等）必须经保卫部、工程部审批，领取动火证后方可作业。

3. 承包给外单位的工程动火证的办理由往外承包的部门负责，保卫部消防中心负责审核管理和签发动火证工作。

4. 消防中心在审核动火申请时，必须赶到现场，检查动火场地和人员是否按规定采取了安全措施，然后决定是否发给动火证。

5. 用火人员在提请动火审批前，必须遵守以下规定：

（1）电、气焊工应经过专门培训，经考试合格，并持有操作证。

（2）使用电焊、气焊、喷灯要选择安全地点，作业前要仔细检查上下左右情况，周围的可燃物必须清理干净，如不能清除时，应采取浇湿、设接火盘、遮隔或其他安全可靠措施，加以防护，以确保安全。操作时不得将乙炔瓶、氧气瓶放在焊接部位的下面，要与动火部位保持足够的水平距离。

（3）电、气焊在焊接前，要对焊接的工具进行全面检查，严禁使用安全保护装置不健全或失灵的焊接工具。

（4）焊接作业及点火要严格遵守操作规程，焊条头、热喷嘴要放在安全地点，焊接结束或中途离开现场时，必须切断电源、气瓶，并仔细检查现场，确无余火复燃危险后方可离开。在一些隐患场所焊接，在操作完毕半小时内，应反复检查，以防阴燃起火。

（5）电焊机地线不准接在建筑物、机器设备、各种管道金属架上，必须设置专用地线。

（6）电焊机的各种导线不得残破、裸露，更不准与气焊的软管、气体的导管以及有气体的气瓶接触，气焊的软管也不得从使用、储存易燃易爆物品的场所或部位穿过。油脂或沾油的物品禁止与氧气瓶、导管、电线等接触。

（7）对装过易燃、可燃液体、气体及化学危险物品的容器和设备，未彻底清洗干净前，不得进行焊割。

（8）严禁在有可燃气体存在爆炸危险性的场所进行焊割；在这些场所附近进行焊割时，应按有关规定，保持一定距离。

（9）焊割操作不准与油漆、喷漆、木工以及其他易燃易爆作业同方位、同时间、上下交叉作业。

（10）焊接现场必须配备足够的灭火器材。

（11）室外作业时，五级风以上不许操作。

6. 消防设施要进行定期检试保养、建档登记；保卫部对消防设施负责监督检查；各部门对自己辖区的消防设施和轻便灭火器，负有管理、维护责任。

7. 所有疏散楼梯、通道必须保持畅通无阻，不得随便加锁（规定应加的除外）、堆放物品或以其他方式堵塞疏散楼梯、通道。

8. 对消防设施（器材）任何人不得随意移动，更不得改作他用。消防设施停用检修，必须经工程部、保卫部共同研究制订安全方案后，方可进行。当出现严重故障时，应立即检修抢修，并查出原因，报防火委员会。

9. 各部门对自己管辖范围内的消防设施，必须设专人管理。经常检查设备、器材的完好情况，并保持其清洁，发现问题及时报保卫部。

10. 发现无火灾而喷发灭火器者：如属有意，要按照消防有关规定给予处罚；如属不慎，也要按价赔偿。

11. 如发现灭火器丢失或损坏而找不到责任者时，其所在部门应负有责任，按照"消防奖惩办法"给予处罚。

12. 各部门在接受消防检查后，其防火负责人应认真听取消防人员关于存在火险隐患的汇报，并进行文字记录。消防人员在认为隐患严重时也可向被检查部门发出火险隐患通知单，各部门在听取汇报或接到通知单后，应本着三定的原则（定解决人员、定解决时间、定解决前的临时措施）和本部门能解决的不上交上一级部门的原则，及时研究解决方案；当认为本部门无力解决时，应以文字形式报防火委员会，说明具体理由，同时抄报保卫部备案。

13. 凡是在饭店范围内进行新建、改建、扩建的工程或改变原设计使用的方案，须先以文字形式报防火委员会审批，在开工前15日报市消防局审批。

四、奖励和处罚

（一）奖励

有下列表现之一的集体和个人将给予奖励：

1. 及时排除火警、火险事故，积极扑救火灾，使国家以及宾客个人生命、财产免受伤亡损失；

2. 经常进行防火检查，及时发现和排除火警、火险事故，特别是重大火灾隐患；

3. 敢于管理，大胆制止违反消防安全制度的人和事，并及时向有关领导和部门反映，情况属实，事迹突出；

4. 对消防器材、设施能坚持经常检查和保养，使其灵敏有效；

5. 全年无火警事故、火险隐患，并能模范遵守、积极贯彻落实消防安全制度的部门。

（二）处罚

有下列行为之一的集体和个人将给予处罚：

1. 在禁烟场所吸烟和见此行为不做劝阻者；

2. 未经审批使用电炉或临时电线；

3. 无动火证用火；

4. 损坏、挪用消防设施（器材），使得消防设施的使用受到影响，以及消防器材保管不善，造成丢失的；

5. 因违反消防制度、安全操作规程或疏忽造成火警、火灾事故者；

6. 存在火险隐患，能解决而拖延不解决的；

7. 保卫部门根据消防法规提出要求而拒不执行的；

8. 其他违反消防法规、制度和要求者。

在进行处罚时，应视其情节和态度情况综合考虑，采取口头警告、罚款、发过失单、追究刑事责任等方式。在运用罚款处理时，对个人的罚款数额一般在 50~2000 元。

（三）奖罚权限和程序

1. 奖励资金低于 500 元、罚款数额少于 1000 元时，由被奖罚部门或保卫部提出意见，经防火安全委员会常务副主任批准即可实施。高于上述数额时，须经防火安全委员会主任批准。如需突破本办法规定的数额时，须经防火安全委员会研究批准。

2. 奖励权一般结合年度安全评比使用，当遇特殊情况时，也可适时使用；处罚权则适时使用。

第七章　亲自经办和社会典型案例

一、饭店行业内亲自经办的典型案例

(一) 执行制度出漏洞　引发多起盗窃案

1994 年 10 月 29 日上午 8 点 45 分，张女士带着儿子和男友到××饭店健身房健身。张女士和男友有××饭店健身房的会员卡，儿子需要花 60 元买门票。张女士从挎包内的一个牛皮纸袋内拿出 50 元钱，又从钱包内拿了 10 元钱买了门票，然后领取了钥匙进了女部。她进女部后换了衣服，把衣服和挎包放进了更衣柜内，然后锁好更衣柜就去健身房健身了。游泳、蒸桑拿……大约一个半小时之后，有两位与张女士一起健身的朋友提前出来，说："更衣室丢钱了！"这时，张女士也出来，打开更衣柜，从挎包内拿出牛皮纸袋，发现袋内的 11700 元人民币少了 3500 元，立即报了案。

据康乐中心经理介绍，洗浴中心客用更衣柜是新更换的，锁芯是从香港进的货，基本没有误开率。更衣柜钥匙总共有两把，一把封存，另一把放在钥匙柜内，客人领取钥匙必须进行签字登记，外人拿到钥匙的可能性极小。张女士更衣柜的备用钥匙还在封存，使用的钥匙还在手上，柜门怎么会被打开呢？钱又怎么会不翼而飞呢？是客人说了谎还是哪里出了漏洞？警察和保卫人员都困惑不解。

当时健身房内的人员不多。工作人员有 3 个人，一个是前台接待员，一个是女部服务员，还有一个是女部清扫工；客人也有 3 个人，况且都说丢钱了。另外，在近两个月健身房女部连续发生 3 起丢钱的案件，只是客人都没有报警。根据这些情况调查人员分析，张女士丢钱并非空穴来风，健身房内肯定有家贼。

工作人员 3 个人中谁是那个蛀虫呢？丢钱的 3 位失主都怀疑女部的工作人员闫某。认为她一个人在女更衣室内时间最长，作案机会最多，况且她经常穿名牌，外出高消费，这与其服务员的身份有些不符。可是，调查发现闫某有一大段时间去换布巾，没有在更衣室内，另外，前三次丢钱其中一次她有不在现场的证据。因此，证据不足。为了解除大家的嫌疑，保卫人员及时控制了现场，有人主动提出查找更衣柜。在大家自愿的基础上公开查看了 3

个服务员的更衣柜，结果在前台接待员王某的更衣柜内发现了大量现金——9300 多元。三个失主丢失钱数的总和是 8650 元。虽然不是完全吻合，但是平平常常谁又带这么多现金呢？这时，案件重现端倪。

调查人员立即找到王某进行谈话，可是王某拒不承认，她说钱是她舅舅给的，准备在北京火车站旁租一个门脸，这钱是租金费。当调查人员找到她的舅舅核实时，她舅舅证明确实给她租借门脸费 10000 元整，案件再次陷入迷雾中。

细心的调查人员核对了历史积案，发现前 3 次丢钱案件中王某都在现场，并被怀疑过。另外，前台与女更衣室相隔咫尺，闫某更换布巾的时候女更衣室就由王某负责。更让人不解的是，从王某的更衣柜钱包内翻出两把以前的客用更衣柜钥匙，这个钥匙她是不应该拥有的。这样，疑点渐渐集中在王某一个人身上。经过调查人员耐心的教育、细心的开导，在强大攻势和法律面前王某的心里防线终于被攻破了，不得不供认了偷包的犯罪事实。

据王某交代，饭店健身房客用女更衣柜钥匙按要求必须封存，但实际上并没有封存。当时钥匙装在了一个白色的大信封内，开始信封口用透明胶带封闭，没过几天，由于干燥胶带自动脱开，不细看还以为是封闭状态，实际上早已经开封。俗话说，不怕贼偷就怕贼惦记。王某就利用执行制度中的这个漏洞，伺机作案多起。29 日，她见闫某又去换布巾，客用更衣室内没人，心想串岗盗窃不容易被怀疑，于是，从备用钥匙袋内取出钥匙，利用抽张手法，盗取了三名客人更衣柜内的钱财。

警示：①执行安全制度要一丝不苟，不可疏忽大意；②饭店服务员盗窃作案有"抽张"盗窃的特点；③无论发生大小案件都要做好档案材料的积累。

（二）给客人房间钥匙　不确认身份捅出大娄子

2001 年 4 月 16 日下午 5 点 30 分许，住××饭店 2319 房间日本客人高尾郁弥先生向饭店报案称：存放在房间皮箱内的 1000 万日元丢失了，他怀疑是自己的日本朋友浦雄一干的。因为 10 分钟之前，在饭店大堂他曾看见浦雄一拿着一个皮箱从饭店电梯匆忙出来，向饭店外面走去，浦雄一手中提的皮箱和自己丢失的皮箱一模一样。另外，高尾郁弥还到饭店前台查询过领取房间钥匙情况，发现浦雄一在 20 分钟前打着高尾郁弥的幌子到前台取过 2319 房间的钥匙。据高尾郁弥介绍，浦雄一品行不端，知道皮箱内有钱，入住时一直跟着自己，就没有打好主意。所以他的房间钥匙没敢松手，没想到他在饭店钻了空子。

高尾郁弥于 4 月 16 日下午住进××饭店，本人登记入住一人。经查得知，嫌疑人浦雄一到前台确实打着高尾郁弥的朋友旗号取过 2319 房间的钥匙，前台服务员黄××没有经过任何确认和请示，轻易将钥匙给了他。电视监控录像也能证实，嫌疑人浦雄一从 2319 房间拿走了高尾郁弥的皮箱，因此，皮箱丢失无可置疑。

如果案件事实成立，事故责任全在饭店一方，将给饭店造成大约 70 万元人民币的损失。案情重大，事情严重。

为了妥善处理好这起事故，店方安全负责人建议失主尽早报案，可是，高尾郁弥执意不肯，他认为是饭店工作上的失误给他造成的经济损失，要求饭店给他找回这笔钱或者赔偿。他说报案会影响自己的名声，也不愿意和警方打交道。他的态度非常蛮横。

在这种情况下查清案情显得非常重要。饭店安全负责人认真了解了情况，发现他入关时才带 50 万日元，另外，据饭店日方工作人员介绍，通常这么小年龄的日本人外出，一般不会带这么多钱。调查人员与高尾郁弥交谈中了解到他对饭店的工作程序非常熟悉，另外，入境后从哪里挣了这么多钱非常可疑。大家怀疑此人是在敲诈，丢钱很可能是个骗局。可是没有任何证据，他的话真假难辨，疑云难解，然而，饭店承担责任是不争的事实。

为彻查此案，饭店保卫人员又仔细查看了电视监控录像，从电视监控中发现，16 日 17 点 12 分左右有四名男青年先后三次在 2319 房间门口出现，最后一次是 17 点 15 分，有三人进入了 2319 房间，其中一名黄头发的人正是嫌疑人浦雄一，是他把包拿走的。可是，在这段时间高尾郁弥也在饭店其他部位出现过，与他本人口供说从外面回来是不相符的。这一点更进一步证明，丢失 1000 万日元极有可能是他们共同设下的圈套。这一切只有见到浦雄一，找到皮箱，才能知晓。

工作人员分析，这伙人年龄不大，经验不足，又是日本人，可能没有真正的落脚点，很可能没有走远。如果是一伙的，那么切断高尾郁弥与外界的联系，外边的人为了解这里的情况，极有可能返回××饭店打探情况，这样就有可能抓到那些人，揭开谜底。于是，保卫部立即在饭店四周部署了保卫力量，根据特征，一边搜索一边守株待兔。保卫部负责人和高尾郁弥单独在一个房间谈话聊天，了解情况。

时间一分一秒地过去。大约两个小时过去了，高尾郁弥有些坐不住了，质问饭店安全负责人为什么聊这么长时间，问这么多情况，还要做询问笔录。饭店安全负责人耐心地解释："这是中国办案的必要程序，警方办案了解情况会更细致。"随着时间的推移，高尾郁弥显得急躁起来，甚至流露出早知道这样就不报案的想法。这让办案人员更加坚信丢失 1000 万日元是个骗局。

就在这时，外围蹲守人员前台服务员何××报告：有两名体貌特征与录像中嫌疑人相似的日本人在饭店西侧出现，一会儿进了饭店西门。保卫人员迅速赶往现场，发现正是和浦雄一一起进入房间的两个人。保卫人员迅速将他们扣留，进行突审。很快又将在外边游荡的浦雄一诱骗进饭店，将其抓获。浦雄一见事不妙，不得不供认了共同策划诈骗饭店 1000 万日元的犯罪事实。

高尾郁弥自称是日本黑社会成员。4 月 15 日高尾郁弥找到浦雄一，让浦雄一帮他找一个五星级饭店享受一下。这样，高尾郁弥 16 号下午住进了××饭店。浦雄一和一个叫申建的中国人送他到了房间，然后陪他到旁边赛特购物中心买了一个皮箱、几个塑料袋和一袋面粉。回到饭店，高尾郁弥将面粉装进塑料袋，装了面粉的塑料袋又放进皮箱内。浦雄一问高尾郁弥干什么用，高尾郁弥告诉他，把这些面粉当做钱，放在房间内，让浦雄一到饭店前台打着高尾郁弥的旗号领取一把钥匙，进入房间把装满面粉的皮箱拿走，然后，高尾郁弥再向饭店报案。于是，浦雄一按照高尾郁弥的指示带着申建等人上演了开始的一幕。高尾郁弥实际目的是想利用饭店钥匙管理的失误，敲诈饭店 1000 万日元，没想到却"现了"。

提示：客人忘带房间钥匙是常有的事情，重新配置钥匙或帮助客人开启房门前，一定要再次确认客人的身份。如果不是客人本人不能轻易帮助开启房门，必须接到客人授权，同时要登记被授权人的基本情况，查验被授权人的有效证件。

（三）当心商品部内假币买烟

2004 年 3 月 29 日上午 9 时许，××饭店商品部先后来了两名男子，操外地口音，称要买香烟，要了 4 条中华香烟。付给售货员 2880 元后，其中一名男子嫌贵退了烟，把钱要回，而另一名男子坚持要买，说饭店的烟没有假，给人送礼别送假烟，"贵就贵吧！"于是把钱又给了售货员，就在这过程中，原本的真钞已经被调换成了假钞，接着两人拿着香烟匆匆离开饭店，就近坐上一辆出租车离开了。售货员过后检查钞票时才发现，那些钱中有 26 张是假币。

作案特点：①通常是两三个人先用真币购买大量香烟，然后借口买其他物品或不买将钱取回，在第二次付款时用假币调换了真币，得手后立即逃跑。②整个过程时间短、手段隐蔽。

警示：烟酒销售要注意防范，在收取钱币时注意检验，不能让犯罪分子得手。

（四）客人身边特殊的"陪同"

1997 年 7 月 20 日 22 时许，一名男青年同三位日本女客人一起进了××饭店商品部，进店后就挑选绣衣，男青年也跟着挑选，选完之后，这位男青年把三位日本客人选好的衣服放在柜台上，经计算绣衣合计 26000 日元，接着服务员给开了一张票，日本客人拿出日元，服务员说："这里不收日元。"那位男青年说："我去给她换钱。"客人随手把钱递给了男青年，男青年拿钱走后一去不复返。大约过了 20 分钟，服务员觉得不对劲，便问客人："您认识刚才那个男青年吗？"回答："我们不认识，不是你们店的售货员吗？"售货员反问："不是你们的陪同吗？"顿时，大家才如梦初醒。可是，男青年已经无影无踪。

提示：客人马虎，我们不能过多责备，服务员有责任帮助客人看好钱物。同时，应该提醒客人不要把钱交给陌生人。

（五）带陌生女子进客房发生了什么

1996 年 8 月 19 日，××饭店 407 房间住了一位客人阿拉斯基先生。当天下午，阿拉斯基先生在购物市场结识了一位自称维拉的俄罗斯女青年。维拉长得非常漂亮。认识后，二人晚上一起在外边餐厅用完晚餐回到饭店，未经登记阿拉斯基就私自带维拉进了房间。阿拉斯基同屋还有一个同伴，三人聊天到 20 点左右，同伴假称有事外出，只剩二人在房间。阿拉斯基让她给自己按摩，这时，阿拉斯基藏在内裤里的钱被维拉发现，于是，阿拉斯基先生假称上厕所，借机把 26000 美金藏在厕所水台下。之后，二人在床上过上了"夫妻生活"，过了一会儿，阿拉斯基因为太累，不知不觉中睡着了。21 时许，同伴回来敲门，这时才把阿拉斯基先生叫醒，女青年不知什么时间早已经走了，这时阿拉斯基再到厕所里找钱，钱不见了，阿拉斯基先生顿时目瞪口呆。

提示：阿拉斯基违反了《旅游业治安管理办法》细则中的会客登记制度。虽然后果没有伤害别人，但是却伤害到自己。带陌生人进房是很危险的，容易引发很多案件，所以服务人员要经常提醒客人会客要验证登记。生人敲门，不要随意开启房门。

（六）跑账

1998 年 12 月 27 日，××饭店前台曾经有 5000 多块钱跑了账。当时，对客人还不好意思收押金，有效证件的管理也不严格，于是，问题就出现了……

1998 年 12 月 23 日，一个自称叫李岩的人打电话要预定房间，预定主管张某以 600 元人民币的价格给了对方，入住时没有收押金，客人拿着"身份证"登记领取了住房卡，登记地址是黑龙江省安市清华办事处 29 委 2 组。26日，客人又带一名女青年入住，想再开一间房，当时前台主管没有同意，要收女青年的押金，李岩又找大堂经理，要求女青年的费用划在本人账上。大堂经理同意了。27 日，发现二人不知什么时候已经悄悄离店，2400 元的房钱、3000 多元的饭钱都跑账了。事后，再查李岩这个人的情况，结果身份证是假的，最终无法挽回 5000 多元的经济损失。

警示：怎样才能防止跑账呢？①要注意预定来源的准确性。国内零散客户电话预定或不预定直接入住的客人要先交预定金。②对来源渠道没有把握的客户，可以通过电话或其他方式进行确认，进一步确认客人的登记情况。③办理入住登记手续时要认真检查客人的有效证件。④客人离店结账后，收款人要给客人开一张结账单，门童送行李时要确认客人是否有结账单。⑤客房每天查房时要将离店人员的情况及时报告给前台核实。⑥客人离店还钥匙，前台接待要通过电脑确认是否结账。⑦服务员要向使用信用卡客人说清，在国内使用信用卡有一定的限额。⑧需要延期时，工作人员要对客人重新进行确认。

（七）防范日本棒球流氓

奥运期间，××饭店一直处于满房状态，18 天平均出租率达到 99.7%，加上"日本奥运之家"频繁的活动，客人非常多，在这样的情况下要保障运动员的安全确实有一定的难度。日本棒球队入住饭店后，每次出入都会引来大批日本球迷围观，特别是在棒球队比赛得胜后，球迷们等待在饭店门口迎接，有时多达几百人。此前，日方安全官曾向住地保卫人员介绍，日本"棒球流氓"可能混杂在球迷之中，这些人在日本国内球场经常打架、滋事，公安部对"棒球流氓"之事非常重视，公安部部长、北京市公安局局长也专门听取过这方面的汇报。为此，饭店保卫部和警方一起采取了多项有力措施：其一，加派警力，扩大监控范围。每次日本棒球队出入饭店前，保卫部都增派警卫，全程监控球迷在饭店周边活动的情况，保卫部负责人每次必到现场，随时准备处理可能出现的意外事件。其二，划定棒球队专用区域。为棒球队划出专用通道和专用停车场。其三，实施临时拉线封闭管理。随时与日本奥组委和棒球队安全官员保持联系，提前协调好各方面警卫力量，在棒球队出入饭店时，对日本"奥运之家"客人、饭店其他客人采取围挡避让棒球队的措施。这些措施有力地保障了棒球队出行安全和饭店的秩序，使饭店的一切活动都有条不紊地进行，秩序井然，有效地防止了"棒球流氓"的滋事，对球迷的管理收到了良好的效果。

（八）售货员借鸡下蛋

"借鸡下蛋"从字面上来看就很好理解，就是把别人的鸡借来下自己的蛋。1994 年 6 月 10 日××饭店商品部画廊服务员石小小（化名）就耍了一个借鸡下蛋的小聪明，利用饭店画廊的招牌为自己卖画赚钱，结果闹了一个鸡飞蛋打的下场。

当年，××饭店画廊生意火爆，日本客人购画热情高涨。1994 年 6 月 10 日下午 4 点多钟，石小小正在××饭店画廊当班，这时来了两个日本人，一个 60 多岁，一个 30 多岁，两人看中了两张油画。一张是《船》，另一张画的是一个小女孩，名字叫《傣家少女》。《傣家少女》标价是 9100 元人民币，

《船》标价是 10000 元人民币。经过讲价优惠了 30%，他们决定购买，然后又问石小小："还有没有别的油画？"石小小带他们去看了橱窗，橱窗里的油画没有他们喜欢的。这时，他们又问："有没有名家油画？"石小小把画家本人出的画册给他们看了。他们觉得上边有几幅挺满意，问有没有。石小小说："这个画家我们都认识，可以帮助你们找，稍等片刻。"石小小给画家石某打了一个电话，问画册上的画有没有。画家说有。石小小说一会儿让我朋友去取，画家同意了。这时，石小小对两个日本客人说上边的画能找到，让他们晚上来取，客人同意了。

客人走后，石小小就给男朋友朱某打了个电话，让他去取画。晚上 7 点多钟男朋友把画送到了××饭店。晚上 9 点钟左右，那两个日本客人如约而至，看了看那两幅画，他们非常喜欢，一个是画家石某的《绿荫》，一个是画家森某的《金秋》。石小小讲：《绿荫》39000 元人民币，《金秋》3100 元人民币。加上下午看中的两幅画，一共四幅画。四副画二人都要了，画框钱及托运费都包括了，客人当时共付 68 万日元现钞，要求给开发票，并做了一张明细单，说明这些钱是怎么分配的。石小小开了发票，也写出了明细单，不过这一切都没有按照正规手续操作。当客人看上画册上《绿荫》和《金秋》的时候，她就萌生了贪念，她以私人名义 33000 元从画家手上拿的画，以42100 元人民币高价卖给了日本人，从中赚取了 9100 元人民币。发票是开具的"大头发票"（当时没有机打发票）。就这样石小小"借鸡下蛋"的戏本以为演完了，正在她洋洋得意享受不义之财的时候，没想到邮寄到日本的油画没有按时寄到，客人的电话直接打到××饭店查询，结果东窗事发，鸡飞蛋打。

警示：①售货和采购要分开，管理制度要健全；②财务制度要遵守，售货收款要分置；③客房销售也要注意防范低价出售房屋中心，房屋中心高价卖给客人，从中抽利的投机行为。

（九）饭店电梯里的偷包案

2001 年 8 月初，××饭店客用电梯内连续发生了两起偷包案件，被盗的失主都是外国游客，影响极坏，引起了饭店领导的高度重视。经过案情分析，保卫人员决定从 8 月 12 日开始，在电梯周围部署力量进行蹲守。

10 天过去了，仍然没有任何结果，蹲守人员显得有些急躁。由于这两天饭店客房出租率很高，客人出行高峰时段电梯非常繁忙，所以蹲守人员丝毫不敢放松。21 日 8 点 35 分两名嫌疑人终于进入了视线，他们反复进了三次电梯。他们在电梯人多的时候东张西望，寻找"猎物"，没人的时候就空乘电梯。这些举动全被监控人员尽收"眼"底。二人第四次又从饭店 22 层进了电梯，电梯从上往下运行，其中一人手插进裤兜，假装悠闲，这时电梯里还没有人，到了 19 层楼，进来几个欧美客人。二人的眼睛开始忙活起来，不停地打量客人身上的物品。电梯继续下行，随着又一群客人涌进，电梯轿厢内基本满员了。这时，插兜男子靠近了一个外国老人，突然把手伸进外国老人的衣兜，掏出了什么东西。他的一举一动，监控人员看得非常清楚。10 层、9 层……眼看就要到一层了，蹲守人员早就做好了准备。没想到，二人突然在 8 层要下电梯。从 8 楼下楼梯逃跑出口非常多，二层、一层、B1 各有 4 个出口，堵卡不容易，到嘴的鸭子很可能要飞。就在这千钧一发之际，被偷的外国老人突然发现钱包被偷，插兜的男子都到了电梯门口被失主一把抓住，紧跟着在 8 楼电梯间，失主的同伴又抓住了另外一个小偷。蹲守人员迅速出动，就在他们还在纠缠时保卫人员赶到了现场，将两名小偷当场抓获。被盗的事主是美国人，他对饭店似神兵天降的保卫人员感到钦佩，并由衷感谢。

警示：在乘电梯或购物时，注意看好自己的财物。

作案特点：①人多上电梯；②进梯去高层；③中间换电梯；④身上有时有掩体；⑤得手后中间下电梯；⑥多次进入电梯或在电梯内滞留。

（十）警惕进办公楼里的陌生人

1993 年 7 月 27 日中午 11 点钟，××饭店办公楼某公司北京代表荣先生，正在办公室一边看电视一边看工人擦玻璃。这时进来一位 20 多岁的男青年，1.75 米左右，左手提着绿色皮包，荣先生问他："你找谁？"男青年回答："我是搞电子推销的。"随后递上自己的名片，荣先生没有接受，轰他出去。男青年回身向门口走，荣先生见他往外走去，转身回到自己的办公室，但没有听到外屋关门声，感觉有点不对。带着怀疑的心理，他又从自己办公室返回外屋，这时那男青年果然还没有离开办公室，见荣先生出来，于是赶紧往外走，但是没有走原路，走的是另外一个出口。这个人走了以后，荣先生觉得不对劲儿，赶快到衣架处摸了摸西装内的钱包。钱包不见了！荣先生马上意识到刚才那个男青年是贼，于是立即打电话通知了办公楼一层前台，保卫人员接到报告后，立即卡住了出口，将此人扣留。

经核查该人叫李卫（化名），男，24 岁，北京近郊人，进入××饭店办公楼趁人不备偷了荣先生的钱包，内有 555 元外汇券、2 万日元及信用卡四张。李卫后被送到公安机关拘留审查。

溜门案件是饭店办公楼里发生案件中相对较多的案件，这类案件的特点如下：①办公大楼是敞开式的管理模式；②办公室的门多数是开启状态；③中午休息、办公室正忙乱，办公室人员容易产生视觉疲劳；④职员警惕性不高，对外来人防范意识较差；⑤办公室内的贵重物品保管不严；⑥逃走路线比较畅通。

警示：办公楼应该加强出入口的安全管理，有条件的最好实行门禁制度，一般情况下也要实行证件管理制度。

(十一) 保卫人员和日本人比敬业精神

日本人工作的敬业精神世界闻名。奥运期间，负责日本"奥运之家"安全工作的中泽先生是个典型的日本职业安保官员，非常敬业。他虽然 50 多岁了，但总是从早到晚忙个不停，什么时候都能在活动区域见到他的身影，大热天在车场上汗流浃背，总是保持旺盛的工作热情，他的敬业精神令人敬佩。

北京长富宫饭店负责日本"奥运之家"安全的几名同志和中泽先生因为工作关系混得很熟。大家夸奖他"很棒!"，他不明白什么意思，当翻译说明在褒奖他时，他摇了摇头说："不，你们比我棒! 你们辛苦了。"

他说这话是有原因的。在 2008 年 8 月 13 日，日本棒球队离开北京长富宫饭店，参加他们北京奥运之行的首场比赛。已经是夜里 12 点了，日本棒球队还未归店。日方负责安全工作的其他工作人员基本都下班了，中泽先生也换好便装准备离开。他来到饭店门口，这时发现围观的球迷非常多，有翘首期盼的，有欢呼雀跃的。突然，在欢腾的人群中他看到中方负责日本"奥运之家"安全的几名工作人员，主动来到这里加班维护现场秩序。看到这个场景，他非常惭愧，悄悄返回了饭店更衣室，又换回了工作服。他被中方安全人员无私奉献的敬业精神感动了，所以，中泽先生真心地夸奖中方保卫人员"很棒!"。

日本"奥运之家"活动期间，他天天能看到中方保卫人员这种坚忍不拔的品质、大公无私的敬业精神，多少次感动地竖起大拇指。活动结束时，他主动召集日方安全人员和中方的保卫人员合影留念，从他的表情可以看出，他诚心诚意想把中方保卫人员的形象和精神一起留在记忆中。

(十二) 行李员偷客人钱　多行不义必自毙

1996 年 9 月 21 日，住在××饭店 1123 房间的一位日本客人到大堂报案称：其行李箱里的钱包丢失了，里边有 20 万日元。另外，断定是在饭店丢失的，因为，下了飞机以后他打开过行李箱，当时钱包还在，来饭店途中一直随身携带，到房间发现没有了。

调查人员经过调查了解到，这个团队共有 10 件行李，负责搬运的行李员叫闵正（化名），从下午 4 点 15 分开始搬，到 4 点 45 分才搬运完。平时 15 分钟左右就应该完成的任务，而他却用了半个小时，因此，有足够的作案时间，嫌疑较大。

饭店保卫部对闵正进行了谈话教育。在保卫人员耐心细致的工作下，他不得不供认了偷钱的事实。

闵正自从当了行李员就起了歪心眼，曾偷过客人行李中的剃须刀、香烟等物品，还有少量的现金，一直没有败露。21 日，他推车到饭店 11 层工作间，发现一个行李箱没有锁好，又起了贪念，打开行李箱从隔层里拿出了一个绿色的钱包，钱包里有20万日元。他心想，前几次都没有败露，这次也不会有人发现，于是，把钱包装进了自己的裤兜。之后，拉好箱子，将行李送到了客人的房间。没想到钱还没有捂热，事情就败露了。

警示：勿以恶小而为之。

（十三）客人误报丢失案

2000年6月1日上午10点30分，住在××饭店713房间的客人布朗先生到大堂报称：5月31日早8点把钱包放在房间行李箱上，18点30分外出回店，发现钱包不见了，内有信用卡两张、驾驶证一个和名片等杂物，没有什么现金。保卫部接到报案后，迅速展开工作，详细地了解了情况。得知：①钱包没有现金；②没有外人进入；③服务员表现一贯很好，并且曾经多次捡拾过客人的物品。根据以上情况分析，调查人员认为钱包不会丢失。经客人同意，到其房间帮助查找，结果，在行李箱内找到了"丢失"的钱包。客人一再表示歉意和感谢。

警示：分析从实际出发，判断靠依据产生。

（十四）饭店厨房、采购出了硕鼠

1996年8月10日，××饭店接到一封署名"知情人"的举报信，反映中厨房加工间郭田（化名）偷大虾，盗出去后变卖。信中提示：河北安县李某能提供证据。

饭店领导非常重视此事，派调查组前往安县找李某了解情况。到了安县得知信中"知情人"就是李某的父亲。原来李某从1995年4月到1996年6月与一名叫赵金山（化名）的人一起往××饭店送水产。饭店厨房加工间工作人员郭田负责收货验货，从送货之日起，郭田就向李某索要好处费：每斤普通虾提取1元好处，大明虾、大虾皇每斤提取2元。到1996年6月为止，共提取14800元人民币，收取礼品价值5000元人民币。另外，郭田还从××饭店偷出96斤无头虾肉，分五次又卖给了李、赵二人，得赃款7150元人民币。为了维系这种"工作关系"，李某他们一直这样暗箱操作。

直至1996年6月，赵金山私下与××饭店中厨房厨师长建立了私人"友谊"。因为饭店中厨房的海鲜用谁的，厨师长说了算。赵金山想把这块肥肉独吞，提出和李某分道扬镳。这可激怒了李某的父亲，遂写信检举揭发了郭田的事。

饭店调查人员通过做赵金山的工作，赵金山同意和饭店调查人员合作，证实了李某父亲揭发的事实。

郭田在大量的事实面前，不得不低下了头。

警示：①对饭店进货出入口要严格控制，必须明确"只能进货不能出货，出货要有《出门条》"的规定；②要加强对采购人员、收货人员、厨师等人进行反腐教育，完善管理制度。

（十五）员工偷自己同事的钱　千夫所指

××饭店咖啡厅曾经有一个叫刘希（化名）的服务员，手脚不干净，有爱占小便宜的毛病。时间长了，不少同事都有察觉，平时一般都提防着他。新来的人不了解情况，看他对人热情，表面长得憨厚，很少存在戒备心理。有一个叫培培的员工，就上了他的当，吃了他的亏。

培培入店时间不长就和刘希混上了，两人关系不错，经常一起出去喝酒吃饭，不分彼此。1998年11月30日，培培突然发现自己的存折内丢了1250元人民币，是当月的工资。存折放在更衣柜内，更衣柜的锁是完好的。只有刘希知道他更衣柜内有存折，也知道存折上刚有钱，并且他还借过培培更衣柜的钥匙。莫非真的像别人传言的那样？是他干的？1998年12月3日，怀着诸多疑问，培培将失窃的情况报告了饭店保卫部。

经过保卫人员精心细致的工作，刘希不得不承认了骗取培培更衣柜钥匙，进行偷窃的事实。另外，还交代1997年7月盗窃咖啡厅服务费17200元、1998年8月盗窃抗洪救灾捐款1040元的犯罪事实。保卫人员问道："朋友的钱、抗洪救灾的钱你怎么能下得了手呢？"他惭愧地低下了头。利欲熏心，恶习难改，最终落得千夫所指的下场。

（十六）饭店里来了很多疯狂的"粉丝"

2009年8月，韩国演唱组合SS501在日本和台湾连续进行了两场演出活动，演出现场和住地都发生了不同程度的踩踏事件。8月29日又在北京演出，他们下榻于北京长富宫饭店，追星"粉丝"从深圳、广州、山东等地闻讯而来，同时也在长富宫饭店开房入住。客房标间房费1000、1200元左右，粉丝们开房有100多间，入住大约300多人，有的房间是几个人合开的。当时，饭店大堂、楼层、大堂吧、电梯间等地到处都是追星的"粉丝"，有的在打探歌星的行程，有的在熟悉饭店的地形，有的在选择接近明星的最佳位置，所有的人都在忙碌着，显得非常活跃。如果歌星在这种情况下出现，几百人蜂拥而上，肯定会发生安全事故。

为了保障歌星和歌迷的安全，饭店与主办单位负责人，以及演唱组合的负责人一起提前制订了一个安全预案，歌星的行走路线定在饭店料库出入口，准备让歌星偷偷进入饭店。可是，看到"粉丝"疯狂的程度，几乎没有秘密进入的可能。一旦"粉丝"得知歌星入住，必然想尽办法见面、送礼、示爱。如果不能满足她们的请求，想不到会发生什么安全事故。另外，韩国演唱组合SS501在首都机场刚下飞机就被疯狂的歌迷围堵了，有的歌迷被挤倒造成膝盖软组织挫伤；在朝阳剧场有100多个歌迷因不能进入剧场观看，在剧场外趴在地上请愿。想到这些情景主办单位心急如焚，束手无策，担心住地再出现骚乱。在这样的情况下饭店安全负责人立即采取了应变措施：将散乱无序的"粉丝"集中管理，划定区域，善意疏导，讲明利害，求得共识。同时向"粉丝"提出了几点要求：不能送礼、不能上前照相、不能上前示爱、不能超越划定区域，礼品可由饭店转送。在这样的前提下，建议主办单位调整歌星进店的行走路线，让歌星大大方方走正门，由秘密改为公开进入饭店，尽量满足"粉丝"们的愿望，让歌迷们见到歌星。此项措施马上得到了歌迷们的拥戴，散乱的场面立即得到了控制。

下午两点左右韩国演唱组合 SS501 到达饭店。当五位明星出现时，"粉丝"们欢呼雀跃，激动万分，现场疯狂而有序，欢腾而井然。歌星们顺利地进入了饭店，歌迷们幸福地度过了那一瞬间，保卫人员缓缓地松了一口气。韩国演唱组合 SS501 在饭店住宿期间感受到了歌迷们的热情，没有感受到生活的不便。主办单位对饭店的服务、安全工作给予了较高的评价，当即表示10 月份有一个相同的活动要在长富宫饭店举办，还感言："在长富宫举办这样的活动我们放心！"

在疏导"粉丝"的过程中，饭店保卫人员私下做了很多的工作。比如：①在歌星进入饭店的时候警戒线周边站了很多保卫人员，为了不遮挡"粉丝"的观看，这一会儿，"粉丝"前的保卫人员全都蹲下了，此举让"粉丝"们非常感动；②歌星出行的时候，有的"粉丝"包车追随，出租车、面包车、小汽车大约五六辆，车场保卫人员对这些车辆都是提前收取了停车费，为歌迷们提供了便利，防止慌张出行而出现交通事故；③有几个从上海赶来的女孩，她们代表 100 多个"粉丝"，花 700 多元购买了一个鲜花"心"造型"SS501"，追了一天多都没有见到歌星，得知此情况保卫人员特意安排她们在前排观看，这些"粉丝"见到保卫人员不仅没有排斥她们，反而处处为她们着想很是感动，当场表示一定听从保卫人员指挥，做文明的"粉丝"；④歌星出行时，在饭店正门外边也有很多"粉丝"，保卫部长提醒她们："汽车开走时不要追随！别伤了自己！别让家人担心！""粉丝"们通过这善意的提示感受到了父亲般的关爱，不由得喊出："谢谢！好爸爸！我们一定注意安全！"通过大家的努力，保卫人员与"粉丝"们皆大欢喜。最终，这次保卫任务得以圆满完成。

提示：①安全能引来回头客；②预案调整最终目的是确保安全；③安全工作要坚持群众路线。

（十七）一张人事招聘小广告引发的事

刘先生在山东老家待业一年多了，心里很是着急。2000 年 5 月 9 日，他和很多外地人一样怀着淘金梦来到北京城。说来也巧，这天，他在北京海淀区清河镇高速路桥下电线杆子上发现了一张招聘小广告:"招聘男女服务员数名,联系人陈先生,手机号××××"。刘先生拨通了电话,对方是一个男士,刘先生主动说明要应聘工作。对方问:"什么地方人?""山东人。""10号下午3至5点之间到××饭店西门口,到了再打这个电话。"第二天,刘先生应约而至,在××饭店西门口与"陈先生"见了面。"陈先生"20多岁,身高174厘米左右,体型较瘦,长脸尖下巴。他上下打量打量刘先生,然后说:"你先回去吧!准备两张一寸照片、身份证复印件、300块钱保证金、办理身份证的100块钱,回去等通知吧。"然后,给了一张表格,表格上的单位是"北京市京华娱乐公司"。长脸尖下巴没有介绍自己,刘先生也没敢问。13号下午1时许,长脸尖下巴传呼刘先生"赶快过来交钱,明天就上班,做服务员工作"。刘先生借了400元钱,来到××饭店。刚到饭店,保卫人员就告诉他长脸尖下巴是个骗子,早已经被保卫人员抓获了。

原来,5月12日17时许,一匿名女子打电话向××饭店保卫部反映:有一个长脸尖下巴的男青年在建国门附近三家饭店以介绍工作为由从事诈骗活动。保卫部立即部署力量进行蹲守。5月13日15点40分保卫人员发现那名男子正坐在大堂沙发上,遂对其进行盘问。该男子以"等老板"、"没犯法,你无权问我"为借口大发脾气,态度蛮横。当保卫人员发现他携带的"北京市京华娱乐公司"假证件和非法收据时,他立刻跪地求饶:"放我一马。"经审查该男子名叫陈卫(化名),从月初开始以给人介绍工作为诱饵进行诈骗活动。他在公主坟、前门、崇文门、雅宝路、清河镇高速路桥下电线杆子上等多处张贴了高薪聘请公关小姐、先生的广告,并留下手机号。当应聘者与其联系时,他便将应聘者约至饭店大堂"发表制证",骗取"保证金"。他以这种方式已经行骗5起,骗得人民币1700元。

险些受骗的刘先生亲眼看见警车把长脸尖下巴的男青年"请"走了。

警示:饭店是对外经营服务场所,打着饭店旗号招摇撞骗的也不乏其人,所以大家要提高警惕。

(十八) 客人去黑歌厅被敲诈

1999年11月10日凌晨3点15分,住××饭店的帕克(化名)先生向大堂经理报称:当日零点左右,他在饭店外东侧麦当劳快餐店门前被一名女青年拉到东直门斜街长途汽车站对面的一个歌厅。在歌厅与一名女青年唱歌时,进来两个陌生男子自称是"公安人员"。二人将帕克带到另外一个房间,恐吓他说:"你违反了中国的法律,按规定应该依法将你拘留!"帕克自知没有做什么违法的事情,但是不敢反驳,非常害怕,于是承认了错误,请求从宽处理。二人诡异地对视片刻,其中一人假惺惺地说:"好吧!看你态度较好就饶了你!"然后,强行要走帕克身上仅有的300元人民币,又将价值7000美金的劳力士手表扣下，并约定当日 14 时在××饭店大堂见面，准备 6000 人民币换回手表。

　　××饭店保卫人员得知此事后，立即召集有关人员研究案情，认定这是一起典型的冒充公安人员敲诈案件，随即制订了详细的蹲守方案，等待目标出现。14 点 15 分，有两名男青年到前台询问某团队姓吴的客人是否离店，前台接待人员向在大堂蹲守的保卫部人员做出暗示，蹲守人员从言行举止判定此二人一定是他们等候的嫌疑人，速上前将其抓获，当场获取一块劳力士手表。

　　这时帕克先生已经离店，正在首都机场候机准备回国，保卫人员迅速赶到了机场。经客人仔细辨认，被抓二人正是在歌厅进行敲诈的假警察。手表发还了客人，假公安人员被送进了真公安机关。

　　警示：①宁可信其有不可信其无，假公人员安约帕克先生下午两点用手表换现金看似不可能发生的傻事，但实际上却发生了；②提醒客人不要去"黑歌厅"。

（十九）当心送货人顺手牵羊

　　案例一：2003 年 6 月 30 日上午 11 点 30 分，××饭店保卫部接到办公楼一家商社职员刘某报案：他上午 11 点 05 分离开办公室，20 分钟后回来，发现放在桌子上的一部新买的手机不翼而飞，价值人民币 1300 元。保卫部接到报案后立即组织调查，经查录像发现一名陌生男子嫌疑最大。该人到旁边公司办事，可是两次进入刘某公司的办公室。在旁边公司职员的协助下，得知嫌疑人是他们公司收账的人。为此，保卫部经请示领导，与失主一起找到地处万寿路附近这家收账公司，在该公司老板的大力支持下，找到了嫌疑人陶凯（化名）。经过对其教育帮助，陶凯供认了偷手机的事实，并交出了刘某丢失的手机。

　　案例二：2003 年 12 月 26 日，张师傅开着一辆白色金杯汽车，到××饭店送衣服，未锁车门。10 点 15 分发现手机被盗，遂向饭店保卫部报案。经查录像发现一男子把手机偷走，经采购部人员确认，该人是一家送货公司的送货员张化（化名）。经与该公司联系，张化供认不讳。29 日张化将手机送回。

　　警示：①看好自家门，管好自家人；②不能放松对外来人的监控管理。

（二十）利用饭店行骗的假客人

　　2006 年元月 10 日下午 2 点 50 分，××饭店商务沙龙来了两位客人。一位姓林，是一家机械公司的老总；另一位长得较胖，歇顶，50 岁上下，西装革履，外套一件深色高档风衣，衣着讲究，颇显身份，讲一口正宗的台湾话。二人在饭店沙龙沙发上热聊了一会儿，歇顶的先生好像有事先起身走了，林先生一人边喝咖啡边静静地等候。半小时过去了，林先生显得有些焦躁不安，最后，实在按捺不住了，便找到服务员问道："刚才和我在一起的那位何先生是你们饭店 1909 房间的客人吗？"服务员非常热情地帮助林先生查看，"对不起，1909 房间的客人没有姓何的，这间房是空房。""什么？"林先生惊呆了。

原来，歇顶的男子是打电话跟林先生认识的，自称自己姓何，是台湾大祥公司的职员，负责台湾和大陆往来银行方面的工作。大祥公司与林先生所在公司是属同一家大公司，林先生与该公司有过业务上的往来，另外，"何先生"还说的是正宗台湾话，很容易就博得了林先生的信任。该人电话中诱使林先生说出想换美金的想法，然后又顺水推舟，说自己住在××饭店 1909 房间，手头正好有美金，可以帮助林先生兑换，于是把林先生约到××饭店沙龙喝咖啡。林先生在饭店沙龙聊天时给了歇顶人 3 万人民币，歇顶人拿到钱后假称美金在房间，需要回房间给林先生去取钱，结果一去不复返。经查看录像，该人拿到钱后直接下楼到饭店一层，仓惶走出饭店，叫了一辆出租车匆匆离开。

警示：服务人员虽然不能干预客人行为，但是，当发现客人有较大的现金交易时，最好能够婉转提醒客人确认对方身份、保存好自己的贵重物品。

（二十一）饭店里安全工作的"调节剂"

保卫部是饭店与社会职能部门协调最多的部门之一，平常和公安、消防、综治、旅游保卫、国家安全、安监局、社区、上级安全组织等多家机构经常有工作联系。虽然饭店与这些社会职能部门在"国家利益、安全经营"总体方针上是一致的，但是，工作重心会有所不同，双方难免产生一些矛盾。这就需要饭店保卫部门从中做好协调与沟通，发挥出"调节剂"作用，也希望饭店领导多给保卫部一些信任和支持，结合实际情况寻求一条双赢的道路。下面有三个小例子：

1. 在国庆 60 周年保卫工作中，公安机关为了加强制高点的控制，要求长富宫饭店临长安街方向的客房全部停售。而饭店正想以国庆 60 周年为契机进行高价促销。饭店保卫部经过与公安机关协商最终采取正常入住接待、重点时段（十月一日 10 点到 13 点）疏导客人下楼以确保临长安街方向的房间内不留人的措施。结果，饭店这段时间出租率达到了 100%，检阅队伍和车辆平安地经过了长富宫饭店，这样，双方都达到了自己的目的。

2. 北京奥运会期间，长富宫饭店是日本"奥运之家"所在地。在制订日本"奥运之家"的警卫方案过程中，我国警方要求在宴会厅门口设立安检门，所有人都要进行安检，实行封闭式管理，如果不采取封闭措施就要写出书面说明交给警方，否则，责任自负。而日方主办单位却不愿意采取安检封闭管理，担心这样会影响"奥运之家"的效果，也不愿意承担相关安全费用，更不愿意书面说明承担责任。饭店保卫部从中多次进行协调，最终确定证件管理模式，根据不同级别设计了 11 种不同证件，代替安检封闭的管理模式。这既方便了客人又达到了封闭管理的目的，还得到了警方认可，日方也大为赞许。对长富宫饭店灵活的工作方法，双方都给了满分。

3. 北京奥运会期间，长富宫饭店是奥运签约饭店，是日本棒球运动员住地，是日本"要人"住地，还是日本柔道运动员训练场地。这里的警卫工作完全比照"奥运村"的警卫工作开展，实行了全封闭管理。

当时，长富宫饭店的入住率达到了100%。8月10日下午，日本棒球队要入住。为给运动员营造一个绝对安全的入住环境，要对运动员入住的24间客房进行全面的搜爆排查。搜爆日期原定于8月9日进行，由于当时有的客房仍被其他客人占用，无法全部腾空，搜爆工作第一次被推迟。本来又定好10日上午10点开始进行搜爆安检，由于仍有9间客房无法腾空，一时无法进行。现场的搜爆人员非常气愤，有人提出强行令客人搬出房间，按计划进行搜爆工作。经饭店保卫人员查询，这9间房都是日本奥组委较为重要的客人，饭店保卫人员又了解到搜爆队上午只有长富宫饭店一家搜爆任务，只是存在警犬休息等一些实际问题。于是，保卫部尽可能帮助解决问题，同时，一边与搜爆队长协商，推迟搜爆安检工作，一边让营业部门催促客人迅速腾房。就这样，搜爆工作第二次被推迟。直到上午11点30分，搜爆人员带着搜爆犬已等在饭店多时，仍然有两间房的客人未退房，搜爆工作不得不再次推迟。到了中午12点客人全部离开，搜爆安检工作开始进行。当最后离店的两位客人得知饭店和公安人员为了他们三次推迟搜爆工作时，再三表示歉意。

提示："调节剂"的作用：①按人们共同需求，积极向前发展；②理顺关系，产生效益；③双向调控，寻求最佳；④对于难于解决的问题，有针对性、专业性地寻找办法；⑤借助各方面的力量，整合资源。

（二十二）会议中"茶歇"发案多

2001年5月24日下午2点，在××饭店宴会厅举办了一个中国营销精英高级研讨会，参加研讨的人很多都是来自不同岗位的营销精英，容纳500人的大宴会厅几乎座无虚席。朱先生是某公司营销项目经理，坐在第三排最西侧最外边一列。大约3点30分左右，研讨会中间休息，朱先生随着参会人员一起离开座位，出了大宴会厅门口到饭店大厅吸烟，把研讨时所用的一台笔记本电脑放在了座位旁的桌子上。当朱先生吸完烟回来时，发现笔记本电脑不见了。在寻找未果的情况下向饭店保卫部报了案。饭店保卫部经过查看录像，发现在会议"茶歇"时，一名陌生男子拿着一台笔记本电脑匆忙出了饭店，其形状与朱先生丢失的笔记本电脑形状一模一样。无疑笔记本电脑被人偷走了。

警示：①会前要提醒客人保管好自己的贵重物品；②携带笔记本电脑等贵重物品的客人，尽量不要让他们坐在边上通道附近；③会前要与主办单位明确安全主责范围；④尽量与自己熟悉的人坐在一起，相互有个照应；⑤服务人员、保卫人员要加强对会议"茶歇"时段的重点巡视，要盘问携物出门者。

（二十三）内部打架调解处理（以《调解协议书》为例）

调解人：刘××（单位：××饭店保卫部部长）

被调解人：郝××，男，1978年×月××日生，××饭店保卫部警卫队实习生，住址：江苏省××市×××。

被调解人：刘××，男，1979年×月××日生，××饭店安全部警卫队正式警卫，住址：北京市朝阳区××××。

事情经过：2001年6月10日晚10时许，二人都上夜班，因为谁先上岗问题发生争吵，后刘××一时不冷静动手打了郝××两个耳光，经医院检查诊断"左耳穿孔"。事后，刘××冷静下来之后很是后悔，并主动道歉承认错误。郝××认为自己也有不对之处，主动提出内部调节处理，双方同意让保卫部长做二人的调解人。

调解内容：2001年6月14日，刘××和郝××二人对上述殴斗一事主动达成协议，事故所造成的后果刘××负主要责任。故此，由刘××赔偿郝××医药费、误工费、适当营养补贴费等综合费用6000元整，作为一次性解决结果。今后不再追究对方任何责任。

（此协议一式三份，三方各持一份）

三方同意后签字：

被调解人：　　　　　　被调解人：　　　　　　调解人：

日期：

（二十四）凌晨3点烟感报火警

"呜——"2009年8月17日凌晨3点05分，××饭店公寓的消防烟感报警器响个不停。主机显示1506房间有火警。当时，公寓前台值班员迅速到1506房间跑点查看，刚到15层楼道就闻到有轻微的焦糊味儿。到了1506房间门前，从门外听不到室内任何声音。跑点人员心想：这时间客人应该在熟睡，怎么会报火警呢？如果不是真正的火警，敲门查看肯定会影响客人休息，第二天客人投诉该怎么办？就在这时，焦糊味更浓了，跑点人员容不得再想，"铛铛铛"敲响了客人的房门，里面没人应答。值班人员果断地打开了房门。

一开门，整个房间里弥漫着呛人烟雾，房间里所有的电灯都开着，却不见人影。值班员赶紧走到厨房灶台前，看到电磁灶上的奶锅里正煮着鸡蛋，锅里的水已经煮干了，鸡蛋和奶锅都变成了黑色。值班员立即关掉电磁炉，打开阳台门，让浓烟尽快散开。之后又来到卧室门口，刚一探头，这时，客人突然惊醒，从床上坐了起来，惊奇地问："怎么了？""实在抱歉，您的房间里报警了，非常危险，我们敲门没有人回答，所以进来处理。"值班员认真地回答。客人终于想起来了，"哦！对了，我煮着鸡蛋！睡着了，不好意思，给你们添麻烦了……"

客人轻描淡写地致歉后又去睡了，而值班和保卫人员的心却久久不能平静。如果跑点不及时，如果担心投诉不打开客人的房门，后果不堪设想。

警示：安全别放松，警钟要常鸣。安全在于细节。

（二十五）当心婚宴上身边打电话的陌生人

2007年6月6日，迷信数字游戏的人觉得这是个大吉大利大顺的好日子，尤其在这日子里参加婚礼，更是喜上加喜。然而，李先生这天却没有那么顺，也没有那么喜。

这天，他来××饭店参加了一个朋友的婚礼，还是婚礼上的证婚人。他西装革履，穿着非常正式，还准备了一个5000元的大红包，放在了西服上衣兜内。婚宴开始后，宾朋满座，大家觥筹交错，相互敬酒。喝了几杯酒后，李先生兴致勃发地脱掉西服上衣，频频举杯。就在李先生大口喝酒的时候，谁都没有注意，一个陌生男子打着手机电话，围着李先生的桌子旁不停地走来走去，与李先生几次擦肩而过，眼神却一直没有离开过李先生椅背上的西服上衣。

宴席热闹非凡。李先生所在的主桌嘉宾拿着酒杯开始到各桌敬酒，李先生也被另外一桌的好友拽走。这时，神秘的男青年打着电话又转到了李先生的座位旁，做了一个很小的弯腰动作之后，迅速地离开了婚宴现场。酒过三巡，菜过五味。新娘新郎来到李先生的餐桌敬酒，李先生想从衣兜内掏红包。霎时，他愣住了。"红包怎么没了？"李先生焦急地自问。上下衣兜又翻了一遍，结果还是没有。这时，他猛然想起了身边打电话的陌生人。

后来，查看了录像。"是他！就是他！"李先生的判断得到了证实。大喜的日子，李先生却很郁闷。

这时，打电话的男青年早已无影无踪了。

警示：宴会服务人员要分区负责，提防陌生人，做好服务员，当好安全员。客人与物品分开时要帮助看护好。

（二十六）客人外出找"小姐"惹祸上身

2002年2月20日晚上8点多钟，住在××饭店的客人三木（化名）先生，闲暇无事想找个"乐子"，于是在饭店周边漫无目的地转悠。可巧，在饭店拐角麦当劳餐厅门口碰到一位年轻貌美的女子。女子用日文上前主动与其搭讪，邀请三木先生去歌厅玩，三木先生欣然同意。

二人乘坐出租车，走了大概半个小时的路程，到了一家带洗浴的"歌厅"。这位女子帮他找了另外一个"小姐"，让他们进了一个单间，在"歌厅"玩到次日凌晨一点多钟，三木想回饭店。这位"小姐"向三木要了300元小费后离去，紧跟着进来3名面目狰狞的男子，对其进行了搜身、威胁和殴打，把三木的钱包、腰带，还有一块怀表都给拿走了，然后，索要三木的信用卡和密码。三木告诉他们一个假密码，三个男子派人去取钱却没有取到，回来又对三木进行恐吓威胁。无奈之下，他只好告诉了真密码。又过了一段时间，几个男子把信用卡还给了他，到了中午12点左右，才放他回到了饭店。

在饭店工作人员的帮助下三木查询了索走的信用卡，发现两张信用卡共被提走53万日元。另外，从钱包拿走7万日元和100元人民币。虽然后来报了警，警方做了大量的调查工作，但是，最终也没有破案。

警示：饭店虽然无法保障客人在店外的安全，但是，有责任提醒客人不要涉足"黑洗浴""黑歌厅"等一些不健康的场所。

（二十七）餐厅识小偷　培训起作用

1994年6月的一天晚上7点左右，××饭店日餐厅客人非常多，服务员赵丽（化名）正在忙碌着。这时，一位男青年晃着身子进了餐厅，此人穿着不是很讲究，举止也不高雅。"欢迎光临！您几位？"赵丽问道。"一位。""您坐在这里可以吗？"赵丽指着一个独立的小桌问道。年轻人环顾了一下餐厅，回答道："不，我坐那儿。"赵丽顺着青年男子手指的方向一看，也是一个独立的小桌，只是旁边有一桌正在用餐的日本客人。"好的。"赵丽应道。

年轻人落座后，赵丽问："您需要点什么？""暂时不需要，我先等会儿人。"赵丽是个警惕性很高的服务员。前两天，饭店保卫部在安全培训课上刚刚介绍餐厅小偷作案的特点，其中讲的一点就是"声称等人不点菜、靠近其他客人就座"。赵丽心想，要多加提防。于是赵丽闲暇时，总在男青年附近站立服务。

青年男子的确是个"佛爷"，就想到××饭店日餐厅捞点"硬货"，没想到遇见赵丽这样一个"死心眼儿"，眼看着身后衣服兜里的一个厚厚的钱包，就是不能下手。

"对不起，小姐，能帮我拿盒火柴吗？"

"好的，这就有一盒，给您。"

"麻烦您，再给我倒杯热水好吗？"

赵丽心想，一次没有支开我，还想来个第二次，看来这人十有八九不是好人。不如借此机会报告领班，顺便给他一个下手的机会。

"好的。"

赵丽闪开后，向领班简单地报告了情况，没有倒水，迅速折返回来。

青年男子没有想到赵丽这么快就回来，他的手刚从背后日本客人衣兜偷出钱包，就被赵丽看个正着。

"小偷！"

大家的眼睛随着赵丽的尖叫，"唰"的一下射向了青年男子。青年男子见事不好，夺路想逃。刚跑到餐厅门口，就被闻讯赶来的保安人员当场抓获。

警示：事实证明了平时安全培训的重要性。

（二十八）好学生入店后怎么变坏了

1995 年 1 月 14 日晚，××饭店酒廊经理发现当天收入与实际收入不符，实际有 5 桌客人，账面却只显示 3 桌的收入。此事引起了酒廊经理的高度警觉。

负责收款的是财务部收款员程海（化名），该人是新来的职高毕业生，入店大概半年多，因为在学校班里是班长，表现较好，到饭店后被挑选到财务部当收款员。这样一个好学生会贪污公款吗？答案很快得到了揭晓。经过调查人员的谈话教育，程海供认了贪污公款的事实。他利用工作之便，共贪污公款 20 余起，现金约 3000 元人民币。

当调查人员问他为什么会变成这样时，程海回答说："饭店是个染缸，我每天接触到的客人都很有钱，一杯咖啡几十元，一间客房一天上千元，一顿饭有的上万元，看到这些心里不平衡。自己挣钱又少，所以起了贪念。"此时，他后悔不已。

警示：新员工入店要进行"防微杜渐"教育，进行心理辅导，勿以恶小而为之。

（二十九）日本人对安全预案非常重视

奥运前期，各单位对安全工作都非常重视，对各种安全预案都进行了演练。北京市长富宫饭店保卫部也想组织整个办公楼的商社进行一次防火及疏散预案的演练。长富宫办公楼共有 50 家日本商社，这些商社在日本国内都是比较有名的企业。开始，办公楼物业管理部门对消防演习活动比较担心，不仅担心他们要大牌不参与，更怕因影响他们工作而被投诉。

为了消除疑虑，物业管理部门提前向有关商社征求了意见，又向所有的商社发放了详细的演习通知，并在通知中写道"打扰之处，希望大家海涵"。当时，内部确定了参加演习人员的原则：饭店、办公楼物业管理人员必须参加，对商社工作人员不做强求，但是，演习程序按照全面疏散展开。

2008 年 6 月 26 日下午 1 点 30 分，奥运保卫"揭幕战"即将开始之际，长富宫饭店办公楼消防演习的警报拉响了。防火疏散应急广播不停地播放："现在大楼局部发生火情，保安人员正在排除，为了大家的安全请保持冷静，按照疏散诱导灯和服务人员的引导，从安全楼梯有秩序地疏散……"在饭店总经理亲自指挥下，消防预案演习正式开始。办公楼内各家商社的中外职员，顿时放下手中的工作，随手取出湿毛巾、湿布等简易逃生面具，迅速选择逃生路线，沿着防火楼梯有序地从大楼内跑到了楼外的饭店停车场。饭店的义务消防队员身穿灭火战斗服装，迅猛地冲进火场，拉出消防水带、消防水喉，对准着火点熟练地实施灭火。水工、电工、电梯工、医务等人员立即赶到了火场协助救援，一场激烈的灭火战斗全面展开。从跑点到灭火，从疏散到清点人数，不到 15 分钟全部结束。在疏散点饭店保卫部负责人做了简短的讲评，向大家传授了逃生"四绝"、安全避险的"五防"小常识，并实际演示了灭火器的使用方法。饭店总经理向大家说明了为"揭幕战"备战演练与平安奥运的重要意义。

让大家没有想到的是，办公楼内 50 家日本商社 279 名中外职员，全部参加了消防演习活动，有的职员还使用灭火器进行了灭油火的实际操作，演习收到了非常好的效果。参加演习的日本人介绍说，在日本他们经常做这样的演习，在长富宫饭店也希望每年能够举行一次类似的演习，大家不仅不会反感，反而觉得这里更安全。

提示：大家不要忘记，人们选择住宿、办公首要条件是安全的环境。

（三十）奥运期间住进的精神病人

2008 年 8 月 10 日，北京奥运会召开的第三天，××饭店在大堂执勤的一个保卫人员发现有一名男客人行为异常。该人在饭店大堂总是拉陌生异性客人的手。经查，此人住在饭店 6012 房间，日本人，是个精神病患者。

在奥运会准备阶段，××饭店只是奥运签约酒店，属于最低的 D 类警卫级别。之后，由于运动员、日本前首相、众议长、外务省大臣等日本要人入住，警卫级别全面上升为 A 级。饭店完全比照"奥运村"的警卫工作开展，实行了全封闭管理。这会儿来了个精神病人，也就不是一般的精神病人，确定为"危险精神病人"。可是，在工作上还不能按照一般危险精神病人来对待。首先不能限制其自由；其二又不能收容遣送。如果向大使馆或监护人说明该人被确定"危险精神病人"，定会遭到抗议。因此，既不能打扰病人，又不能影响饭店正常秩序，一切监护工作都要靠店方秘密进行。为做好监护工作，饭店采取了一系列安全措施：①专人盯防，专人监控；②了解病人行程，做到提前掌控；③在"要人"、运动员出入的重点时段，想办法限制其靠近警卫目标；④让客房、前台相关人员协同防范。就这样看守了整整两天，直到12 日，该人和亲属一起离店。

警示：对精神病人的处置，一定把握好政策。

（三十一）首相在饭店的临时勤务

2008 年亚欧首脑会议期间，麻生首相住在长富宫饭店，发生过这样一件小事。有一次要临时召开记者招待会，招待会地点设在饭店二层楼梯通道处。

这里有一个空地，但是四通八达，涉及 5 个出入口，是通往健身房、小宴会厅、管理栋办公区的必经之路，地形复杂。另外，住店的客人、健身的客人、多方记者人多不好控制。更让人头痛的是中国警方事先没有接到任何消息，根本不知道此事。事前四五分钟日本使馆警察联络官看见没有任何警力部署，便向饭店保卫部负责人询问情况，这时中国警方才知道此事。由于警方对饭店地形和店内人员情况不熟悉，如何安排警力一时无从下手。日方安全官见此情况，心急如焚。这时，记者和围观群众已经堆成一团，现场没有任何控制，如果这样下去肯定是一次较大的警卫事故。在这紧急关头，饭店保卫部负责人接到警方授权协助警方采取了一系列措施：①安排部署各方面警卫力量，封堵路口，围挡现场，形成一个相对封闭的区域；②清理现场。当时现场有 30 多人，记者、客人、接待人员、随行人员等，人员复杂，按照使馆要求现场查验证件，除允许采访的记者以外，其他人员立即清理到封闭区以外；③把现场的物品都做了安全检查；④将首相行走的线路重新进行了警力布防，道路两边使用了警戒线，临时进行了围挡；⑤给记者划定了采访界限，并设专人把守。在首相进入现场前的一分钟，这里迅速形成了一个安全有序的区域，确保了活动的顺利进行。事后，日本大使馆警察联络官土屋先生对饭店保卫人员快速的反应和应变能力给予了很高的评价。

　　警示：对"要人"的警卫，要有一定的应变能力；同时要注意沟通信息。

（三十二）汽车着火后的第一反应

1994 年的时候，长富宫饭店保卫部有两名保卫干部，一个当过消防兵，一个当过治安、刑事警察。

一天，二人乘坐一辆皇冠轿车外出办事，汽车走到北京广安门外一个路口拐弯处，刚刚减慢速度，只见从前车盖内突然冒起黑烟。司机师傅迅速靠边停车，下车打开机器盖查看。霎时，随着机器盖掀起，火苗从机箱内喷出，这时，车上的二人飞速下了车。当过治安、刑事警察的保卫干部立即想到，汽车很有可能爆炸，赶紧躲到不远处一个工地的墙后面。而当过消防兵的保卫干部下车之后，直奔工地跑去，迅速从工地里拿出了一个灭火器，跑到着火的汽车跟前，熟练地打开灭火器，将灭火器喷嘴对准火源，压住手柄，"噗——"的一声，就把火给灭了。有惊无险，汽车没有太大损坏，保住了。那个当过治安、刑事警察的就是我本人。

着火后，我们两个的反应为什么不一样呢？为什么他能找到灭火器？为什么他就能反应到要灭火呢？当时，治安警察对防火知识了解的很少，对工地灭火器的配置、燃烧的要素、灭火的要领都不熟悉。而当过消防兵的保卫干部不仅有过实际灭火的经验，而且，又熟知防火、灭火常识，了解工地消防设施配备的情况，所以，他不仅能迅速找到灭火器，还能及时地把火灭掉。

熟能生巧，事实给我上了一堂教育课。

（三十三）客人在饭店内遗失物品，其实我们有错

2008 年 8 月 18 日，由于是奥运期间运动员入住，在长富宫饭店正在实行全封闭式管理，进入饭店的人都要进行安全检查。不知道哪位客人接受安检后将一块价值约二三十万元的百年灵手表遗忘在安检处，也无人认领。因为每天有上千人经过安检，所以难以查找。保卫部人员和饭店大堂经理经过多方走访，结合安检人员回忆客人体貌特征，查找录像，确认身份，得知是2424 房间马先生的。客人那天外出喝酒回来得很晚，因为喝的有点多，自己都不知道手表遗失在哪里。当手表失而复得时非常高兴，他衷心感谢长富宫的安保人员。

警示：客人在饭店内遗失物品，其实是我们的错，饭店工作人员应该随时提醒客人携带好自己的物品。

（三十四）碰瓷儿的客人

客人是上帝，对客人就应该怀着感激之心，表现得谦卑、恭敬，为客人提供高品质的服务，给客人留下难忘的回忆。但是，也有极个别特殊的"客人"到饭店不像正常的宾客吃、住、娱，而是把饭店当做他无理取闹、情绪发泄的场所，惹是生非，故意刁难。其行为虽然还没有构成犯罪，可是，却给饭店造成很不好的影响，并给其他客人带来很大麻烦，像这样的"客人"就不能总是迁就，迁就只能助长其嚣张气焰。

2001 年 7 月 28 日，××饭店就住进了这样一位"特殊"客人。这人名叫程红（化名），是通过一家订房中心住进来的，自称是某领导的情人，当晚在日餐厅预定了三个大包间，要和某领导等一些贵宾共进晚餐。餐厅为了让客人满意做了认真的准备，有的客人想预订这三个单间都被婉言拒绝了。到了晚上预约的时间，程女士的客人一个也没有到，只有她和她的一个女朋友来到餐厅进餐。服务员热情接待了她，并表示取消预定造成的损失不用她赔偿。饭店本以为程女士此举并非故意，谁想到这只是闹剧的开始。第二天，程女士和她的女朋友又到中餐厅用晚餐，点了一个咸菜和一碗粥。因为中餐厅菜单上没有粥，客人需要就要重新熬制，时间可能长些，事先向程女士做了说明。过了 25 分钟左右粥才熬好，程女士用完餐回到了房间。大约过了三个小时，程女士打电话投诉中餐厅说她的朋友喝了中餐厅的粥感觉很不舒服，要求饭店叫急救车。大堂经理将急救中心的电话给了程女士，请她自己去联系。不知道什么原因，她们没有叫急救车，女朋友的病也不看了，因为是粥的问题，要求饭店负责人给她们赔礼道歉。大家觉得不可思议，新熬制的粥怎么会有问题呢？饭店为了压事，尽量让客人满意，于是，餐厅经理到她们房间做了赔礼道歉，而程女士得寸进尺，要求店级领导来赔礼道歉。无奈之下，一名副总又去赔礼道歉，可是她还是不接受道歉，理由是态度不诚恳。店方领导保持了最大的克制，想把这件事情尽量淡化。程女士的房间只预定两天，第三天办理延期，店方想找个理由拒延，让她一走了之。没想到程女士越闹越大，在房间砸坏了卫生间化妆镜、走廊灯，并扬言："不让住就砸了××饭店！烧了××饭店！"在这样的情况下饭店只好报警。警方到了以后，看程女士的精神好像是有点问题，可是，没有相关医院诊断的依据，砸坏的物品价值也不足以把程女士绳之以法，只能调解处理。程女士与警方打交道很有经验，早知道警方不能把她如何，气焰更加嚣张，就强烈要求饭店给她开房入住。在这样的情况下，饭店领导决定对待程女士不能一再迁就，将她作为不受欢迎的客人，强行拒绝了她的请求。这时，程女士反而老实了。

警示：对无理取闹的客人别太迁就。

（三十五）饭店一层夜间要关好门窗

"哇——哇——"深夜，孩子的哭声吵醒了蔡伟铭夫妇（化名）。蔡夫人打开床头灯，突然，一个人影从客房窗户闪电般飞出，轻松翻过窗外近两米的高墙，神秘地消失在漆黑的夜色里。

一块劳力士手表、钱包、港币、美元和人民币近万元丢失。警察、保卫人员很快都来到现场，而蔡先生和蔡夫人还在瑟瑟发抖。梦中被惊醒，梦醒见"幽灵"。刚发生的那一幕真是吓坏了这对香港夫妇。这是1986年发生在北京××饭店的一桩盗窃案。当时，改革开放时间不长，香港还没有回归，人们的生活水平相对较低。因此，从钱数和客人身份上警方都把这起案件列为重大盗窃案。蔡先生是××饭店厨师，二人准备再过三天就回香港，没想到临走前发生这样不愉快的事情。

蔡先生住的房间是饭店一层，房间窗户外是院墙，高近两米，院墙外是居民住宅楼群。当天夜里没有关窗户，盗窃嫌疑人翻墙而入，翻墙而出。蔡夫人提供了该人特征：身高180厘米、卷花头、较壮、没穿上衣。现场没有留下任何可疑物品，摸排线索一时无从下手。

巧合的是，案发第二天××饭店后边某日报宿舍院门口来了一个陌生男子，没有目标地转悠。派出所警察的"眼线"肖海（化名）紧紧地盯上了他。

"你找谁？"肖海问。

"嗯……张刚。"男子一时没有回答上来，后又突然说出了一个人名。

"我们这个院没有叫张刚的。"

"啊哦——，那就算了。"陌生男子说完转身想走。

"站住！"

肖海曾经是"失足"青年，但在政府的帮助教育下已经改过自新，他对识别一些不法之徒有一种特殊的本事。看这人不像好人，肖海便大声喝令一声。

陌生男子见事不妙，撒腿就跑，肖海拔腿就追，追出 200 米就追上了。此人拿出 1000 多块钱和一块手表想贿赂肖海，没想到，肖海不吃这一套，坚决要把他送到公安机关。眼看行贿不行，男子突然转身又逃，一直跑到一座新楼的地下室，藏了起来。时间不长警察赶到了，从这座新楼地下一间库房内把陌生男子揪了出来。经过艰苦的审讯工作，不仅查清了 20 多起社会上的盗窃案件，而且还破获了××饭店的入室盗窃案。此人叫李华鹰（化名），北京人，"二进宫"的保外就医人员。身高不是 180 厘米，而是 170 厘米；头发也不是卷花头，而是时间长了不洗头擀毡了。他擅长翻墙作案，作案时怕狗。那天他又翻墙进入××饭店，发现饭店一层有房间没有关窗户，于是溜了进去，见客人正在熟睡，就从床头柜偷走了钱包和手表，逃出时不小心踩到了孩子的脚，孩子大哭起来，引出文中开始的一幕。在饭店作案，没想到在社会上被抓了。真是天网恢恢，疏而不漏。

警示：①饭店要加强围墙、窗户等设施的安全防范工作；②提示客人要有安全意识，安全工作人员也要随时提高警惕。

（三十六）客用保险箱管不好不安全

1992 年 9 月的一天，住在××饭店的一名瑞典客人到大堂报案：他放在房间保险箱里的 1 万美元少了 500 美元。在客人的要求下，饭店向朝阳公安分局报警。

调查人员进行了认真的现场勘查，发现保险箱各项保险功能完好，没有撬痕。可是，钱不可能不翼而飞。调查人员经过分析认为只有两种可能，一是客人自己记错钱数，二是有人用钥匙开启了保险箱。

记错钱数的可能，很快被客人否决了。客人讲：在存放之前，他特意数过一遍，记得特别清楚，是 1 万美元整。调查人员分析客人报假案的可能性不大，因为客人缺少作案动机。另外，这种抽张作案的手法很像是饭店服务人员所为。另外，饭店保卫部负责人反映了一件事情，更让调查人员断定问题出在了饭店一方。饭店保卫负责人讲：前几天，有一个日本人向饭店报过案，说放在保险箱里的 7 万日元丢失了。当时，大家还不信，认为保险箱怎么会丢钱呢？日本人当天就退了房，没有报警，很生气地走了。

调查人员通过仔细的调查了解，将怀疑目标锁定在了饭店前台的 4 名服务员身上。因为开启饭店客房的保险箱，必须使用子、母两把钥匙同时开启。子钥匙在客人手中保管，母钥匙由前台这 4 名服务人员当班时保管。客人居住时，4 名服务人员手中虽然没有子钥匙，但是，房间空闲时，子、母钥匙都在他们手中掌管，有条件外出配置子钥匙。所以，这 4 人中一定有人钻了钥匙管理的漏洞，对房间保险箱打起了坏主意。

如果以上的分析情况成立，那么嫌疑人手里一定有配置的子钥匙。怎样才能找到这些配置的钥匙呢？调查人员采取了逐个收网战术。利用4人上班的时机，一个个地将他们"请"到了保卫部的办公室，让他们主动出示自己身上的钥匙。一个人、两个人过去了，他们身上没有携带任何可疑物品。调查人员有些怀疑自己的判断，莫非错了吗？正在这时，饭店职工出入口警卫报告："沈玉（化名）来了！"按照事先计划，这个人又被带到保卫部。到了保卫部，当他看到眼前穿制服的公安民警，顿时显得万分紧张，语无伦次。"你身上有钥匙吗？能掏出来吗？""……"沈玉傻了，颤抖的手从裤兜内掏出了三大串钥匙，这些钥匙基本上都是配置好的客房保险箱的子钥匙。

警示：安全管理工作出了漏洞，保险箱也不保险。

二、饭店行业外亲自经办的典型案例

（一）受害人反害人

1988年8月的一天，河北省任县农民田某骑着自己新买的自行车进京办事。不料，车被人偷走了。他懊丧不已。然而，他不仅不报案，反而产生了一种报复心理。

1988年9月1日，他携带作案工具，从河北老家来到北京。上午9点多，当他行至东单公园北侧小树林存车处时，见存车处也有一辆新的28型的永久自行车，与自己丢失的一样，遂走向前去，四顾无人，将车撬开偷走，向建国门方向骑去。

正当他得意之时，他怎么也没有想到，有一双警惕的眼睛已经盯住了他。这天，北京电车二厂司机郑某准备到东单北侧去存车，见一个人在那里鬼鬼祟祟，东张西望，引起了他的警觉。当田某将车偷走后，他一路跟踪，到了友谊商店路口处，见有两位将摩托车停在路边的民警，即向民警报告了情况。民警开车追去，将田抓获。

（原载《北京法制报》1988年10月12日，作者刘长慧）

（二）街头"哑人"演"哑剧"

近来，本市一些商店、集贸市场接连发生多起外地聋哑人以买东西、兑换零钱为名，进行盗窃、诈骗的案件。

1988年10月5日下午3点多钟，在朝阳区秀水东街集贸市场，一对外地模样的青年男女从人流中挤到一个摊位前。"啊！啊！啊！"其中的男青年指着一件牛仔裤比划着。摊主张大妈见顾客是一对哑巴，于是拿起计算器，在上边显示出"25"。哑男拿出一张100元外汇券递给张大妈，张大妈从黑皮包内取出75元外汇券找给他们。二人连连摆手，张大妈以为他们不要外汇券，便又掏出75元人民币递给他们。二人仍是不住地摆手，这可把张大妈弄糊涂了。哑男指了指张大妈手里的黑皮包，伸手要了过去，打开后一个劲地翻，一边翻还一边摇头。这时，哑女突然"啪"的一下把手里的那件牛仔裤扔了回去。哑男把黑皮包也还给了张大妈，要回了那一百元外汇券。这对哑巴"咿咿呀呀"摇头晃脑地走了。张大妈望着他俩渐渐远去的背影觉得事情很蹊跷，连忙打开黑皮包，里面的一捆钱不见了，再去追赶，那对哑男哑女早已踪迹全无。此时，她才明白刚才这出"哑剧"里面原来是个圈套。

（原载《北京法制报》1988年10月28日，作者刘长慧）

（三）抢劫犯落网记

1992年1月17日上午11时，一辆丰田出租汽车在朝阳区光华里楼群内转了两圈，然后神秘地停在了一个较为偏僻的拐角处。只见车上下来一个长着满脸横肉、戴着墨镜的年轻人，他四处寻视了一下，然后，双手插进夹克兜朝着一个宿舍楼鬼鬼祟祟地走去。

一层、二层……五层，他停在了一扇门前，脸上的横肉略微抽搐了两下，便"咚、咚"敲响了这家的房门。

开门的是位六十多岁的老人："您找谁？"话音未落，满脸横肉的家伙猛地将老人推进屋内，顺手从夹克内掏出一支亮亮的一尺多长的双筒猎枪，黑洞洞的枪口直对着老人的头，疯狂地吼道："谁也别动！我的枪里有子弹，快把你们家里的钱拿出来！"霎时，一家人都蒙了，老头的妻子吓得瘫倒在床上。这时犯罪分子又喝令道："快把钱拿出来！"老头凭着曾当过兵的"经验"沉稳地说："我们家没有钱。""放屁，你老东西不给，我自己找。"说着歹徒一手持枪，一手便翻动起来。床上、床下、衣柜、写字台……就在他低头翻动抽屉时，老头一步冲上去死死地按住了枪管，老头的大儿子也如梦初醒，冲过去与歹徒搏斗起来。"快去报警！"老头边搏斗边大喊。

很快，派出所民警赶到了现场，将歹徒擒获。

（原载《首都公安报》1992年2月29日，作者刘长慧）

（四）当心有人骗油

1992年3月8日，朝阳公安分局拘留了4名以买油为幌子、专门骗取食油的不法分子。

四人都是河北省农民，来京多日，发财无望，便琢磨出了这样一个主意：事先准备好10多只一模一样的手提式铁油桶，将其中的一只空桶装进一些石头和食油，然后利用"调包"的办法骗取食油。

3月7日、8日两天，这4名犯罪分子先后混入永安西里副食店等处，购买食油16桶，骗得食油300公斤，并将油转移到大钟寺附近的一户农民房内藏匿。当他们正准备进行第二次行骗时，被售油人发现。四人弃桶逃之夭夭，没过多久，即被建外派出所民警全部抓获归案。

（原载《北京晚报》1992 年 6 月 4 日，作者刘长慧）

（五）"野孩儿"被害之谜

初秋，一个阴霾密布的清晨。

一位成年人携带捉鸟工具来到东郊肖太后河畔悠闲地寻觅着猎物。走着走着，突然，"啊"的惊叫一声，魂不附体地跳出草丛——他在没人高的蒿草里见到了一具男尸。

1

现场位于肖太后河处，这条河经过历史的变迁，如今只是一条干涸没水的大沟。这里距离居民区约有 400 米远。两岸野草丛生，荒无人迹，死者上身赤裸，下穿蓝布裤子，脚穿松紧口布鞋和一双洁白的尼龙丝袜。头部被砸得骨肉模糊，背部有几处明显的刀伤，裤兜内装有一把中号改锥，改锥前端弯曲，看来这把改锥撬过硬物。身旁有几块沾满血迹的砖头，显然是犯罪分子杀人的"工具"。从身体腐烂程度分析，死亡时间约在 36 小时左右。法医解剖尸体，死者肠胃内有柿子椒、花生米、肉和面食，还有轻度的酒精气味，分析死者约在饭后两小时内死亡。

死者是谁？

经过辨认，他正是刑警人员追捕两天的逃犯宝利。

2

宝利是何许人也？公安机关为什么追捕他呢？

宝利今年 14 岁，是工读学校学生，自幼失去了母爱，又被狠心的父亲抛弃。他孤身一人，生活放纵，性情蛮横，惯于偷摸，久而久之，积习成癖，邻居们对他既疼爱又嫌弃，都称他"野孩儿"。

1988 年 9 月上旬，宝利家附近连续发生多起撬锁盗窃案，人们分析宝利是重大嫌疑人。9 月 10 日上午，村委会会计室被撬，被窃现金 270 元钱、一台计算器和会计的刻章。会计一想，这准是宝利干的。次日，他气呼呼地找到了宝利，宝利答应第二天将赃物送回来，并写了张保证书。

接到会计的报案，派出所民警、联防队员、治保委员、护村队员四处蹲守、堵截、搜寻宝利下落，但连续两天未发现宝利身影，不料，现在却意外地发现他被害在草丛里。

这几天他跑到哪里去了？为什么被害？凶手又是谁？还是一串不解之谜。

185

3

紧张的调查工作开始了。

村办木器厂一职工向侦查员反映，9 月 13 日上午，曾见宝利和廉波、魏军二人在一起。

廉波和魏军都是中学生，经常与社会上不三不四的人一起鬼混。侦查员找到他们问道："你们认识宝利吗？"

"过去不认识。"廉波回答，"9 月 7 日我到裴明家去玩，当时宝利就住在裴家，经裴介绍我们俩与宝利相识。"

"你们俩指的是谁？"

"我和一个叫许东的。"

侦查员进一步了解到：许东是附近饲料厂青工，那天三人见面挺投机，当天，宝利就转移到许东家落脚。

这一情况很重要，侦查员决定顺藤摸瓜，找到许东。他们来到派出所找到管界民警。

"13 日下午 4 点 40 分，我和队长王书明、刑警仇及雨办事回来路过商店门口，见围了许多人。阀门厂一位老工人正在骂宝利，说宝利跟他三儿子打架，动了刀子，险些把他儿子扎了。宝利见了我，像兔子似的拔腿就跑了。他逃跑时还有一个人跟他在一起，这个人就是许东。"

另一路侦查员调查了这一地区所有的饭馆。有一家饭馆经理回忆说，13 日下午 5 点钟，有两个半大小子来饭馆吃饭。一个秃顶，身高大约 1.60 米，又黑又瘦，穿蓝布裤子、松紧口布鞋；另一个身高 1.70 米左右，中分头，可能烫过，脸较白。这二人进饭馆后，在东南角桌上相对而坐，要了两瓶啤酒，四个炒菜，有鱼香肉丝、宫爆肉丁、鲜蘑肉片、腐竹肉片，主食吃的是面条。从特征上看，高个的可能是许东，矮个秃顶的就是宝利。

侦破组的侦查员们根据掌握的情况分析：死者生前一周内，曾与 10 余人有过频繁的接触，在发案的当天或前一两天还和廉波等几人在一起，直到 13 日下午 5 时与许东吃完饭后便失踪了。在此期间，他先后与四人发生过冲突。他与廉波一起用改锥扎伤过居民区的一个孩子，他与阀门厂老工人的三儿子打过架，他跟马俊要过弹簧刀，他还打过许东一砖头。这些看起来都是小事，但也不能排除因积怨而行凶的可能，必须进一步查清。

4

时间已是晚上 8 点多钟了，外出调查的侦查员和民警陆续返回汇报：

"居民区被扎伤的人已被找到，被扎伤以后情绪正常，没有发现可疑迹象。"

"阀门厂工人的三儿子，与死者打架后只是叫骂了几句，在案发前几天，一直在家中没出门，没有发现与死者接触。"

负责调查廉波和许东二人的同志，又发现了一些新情况。

9 月 8 日那天，宝利、廉波、许东三人，从居民常某家偷出了 7 盘录像带放在许东家，被许东妈发现，大骂许东一顿说："宝利是有名的坏小子，如果他被抓起来，你们谁也跑不了。"

13 号那天早晨，宝利又撬了许东家的门，把自己的衣服脱下来，穿走了许东的蓝裤子和石磨兰牛仔上衣，许东妈发现后，又大骂了一顿。

群众反映：13 日廉波和许东二人直到晚上 9 点多才回家，回家时有些惊慌，好像又干了什么坏事。

由此看来，廉波和许东二人是宝利进行盗窃的同伙。三个人会不会因分赃不均矛盾激化？许东两次挨骂，又被宝利打过，他对宝利会不会心怀不满，与廉波二人合伙暗算宝利。特别是许东妈说宝利是有名的坏小子，如果他被抓起来，他们谁也跑不了。这句话很可能对廉波、许东二人有刺激，他们二人会不会杀人灭口？他们那样做既可以掩盖参与宝利盗窃的罪行，又可以报被打一砖头之仇。侦查员们分析这一情况以后，决定立即传讯廉波和许东二人。

5

夜，漆黑一片，阴雨绵绵。

许东失魂落魄地被民警押了进来。询问直截了当："13 日的下午和晚上，你到什么地方去了？"

"哪也没去。"

"嗯？"

"我……我哪也没去。"

"显然是瞎话，13 日下午你哪也没去！那么你没去饭馆喝酒？"

"……"许东惊慌失措，无言以对。

经过侦查员教育，许东被迫交代说："那天下午，我与宝利一起去饭馆吃过饭，后来宝利强行要了我 50 元钱，又打了我一砖头，我看这家伙这么野……"

"继续说！"

"我妈骂了我两回，我有气，宝利是有名的，派出所正抓他，他要进公安局，我和廉波也跑不了。宝利还说过早晚要把我们俩宰了，所以我们商定先下手为强。"

"怎样先下手?"

"我去稳住宝利喝酒,廉波准备好刀子和绳子。晚上 7 点多钟,太阳一落,我把宝利带到肖太后河边,正遇廉波在那等候。我们三人在河边漫步时,按我和廉波商量好的,廉波说喜欢石磨兰牛仔衣,让宝利脱下来试穿,他把衣服拿到手以后,没试就扔在地上,趁宝利俯身去捡衣服时,我抄起砖头朝宝利头上猛砸过去。砸了几下后,宝利虽然趴在地上但还没死,廉波又掏出刀子在他背上连扎几刀,直到宝利不动弹了。"

在另一间闻讯室里,廉波也供认了杀人罪行。

时针已指向了深夜 12 点,"野孩儿"被害之谜终于真相大白。死者和两个凶犯,三人作恶自残,结局实在可悲。

(原载《首都公安报》1988 年 11 月 1 日,作者刘长慧)

(六)"深夜幽灵"落网记

1989 年 9 月中旬至今,在朝阳区光华里、永安里一带,连续发生多起女青年夜间被抢案。事主反映案犯的共同特征是:一名中年男子,骑 28 型自行车,他常在女青年孤身行走或骑车没防备时,突然从其身后出现,抢走财物,很快逃逸,人们称之为"深夜幽灵"。1989 年 12 月 14 日天刚蒙蒙亮,一个骑车人转到光华路小学附近。这时,一个女青年身背挎包,骑车缓缓而来。他马上尾随其后,行至一偏僻处,猛然上前夺下女青年的挎包,骑车逃去。

"抓住他!""抓贼啊!"女青年大声呼救。路过的群众也陆续围追过去。

案犯行至拐弯处时,"啊"的一声连车带人摔倒在地。追赶上来的群众一拥而上,将其擒获。

案犯苏某,从 1989 年 9 月以来,常利用夜班值班之机作案。据初步审查,他已作案 11 起。

苏某已被朝阳公安分局拘捕审查。

(原载《北京晚报》1989 年 12 月 24 日,作者刘长慧)

(七) 押硬币的"猫儿腻"

"你看得清,看得明,押上钱就能赢。"这是街头押硬币人长吆喝的一句话。可是,到底谁会赢呢?

押硬币要有一种特殊的工具和一套熟练的动作。工具一般是由一块小铁皮弯成 U 字型,然后在 U 字口上固定两根皮筋,再用手绢将其包上。这样做的目的,为的是要 U 型罐的皮面有弹性,扣在硬币上庄主做手脚时,硬币也能立起,而外人则不知。

一个叫杨清的骗子被建外派出所抓住拘留后曾表演了一番他的骗术。

他在地上铺了块本布,上方的两个角各放一枚五分硬币,一枚国徽朝上,一枚麦穗朝上。如果有人要求对庄,他便拿一枚硬币用力一转,当硬币转动将停未停之时，他拿起 U 型罐压住硬币，然后问对庄者："要哪面？"就在问话时，他暗中用拇指、无名指夹住 U 型罐，食指、中指深入罐下，将硬币复又立起，于是，想要哪面就有哪面。做到这，他说了一句老实话："谁跟我们玩也别想赢着走。"

（原载《北京晚报》1989 年 2 月 23 日，作者刘长慧）

（八）一对蛮不讲理的夫妻

1989 年 4 月 12 日下午 1 时许，家住建国门南胡同的个体户徐某及妻子杨某，怒气冲冲地闯进了朝阳区建外办事处计划生育办公室。两人进门后蛮不讲理，杨某揪住正在办公室休息的干部张某的头发，朝头部、胸部、肩部就是一顿暴打，恶狠狠地骂道："我看你们谁再管我们家的事，一个个打死你们。"当闻声赶来的干部和群众上前制止时，徐某堵住办公室的门，挡住前来劝阻的人，并推搡街道干部，让其妻在屋内继续殴打张某。二人气焰嚣张，直至被扭送到派出所才略有收敛。

徐某、杨某已有一个上小学的女儿，一个星期前，街道管计划生育的干部发现杨某又怀孕了，就耐心做他们的思想工作，劝阻他们不要再生第二胎。可是二人我行我素，一意孤行，对计划生育干部的劝阻置若罔闻。根据上级有关文件精神，4 月 12 日上午，计划生育、工商、派出所等部门派人到××饭馆令其停业。当时二人不在家，中午回来听到此事后，便闯进计划生育办公室，对计划生育干部大打出手。

经医院诊断，张某右前胸、右肩软组织挫伤，头皮被抓伤。

无视国法，作恶行凶的徐某于当天被拘留，其妻杨某通过做工作，于次日做了人工流产手术，听候处理。

（原载《北京法制报》1989 年 7 月 22 日，作者刘长慧）

（九）"Police，police（警察）……"

1988 年 5 月 30 日上午 10 点多钟，在东大桥路西侧便道上，随着"police，police（警察）……"的喊声，一名中年外国男人由南向北拼命追赶一名中国男青年。只见男青年神色慌张，一边跑一边回头观望，突然他钻进东光华路一片楼群中。等到外国人赶上来，男青年已经不见了。正在这个外国人着急之时，中国机械进出口公司干部刘玉峰迎面走过来，用英语询问了情况。当他得知有个男青年刚才抢了这个外国人的钱，便指着 28 楼 1 门说："你追的那个人可能进了这个门，你不要着急，我马上去报警。"说完让外国人守住单元门，他跑到附近一家单位打电话，向建外派出所报了案。

建外派出所接报后，立即派 3 名民警赶赴现场。事主见民警来了，松了一口气，简单陈述了案情。

原来这名外国人叫塔格纳，伊朗人，在国际粮食问题研究所工作。这天他到秀水街自由市场准备购买一些生活用品，来到一个小摊前。一名中国男青年见他掏出不少钱，便凑上前去跟他搭话，将他引到无人处，猛地抢过他手里的1000元人民币和100美元，高喊"警察来了"，撒退就跑。塔格纳愣了一会儿，才醒悟过来，急忙追赶，边追边用英语喊"警察、警察……"，一直追到东光华路28楼1门。

民警了解案情后，迅速组织事主和群众把住单元门，在一名居委会干部的引导下上楼搜寻。当走到三楼时，从楼上下来一名穿银灰色西装的男青年。居委会干部示意民警这人不是这个楼的。民警将他截住进行盘问，男青年支支吾吾。民警见其可疑，遂将他带到楼下，事主看到男青年立刻喊"Just him（就是他）"。在事主面前，男青年不得不低下了头。

当塔格纳取回被抢的钱时，紧紧地握住民警的手，激动地说："China police，thank you very much.（中国警察，非常感谢。）"

（原载《北京法制报》1988年7月20日，作者刘长慧）

（十）冥钞不等于银票

旧时迷信称人死后到阴间花的钱为冥钞，俗称"鬼票"；银票则是旧时商户存款的凭证。冥钞不等于银票，但现在竟有以冥钞冒充银票行骗的。

1988年11月的一天下午，河北农民田某和李某身带一万多元来京收购废旧塑料，在八王坟集贸市场的包子摊前吃饭时，遇见一个提皮箱的"南方人"。闲聊之中，"南方人"得知他俩身带巨款，便劝他们改作白糖生意。"南方人"说："现在白糖紧张是俏货，如果想要，我可以帮忙搞一批。"田某、李某摇了摇头。"南方人"看出二人对他流露出不信任的神情，就没往下说。一会儿，来了一个青年，夹着一本书，匆匆地走近"南方人"。

"大哥，救救我吧，我赌输了钱，家里存了点清朝的银票，想换些钱。"说着从书中抽出一张"银票"。"南方人"接过来仔细端详，票面一面红，一面绿，崭新的。"南方人"惊讶地叫出声来："啊！真的是银票。""我还能骗您？"青年人说。"你打算做买卖？""看来您是个行家，您看着给吧。""还有吗？""有，不过在那边。"青年人往南边一指。"我全买下了。"最后双方以270元一张达成交易。田某、李某看在眼里，很佩服"南方人"在交易场上谙练的风度。这时"南方人"凑过来对田某说："小老弟，帮个忙吧！我在这里还要等个朋友，你先帮我把他的银票都买来，我这皮箱里有钱，一会儿还你，你放心决不亏待你。"

田某与李某商量了一下，田某便跟着年轻人走了，花了一万多元买了一沓"银票"。

包子摊前就剩下"南方人"与李某了，"南方人"说："你帮我看一下箱子，我去趟厕所。"说着走进厕所。

田某拿着"银票"兴冲冲地回到包子摊前，问道："'南方人'呢?""上厕所了。"李某回答。

两人等了一会儿，感觉不妙，急忙去厕所去找，未见踪影，顿时慌了手脚，打开皮箱一看，里面空空如也。田某手攥"银票"心里还抱有一线希望，但愿这一沓"银票"是真的。此时，走来一位老人拿过"银票"一看，说："这不是旧社会家里死人后用的纸钱吗? 哪是什么银票，小伙子，你们上当了。"

（原载《北京法制报》1989 年 3 月 18 日，作者刘长慧）

（十一）盗贼是谁?

常言道：多一个朋友多一条路。这句话似乎成了青工小钱的座右铭。他对朋友坦诚相待，给一报十。然而最近发生的一件事却给了他沉痛的打击。

前不久的一天中午，他下班回家打开大门，顿时被屋内的景象惊呆了：屋里被翻得乱七八糟，录像机、外汇券、存折、高级香烟被洗劫一空，丢失财物共计 5000 余元。公安机关接到报案后，仔细勘察了现场，发现大门锁并没有损坏，大衣柜、抽屉等 5 处的暗锁也完好如初，看来犯罪嫌疑人肯定握有这家的钥匙，现场只发现了一只平底鞋的脚印。

窃贼是谁呢? 公安人员经过大量的内查外调，终于发现一个叫小蔺的人疑点最大，发案前有人在现场附近见过他，并且他当时穿的鞋正是一双平底鞋。不久，小蔺受到了公安机关的传唤，他被迫交代了犯罪事实。

原来，他和小钱相识后，经常到钱家来玩。今年 4 月，小钱新买了一台录像机，小蔺应邀到小钱家来看录像，由此他萌生了贪念。一天，他以借自行车为名骗取了小钱兜里的那串钥匙，到修锁门市部配置了一套。为避免怀疑，他没有马上下手。5 个月后的 9 月下旬的一天，他见时机成熟，便入钱家作了案。当小钱得知窃贼不是别人而是自己的好朋友小蔺时，他对公安人员感叹道："谢谢你们给我挽回了损失，也帮我看清了一个'朋友'"。

（原载《北京晚报》1988 年 11 月 1 日，作者刘长慧）

（十二）她不该轻生

在医院的急诊室里，昏迷了两天两夜后刚刚苏醒的姑娘喃喃自语："我真傻，我怎么能相信他? 还是让我死了的好。"说着，泪珠顺着她那惨白的面颊滚了下来。

这姑娘是谁? 为什么说死了的好?

她叫娟娟，现在某大学读书。前不久，经人介绍她与他相识了，他们很快建立了恋爱关系。一天，娟娟的同学小梁托她帮忙换美金。她便把小梁的委托告诉了男朋友，他立即欣然答应，并告诉她，现在黑市上的比价是"1∶8.15"。

娟娟又把他的话转告给小梁，小梁问："他可靠吗?"娟娟满脸不高兴地说："他是我男朋友!"小梁听后便将积蓄多年的4000元人民币交给了娟娟。

1988年10月6日下午4点半，娟娟应约来到了前门，只见他与一个小眼睛男人已等候多时。三人租出一辆出租车，向朝阳区秀水东街集贸市场驶去。车停在集贸市场北门，他几乎用命令的口吻对"小眼睛"说："去，把摊上的王二叫来，在这里换安全。"娟娟在旁边听着，心想：看，他想得多周到。不一会儿，"小眼睛"回来了。"摊上就王二一个人，离不开，他请你去一趟。"小眼睛男人说。

"怎么样，把钱给我，你在这等会儿。"男朋友对娟娟说。娟娟表示想一起去，男朋友又说："我跟王二关系不错，他知道我想换美金，比价可以定低点，你要去就不方便了。"娟娟一想有道理，便把钱给了他，随后他与"小眼睛"进了集贸市场。可左等右等不见回来，娟娟慌了，赶紧进去找，可整个市场找遍了也不见两个人的影子。顿时，她像五雷轰顶一般，耳边"嗡"的一声，几乎倒下。

三天过去了，娟娟仍不见男朋友的踪影。小梁等急了，逼着她要钱。可是一个大学生，到哪里弄4000元钱呢？又怎么向小梁解释呢？告发男朋友，但私换美金是违法的，那可怕的"罪名"……看来名誉、学业、前途全完了。想到这些她不寒而栗，失去了生活的勇气，一闭眼，吞下100片安眠药……

娟娟受骗是值得同情的，虽然私换美金是违法的，但她毕竟是个受害者。然而，娟娟轻生的做法却是懦弱而愚蠢的，是不足取的。因为她不敢正视错误，不会利用法律的武器进行自卫，却采取了逃避现实的方法，而这正是犯罪分子求之不得的。这只能使她更不幸，只能使犯罪分子逍遥法外，继续采取同样的伎俩侵害第二个、第三个像娟娟这样的姑娘呢!

(原载《北京晚报》1988年12月10日，作者刘长慧)

三、社会典型案例

(一) 永安宾馆抓获持枪歹徒

2002年1月14日16时，永安宾馆客房服务员赵某、王某进行房间清扫时，在1211房间枕头下发现一支手枪。服务员未惊动房主，立即向保卫部做了报告，保卫部接报后，向宾馆领导汇报了情况，并立即向麦子店派出所报案，同时对现场进行了有效的控制。

16时20分，公安人员迅速到达永安宾馆，宾馆保卫部向警方提供了有关房间内的情况，并配合公安机关实施了抓捕行动，共抓获九名持枪抢劫犯罪嫌疑人，从现场起获手枪两支。

在这次突发案件的处理过程中，永安宾馆员工警惕性高、防范意识强，发现及时、报案迅速，抓捕过程顺利，充分体现了饭店安全保卫工作训练有素的良好状态。

（二）吉林省吉林市中百商厦火灾

2004 年 2 月 15 日 11 时许，吉林省吉林市中百商厦发生火灾，火灾面积 2040 平方米，造成 54 人死亡，70 人受伤，直接财产损失约 426.4 万元。

吉林市中百商厦位于吉林市船营区长春路 53 号，该商厦建筑设计四层，二级耐火等级建筑。一、二层为商场，三层为浴池，四层为舞厅和台球厅。发生火灾时，商厦一、二层有从业人员和顾客 350 余人，三层有浴池工作人员和顾客约 30 人，四层有舞厅工作人员及顾客 60 余人，台球厅工作人员及顾客近 10 人，总计 450 余人。

2004 年 2 月 15 日 11 时许，中百商厦北侧锅炉房锅炉工李铁男发现毗邻的中百商厦搭建的 3 号库房向外冒烟，于是便找来该库房的租用人——中百商厦伟业电器行业主焦淑贤的雇工于洪新，用钥匙打开门锁，发现仓库着火。他们边用铁锹铲雪边喊人从商场几个楼层里取来干粉灭火器扑救，但未能控制火势。火灾突破该库房与商厦之间的窗户蔓延到营业厅。此时营业厅内人员只顾救火和逃生，没有人向消防队报警。

接到报警后，公安消防部队先后调集 60 台消防车、320 名指战员赶赴现场。经过近 4 个小时的奋力扑救，于当日 15 时 30 分扑灭大火。

火灾发生后，国务院、吉林省、吉林市有关部门立即组成了联合调查组。经过近一个月的紧张工作，审查、调查事故相关人员 416 人（次），形成询（讯）问笔录 316 份，查清了火灾原因，核定了火灾损失，及时控制了涉嫌刑事犯罪的嫌疑人。确定火灾直接原因是中百商厦伟业电器行雇工于洪新在当日 9 时许向 3 号库房送纸板时，不慎将嘴上叼着的烟头掉落在地面上（木板地面），引燃地面可燃物后引起了大火。

从中百商厦消防安全管理方面看，尽管该商厦消防设施比较完备，消防组织和制度健全，也制订了灭火和疏散预案，但通过火灾暴露出来的问题仍很突出：

1. 没有按照《消防法》的有关规定和《机关、团体、企业、事业单位消防安全管理规定》要求，认真落实自身消防安全责任制。火灾发生后没有人及时报警，也没有及时组织人员疏散。

2. 没有认真履行《消防法》中单位应当组织防火检查，及时消除火灾隐患等消防安全职责。对于当地公安消防部门指出的违章建设仓房造成的火灾隐患，没有按照要求认真整改消除。仓房与商场之间相通的 10 个窗户，仅用砖封堵了东西两侧 6 个，中间 4 个用装饰物掩盖了事。

3. 没有组织开展灭火和应急疏散实地演练，以致火灾发生后，员工惊慌失措，造成 54 名顾客死亡。

2004 年 7 月 10 日上午，吉林省吉林市船营区人民法院对吉林市"2·15"特大火灾案作出一审判决。

被告人中百商厦伟业电器行雇工于洪新犯失火罪，被判处有期徒刑 7 年；

被告人吉林市中百商厦总经理刘文建、副总经理赵平、保卫科长马春平犯消防责任事故罪，分别被判处有期徒刑 6 年、5 年和 4 年；

被告人中百商厦保卫科副科长陈忠、保卫科保卫干事曹明君犯重大责任事故罪，分别被判处有期徒刑 3 年 6 个月和 3 年。

（三）河南洛阳大火

2000 年 12 月 25 日 21 时，河南省洛阳市东都商厦发生特大恶性火灾事故，死亡 309 人，伤 7 人，直接财产损失 275 万余元。2000 年年底，东都分店在装修时，无焊工资质证的店员王成太违章施焊，致使电焊花引燃可燃物品酿发大火，产生大量有毒气体，致使 309 人中毒窒息死亡。

因电焊而酿成大祸的王成太最终以责任事故罪、过失致人死亡罪两罪并罚，被判处有期徒刑 13 年；其他所有被告人也都被判处了 3 年以上的有期徒刑。

（四）吉林市银都夜总会火灾

1. 1994 年 11 月 15 日凌晨 1 时 45 分，吉林市银都夜总会发生火灾，火灾殃及在同一建筑物内的市博物馆。一具 7000 万年前的恐龙化石在大火中化为灰烬；32000 多件文物、石器、陶器、服饰、书画，以及 40 多年来的音像、图片、文字资料档案全部被烧毁；19 世纪末 20 世纪初国内外珍贵邮票 11000 余枚，1909 年至今的科技文献及中外文刊物 9.7 万册全部被烧毁。这起火灾是建国以来文物损失最为惨重的特大火灾。

2. 火灾烧毁建筑 6800 平方米（其中夜总会 1860 平方米全部被烧毁），直接经济损失 671 万元。起火原因为纵火。

3. 火灾教训

（1）利用博物馆内原有建筑改建为公共娱乐活动场所，在消防安全上"先天不足"。银都夜总会与博物馆、图书馆是连为一体的砖木结构建筑（三级耐火等级）。

（2）无视公安消防监督部门意见，违章改建，冒险营业。

（3）消防责任制不落实，管理混乱，隐患四伏。

（4）建筑布局不合理，消防水源不足。银都夜总会与博物馆、图书馆设在同一建筑物内，按国家规范要求，应设 12 个防火分区，而实际上一个也没有。市博物馆总体建筑外有两个室外消火栓，一个被埋压，一个因积水不能用，周围 2.5 公里内没有消火栓，消防车只能到较远的地方去寻找水源，来回一趟十几分钟，给灭火带来了困难。

4. 火灾处理

（1）吉林市博物馆领导及有关人员违反规定将馆楼一部分出租，对公安消防部门和上级主管部门提出的防火整改措施未能予以落实，玩忽职守，对这起特大火灾负有直接责任。给予博物馆馆长王铁侠开除党籍、行政撤职处分，由司法机关拘留审查；给予博物馆副馆长刘运久留党察看 1 年、行政撤职处分；给予博物馆保卫科科长王俊章行政撤职处分。

（2）吉林市文化局领导违反规定擅自批准博物馆将馆楼一部分出租，对博物馆存在重大火灾隐患未采取有效措施，工作严重失职。给予文化局原局长杨学源留党察看 1 年处分；给予文化局局长赵延贵开除党籍、行政撤职处分，移送司法机关依法处理。

（3）吉林市委副书记、市长战月昌对这起特大火灾负有领导责任，给予其党内严重警告、行政记大过处分；分管消防工作的副市长陈福对银都公司等单位存在的重大火灾隐患未采取有力措施，督促整改不力，对这起特大火灾负有重要领导责任，给予其党内严重警告、行政撤职处分，按法律程序免去其行政职务；分管文教工作的副市长徐柞祥对这起特大火灾负有领导责任，给予其行政记大过处分；分管城建工作的副市长辛世毅对这起特大火灾负有领导责任，给予其行政记过处分。

（五）新疆克拉玛依市友谊馆火灾

1. 火灾基本情况

1994 年 12 月 8 日 16 时，克拉玛依市组织 15 所中、小学校的 15 个规范班及教师、家长等 796 人，在友谊馆进行文艺汇报演出。16 时 20 分因舞台上方的照明灯燃着幕布蔓延成灾。火灾共造成 323 人死亡，130 人受伤，直接经济损失 210.9 万元。

2. 火灾教训

（1）安全门锁闭，疏散通道堵塞，是造成人员伤亡的主要原因。

（2）火灾隐患久拖不改，致使养患成灾。

（3）室内装饰、装修及舞台用品大量采用易燃可燃材料及高分子材料，燃烧时产生大量有毒气体，使现场人员短时间内便中毒窒息，丧失逃生能力。

（4）火灾初起时处置不当，舞台上方纱幕着火时，馆内工作人员无人在场，在场人员惊慌失措，活动组织单位也没有及时有效地组织人员疏散。

（5）克拉玛依市消防基础设施十分薄弱。市区只有五个消火栓，还被埋压两处。这次救火，消防车要到五公里外去加水。市内许多建筑项目和装修工程都不按规定送交公安消防部门进行消防设计审核，也不经公安消防部门消防验收就投入使用。

3. 火灾处理（刑事）

（1）经克拉玛依市中级人民法院一审查明，原克拉玛依市新疆石油管理局总工会文化艺术中心友谊馆副主任阿不来提·卡德尔，对友谊馆的安全工作疏于管理，对馆内存在的不安全隐患未进行有效整改，严重违反消防和安全管理规定，起火后未组织服务人员打开所有安全门，疏散场内人员，是发生此次火灾和造成严重后果的主要直接责任者。（6年）

（2）友谊馆服务人员陈惠君、努斯拉提·玉素甫江、刘竹英也是事故惨重伤亡后果的直接责任者。（6年）

（3）原友谊馆主任兼指导员蔡兆锋虽发生火灾时出差在外，但工作严重不负责任，对火灾事故的发生负有直接责任。（5年）

（4）原分管文化艺术中心工作的石油管理局总工会副主席岳霖，明知友谊馆存在着事故隐患，未要求检查整改。（4年）

（5）原克拉玛依市副市长赵兰秀、原新疆石油管理局副局长方天录，是组织迎接"两基"评估验收工作及演出现场的主要领导人，发生火情时没有组织和指挥场内学生疏散，因而对火灾事故的发生和重大事故的伤亡后果负有直接责任。（4年6个月，5年）

（6）原克拉玛依市教委副主任唐健（5年），原新疆石油管理局教育培训中心党委副书记况丽（4年），原市教委普教科科长朱明龙（5年）、副科长赵征是此次演出活动的具体组织者和实施者，对未成年人的人身安全疏忽大意；唐健、况丽、朱明龙在发生火灾时，未组织疏散学生，只顾自己逃生，对严重伤亡后果负有直接责任。赵征犯玩忽职守罪，但是鉴于其犯罪情节轻微，免予刑事处分。

（六）辽宁阜新市艺苑歌舞厅火灾

1. 火灾基本情况

1994年11月27日13时30分，辽宁省阜新市艺苑歌舞厅发生特大火灾。大火共烧死233人，直接经济损失30万元。起火原因为在3号雅间的1名中学生划火柴点燃报纸吸烟时，将未熄灭的报纸塞进沙发的破口内，引燃沙发内的聚氨脂泡沫，继而导致附在墙面上的易燃化纤装饰布着火，迅速蔓延成灾。

2. 火灾教训

（1）歌舞厅管理混乱，长期严重超员。

（2）出入口狭窄，安全门上栓挂锁，没有疏散指示灯。

（3）使用大量易燃和可燃装修材料。火灾发生后燃烧速度极快，大量人员无法从仅有 80 厘米宽的出口逃生，浓烟烈火导致数百人伤亡，酿下了惨剧。

（七）北京蓝极速网吧火灾

1. 小纠纷酿成大火灾

2002 年 6 月 16 日凌晨，北京蓝极速网吧的窗口蹿出火舌时，小张正在隔壁的晓蕾网吧等她两个一起玩的"弟弟"。几分钟前，他们在 OICQ 上说："姐，我们去烧网吧了，等我们吧。"张某回了句："小心点。"两个十三四岁的男孩儿，带着张某给的 5 块钱买的一升多汽油，点燃了蓝极速网吧门口的红地毯。结果，大火吞噬了 25 条年轻生命。

蓝极速网吧位于北京海淀区学院路 20 号石油大院内的石油粮店二层。"蓝极速"事件的起因是 2002 年 6 月 14 日，刘某某、宋某某两人进蓝极速网吧时被拒，理由是"未成年人不得入内"。两个恼羞成怒的孩子在"姐姐"张某家商量要出这口气。张某当时不觉得他们是当真的，只知道大家是朋友，要讲义气，互相帮助。6 月 15 日 19 时，三个人照常去网吧。两个男孩儿顺手拎走了张某家中桌上还没喝完的雪碧瓶，就是这一瓶 1.8 升汽油点燃了蓝极速网吧。

大火发生后，北京市公安消防总队先后调出两个消防中队和总队、支队指挥共计 12 部消防车，78 名消防官兵赶赴现场扑救。经过全体参战官兵 1 个小时的奋力扑救，3 时 10 分大火得到控制，3 时 43 分大火彻底扑灭。然而这起火灾仍然造成 25 人死亡，12 人受伤，燃烧面积 95 平方米，烧毁电脑 42 台。

2. 处理结果

北京市第一中级人民法院对蓝极速网吧放火案作出一审判决，以放火罪分别判处被告人刘某某、宋某某无期徒刑，剥夺政治权利终身，并判处被告人张某（女）有期徒刑 12 年。

3. 教训

（1）网吧内无消防措施。尽管这起火灾的直接原因是人为放火，但其中暴露出了网吧管理的很多问题。消防部门指出，这家网吧老板未经任何审批私自开业经营，无任何消防措施，建筑物外窗均被安装了防盗护栏并焊死，致使被困人员无法逃生，同时也给消防队员营救被困人员和灭火行动带来极大困难。

（2）该网吧在装饰装修中使用了大量的易燃可燃材料，电脑及桌椅均为易燃物品。网吧的建筑面积只有 220 平方米，而使用空间却被分隔成为 1 个 39.4 平方米的大厅（内部密集放置了 23 台电脑）和 11 个小房间（其中 5 间机房共放置电脑 64 台）。不完全燃烧产生了大量高浓度的有毒烟气，浓烟高热在室内蓄积无法向外扩散，迅速充满整个空间，致使火灾中死亡的多数人员是死于窒息。火灾时由于现场照明供电中断，加之燃烧过程中产生的大量高浓度的烟气积聚室内空间，内部能见度很低，给被困人员逃生和消防队员的灭火救人行动增加了难度。

（八）千岛湖事件

1994年4月1日清晨8时05分，浙江省淳安县公安局接到报案：千岛湖内有一艘失火游船！县委、县政府和公安机关立即调集消防中队、医务人员赶赴现场灭火救援。

同时展开的调查核实表明：这艘名为"海瑞"号的游船载有台胞旅游团，3月31日离开安徽深渡到千岛湖，预定当晚于淳安县茶园镇毛竹源码头上岸。船上有24名台胞游客、2名导游、6名船员。

8时30分，淳安县航管所的港监人员首先抵达现场。游船底舱浓烟滚滚，港监人员奋不顾身登上发烫的游船，使用船上的灭火器灭火。紧接着，两部消防车由渡轮载来，10分钟后，消防人员控制住火势。但积水使船体倾斜，救援人员一边排水，一边将"海瑞"号拖到附近的轮渡码头，继续扑灭余火。由于救援中在游船甲板及客舱未发现遇难者，省委、省政府要求迅速查找船上失踪人员。为此，淳安县出动20余艘船艇、千余人，对案发水域及附近40多公里的水面、山湾、岛屿进行搜寻，并通过有线广播要求湖区群众提供线索。驻浙空军出动了飞机，东海舰队也派人参加搜寻救援。

当"海瑞"号灭火降温后，为探明底舱情况，县公安局刑侦支队队长刘勇健用毛巾捂着口鼻，冒着底舱冲出的刺鼻浊气，第一个下底舱勘察，发现有遇难者遗体。经排水清点，发现32名船上人员遗体都在底舱。

千岛湖事件发生后，台湾岛内一些高官和政治人物，自4月2日开始便纷纷发表措辞强烈的指责，并以所谓"草菅人命"、"土匪"等词语进行恶毒攻击，将此变为政治事件。4月12日，台湾"陆委会"宣布"即日起暂时停止两岸文教交流活动"、"自5月1日起停止民众赴大陆旅游"。岛内台独势力也借机叫嚣，煽动"台湾独立"。台湾当局的举动为两岸关系和两岸交流蒙上了阴影，引起海内外的关注。

1994年3月31日16时许，三名被告人携带作案工具乘坐摩托艇到千岛湖猴岛附近水域伺机作案。当淳安县经贸公司载有台湾游客的"海瑞"号游船经过猴岛时，劫匪驾船追随，于18时30分许在阿慈岛附近靠上"海瑞"号。余爱军、胡志瀚、吴黎宏持猎枪、斧头等作案工具，先后登上游船。上船后，先用猎枪、斧头胁迫，将全体船员和两名导游赶入底舱，后又逼迫船上旅客交出财物，并以只要钱财不伤性命欺骗、威逼所有游客进入底舱，然后将"海瑞"号开到预定沉船地点——黄泥岭水域深水区。途中胡志瀚、余爱军将通往底舱的铁梯扔入湖中。吴黎宏用铁丝将底舱门拧住，余爱军按预定沉船灭口计划打开游船上的消防栓，向底舱灌水没有得逞。吴黎宏遂先后向底舱扔入3包炸药，爆炸引起底舱油柜处起火。三名被告人还向底舱连开数枪，吴黎宏将摩托艇上备用的一桶汽油向底舱倾倒，导致底舱燃起大火，并向舱外喷射蔓延，三名被告人遂驾艇逃离现场。当晚，他们对劫取的5000余美元、15万余元台币、3000余元人民币以及戒指等进行分赃。劫取的照相机和摄像机由吴犯藏匿。

经审判，以抢劫罪分别判处三名被告人死刑，剥夺政治权利终身；以故意杀人罪分别判处三名被告人死刑，剥夺政治权利终身。两罪并罚，决定执行死刑，剥夺政治权利终身。

整体而言，千岛湖事件对当时的两岸关系造成相当大的冲击。千岛湖事件是台湾统独民意转变的一个重要事件，支持统一的人数在此事件之后减少了近两成，而支持台湾独立的则上升了一成，有半数民众赞成保持现状。根据联合报1994年4月中的民调结果，显示千岛湖事件发生以后，台湾赞成与非常赞成台湾独立的民众大幅上升至42%。此一民调结果显示千岛湖事件之后，台湾民众对中国大陆的疑惑与不满，双方的交流一时之间也有冷却的现象。

（九）从百万巨盗看客房防范

1992年秋天，京城北面几家大饭店、公寓连续发生多起入室盗窃案，被盗事主有国内宾客，更多的是外宾、外籍华人及香港同胞，总价值达100多万，影响极大。为此公安机关下了很大力气，进行摸排、蹲守、布控，皆不奏效，东守西边发案，西守东边发案，搞得办案人员晕头转向，猜想罪犯肯定是个面相凶狠、知情行盗的惯犯，有人还怀疑是内部自己人所为。

1994年10月23日下午，住燕山大饭店的一名客人回房间取东西，没想到房间内有一名陌生女子。这名女子穿着华丽而不娇艳，打扮入时而不妖冶，给人以艺术感。这名女子见到客人回来，一时也慌了手脚，情急之下想出卖色相，转移客人的疑惑。而客人意识到眼前的女子是贼，执意报警。女子见事不好便夺门而逃，在大厅被等候在那里的保安人员抓获。出人意料的是这名文雅漂亮的女子，竟是查找多日的百万巨盗。

董某，26岁，四川人。1989年她和许多女子一样，抱着独闯世界的淘金梦来到北京，开始在某宾馆干服务员。凭借天生丽质，后与北京一名男青年相爱结婚，婚后不久由于志不同道不合，二人分手。1992年深秋的一天，离婚后的她心情愁闷，闲逛到某家酒店，在走廊里随便浏览，走着走着，她发现有一间客房半掩着门，从门缝中看见一个敞开的皮箱，心中为之一振，冲进房门，从皮箱内偷出一沓人民币，揣入怀内逃跑了。仅此一次便改变了她的一生。

　　走上邪路以后，她开始有了钱，穿着也讲究起来。1993年的时候，一件衣服就敢花上几千元，作案时乘坐的出租车车型也由"面的"改为夏利。有一次她在天伦王朝饭店作案，在房间遇见一位服务员正在搞卫生，董某大模大样地走了进去，服务员很有礼貌地向她问好，她感觉非常舒服。趁服务员走开之际，董某大模大样捅开了一间台湾人住的房间，很轻易地得手了。她交代说："我到很多地方都以为我是客人，有的服务员在房间里聊天，谁都不理我，我很高兴。"从此以后，她更是肆无忌惮，疯狂作案，不知不觉中便成了京城百万巨盗。"多行不义必自毙，最终她没有逃脱死刑的判决。

　　提示：①要坚固门锁，不能一捅就开；②防止电子门锁锁库被堵，锁门虚掩；③提高警惕，不要敞开房门；④服务员要及时查房，安全员要加强巡视，提醒客人别敞门；⑤不要看外表，客人进房间要核对身份；⑥服务员不要在房间内扎堆聊天，遇见陌生人要敢于盘问；⑦加强闭路电视监控；⑧发现可疑情况及时报告。

图书在版编目（CIP）数据

饭店实用安全管理/刘长慧编著.——北京：群众出版社，2010.5
ISBN 978-7-5014-4714-5

Ⅰ.①饭…　Ⅱ.①刘…　Ⅲ.①饭店－安全管理　Ⅳ.①F719.2

中国版本图书馆 CIP 数据核字（2010）第 079551 号

饭店实用安全管理

编　　著/刘长慧

责任编辑/张　哗

封面设计/王　芳

出版发行/群众出版社

社　　址/北京市西城区木樨地南里

邮　　编/100038

网　　址/www.qzcbs.com

信　　箱/qzs@qzcbs.com

印　　刷/北京蓝空印刷厂

经　　销/新华书店

787×1092 毫米　　16 开　　13 印张　　231 千字
2010 年 5 月第 1 版　　2010 年 5 月第 1 次印刷

ISBN 978-7-5014-4714-5/D・2274　　定价:35.00 元